国家自然科学基金项目：

基于空间尺度差异的西安市文化产业集聚研究（41371132）

丝绸之路通鉴

陕西师范大学"一带一路"智库集成

主编＝甘晖
副主编＝游旭群　周伟洲

薛东前　著

文化集聚·文化产业·文化街区
重塑丝绸之路的新起点

陕西师范大学出版总社

图书代号　SK18N0429

图书在版编目(CIP)数据

文化集聚·文化产业·文化街区：重塑丝绸之路的新起点/薛东前著. —西安：陕西师范大学出版总社有限公司，2018.5
（丝绸之路通鉴/甘晖主编）
ISBN 978-7-5613-9750-3

Ⅰ.①文… Ⅱ.①薛… Ⅲ.①文化产业—研究—西安 Ⅳ.①G127.411

中国版本图书馆 CIP 数据核字(2018)第 002006 号

文化集聚·文化产业·文化街区：重塑丝绸之路的新起点
WENHUA JIJU WENHUA CHANYE WENHUA JIEQU CHONGSU SICHOUZHILU DE XIN QIDIAN
薛东前　著

出版统筹	刘东风
责任编辑	刘　定　郑若萍
责任校对	王雅琨
装帧设计	杨　柯
封面插图	崔　彬　李文炯
出版发行	陕西师范大学出版总社
	（西安市长安南路199号 邮编710062）
网　　址	http://www.snupg.com
印　　刷	中煤地西安地图制印有限公司
开　　本	720mm×1020mm　1/16
印　　张	16.25
插　　页	2
字　　数	206 千
版　　次	2018 年 5 月第 1 版
印　　次	2018 年 5 月第 1 次印刷
书　　号	978-7-5613-9750-3
定　　价	68.00 元

读者购书、书店添货或发现印装质量问题，请与本公司营销部联系、调换。
电话：(029)85307864　传真：(029)85303879

"丝绸之路通鉴"序一

中国古代有一条历时久远的经由中亚通往南亚、西亚以及欧洲、北非的陆上贸易通道,通过此道,产自中国的丝、丝织品、陶瓷等物品运送到了以上地区,由于其运送的货物以丝绸制品影响最大,故称丝绸之路。1877年,德国地理学家李希霍芬在其出版的《中国》一书中,把"从公元前114年至公元127年间,连接中国与河中(指中亚阿姆河与锡尔河之间)、中国与印度以丝绸贸易为媒介的这条西域交通道路"命名为"丝绸之路",简称"丝路"。这一称谓被学术界和民间所接受,并广为沿用。其后,德国历史学家赫尔曼在20世纪初出版的《中国与叙利亚之间的古代丝绸之路》一书中,依据新发现的考古资料,把丝绸之路延伸至地中海西岸和小亚细亚,确定了"丝绸之路"的基本内涵,即中国古代经过中亚通往南亚、西亚以及欧洲、北非的陆上贸易通道。

虽然人们在对商代帝王武丁配偶坟茔的考古中,已发现了产自新疆的软玉,证明至少在公元前13世纪,中原已开始和西域乃至更远的地区有商贸往来,但是严格意义上的丝绸之路奠定于两汉时期。西汉张骞出使西域时开辟的以长安(今陕西西安)为起点,经由甘肃、新疆,到中亚、西亚,并连接地中海沿岸各国的陆上通道已经形成,这条通道被称为"西北丝绸之路"。公元前119年,张骞第二次出使西域,经4年时间先后到达乌孙、大宛、康居、大月氏、大夏、安息、身毒等国,扩大了与西域各国的交往。张骞出使西域,最初主要是出于制御匈奴的考虑,后来则演变为"广地万里,重九译,致殊俗,威德遍于四海",即旨在保护疆域和发展经济。汉武帝曾招募大量商人,到西域各国经商,由此吸引了更多人从事丝路贸易活动,极大地推动了中原与西域之间的物质文化交流。之后,汉宣帝于神爵二年(前60),设立了直接管辖西域的机构——西域都护府,屯田于乌垒城(今新疆轮台东),以保障西域商路的通畅。随着汉朝在西域设立官员,丝绸之路日渐繁荣,大量丝帛锦绣源源不断西运,同时西域各国的珍奇异物也输入中原。到魏晋时,东西方商业往来仍然不断,位于"丝路"咽喉要地的敦煌,就是当时胡商的重要聚集地之一。到公元5—6世纪时,中国南北朝分立,但东西方沿"丝路"的交往却一直没有中断。北魏建国后不久就派使者前往西域,以后中亚各国的贡使、商人常聚集于平城(今山西大同东北),从事商业贸易。北魏迁都洛阳后,洛阳又成为各国商人的荟萃之地。至隋时,隋炀帝还曾派黄门侍郎裴矩到张掖招徕西域商人,说明当时"丝路"依然兴旺。

到7世纪后,唐代社会的繁荣使西北丝绸之路再度兴旺。唐王朝借着击破突厥的时机,一举控制了西域各国,并在伊州、西州、庭州三地设立同于内地的州县,在龟兹、于阗、疏勒、碎叶设立安西四镇,作为唐朝政府控制西域的机构,驻兵设防,并新修了玉门关,再度开放沿途各关隘。唐不仅打通了天山北路的"丝路"分线,还将西线延伸至中亚,使丝绸之路更为通畅。当时的长安、洛阳有大量商胡出入,已呈现出国际大都会的风貌。丝绸之路不仅是东西方商业贸易之路,也是中国和亚欧各国政治、文化交流的通道。西方的音乐、舞蹈、绘画、雕塑、建筑以及天文、历算、医药等,也通过此路先后传入中国。源于西亚、中亚的袄教、摩尼教、景教、伊斯兰教等宗教以及源于印度的佛教,也通过"丝路"传入中国,产生了深远影响。而中国的纺织、造纸、印刷、火药、指南针、制瓷、绘画以及儒家、道教等,也通过此路传向西方,产生了较大的影响。

从9世纪末到11世纪,中国政治、经济、文化中心向东南沿海转移,加之阿拉伯世界的兴起,东西方海上往来逐渐频繁起来;又由于中国西北地区各民族政权的分裂、对立,"丝路"安全难以保障,西北这条陆上通道的重要性逐渐降低,而相对稳定的南方对外贸易则明显增加,遂带动了南方丝绸之路和海上丝绸之路的兴起和繁荣,成都和泉州也因此成为南方的经贸大城。中国人此时开始将他们发明的指南针和其他先进科技运用于航海,海上丝绸之路迅速发展起来。

如果从发展的视角和广泛的意义上说,丝绸之路主要有三条:西北丝绸之路、南方丝绸之路和海上丝绸之路。海上丝绸之路是陆上丝绸之路的延伸,形成于宋元时期。海上丝绸之路不仅运送丝绸,还运送瓷器、糖、五金以及香料、药材、宝石等货物。由于运输货物品种的不同,海上"丝路"也出现了一些别称,如"陶瓷之路""香料之路"等。海上丝绸之路早已存在,《汉书·地理志》所载海上交通路线,实为早期的海上丝绸之路。当时海船载运的"杂缯",即各种丝绸。海上丝绸之路的起航线可分为东海和南海两支。东海起航线从中国的东南沿海经由朝鲜至日本;南海起航线则从雷州半岛起,途经今越南、泰国、马来西亚、缅甸等国,远航至新加坡、印度等地。到宋代时,泉州、广州和明州成为海上丝绸之路最大的海港,通常将泉州作为海上丝绸之路的起点。南方丝绸之路,起点为四川成都,经"灵关道""朱提道""夜郎道"三路,进入云南,在楚雄汇合后并入"博南古道",跨过澜沧江,再经"永昌道""腾冲道",从德宏进入缅甸、印度等地。丝绸之路的多途打通,让中国通往西方的商路更得以扩展。这就将中原、西域与阿拉伯、波斯湾等地紧密联系在一起,向西延伸到了地中海地区,以至可到达法国、荷兰、意大利、埃及、向东到达韩国、日本。不过,这已不同于原来意义上的丝绸之路了,可视其为广义的丝绸之路。

2000多年前兴起的丝绸之路被誉为全球重要的商贸大动脉,有力地促进了东西方的经济、文化交流,所以在一定意义上说,它是经济全球化的早期版本。同时,作为东西方商品交易和文化交流的通道,在交往的过程中也加深了沿线各国人民之间的友谊,所以它也是东西方友好往来的历史记录和象征。

历史翻开了新的一页。当世界步入21世纪,贸易和投资在古丝绸之路上再度活跃。2013年9月7日,习近平主席访问哈萨克斯坦的时候,提出用创新的合作模式,共同建设"丝绸之路经济带",以点带面,从线到片,逐步形成区域的大合作。这是中国领导人在国际场合公开提出共同建设丝绸之路的重大战略构想。到2016年10月,这个重大的战略构想越来越丰富,受到越来越多国家的欢迎。习近平总书记在2016年9月3日杭州G20峰会的开幕式上有这样一段话,他说:"'一带一路'倡议旨在同沿线国家分享中国的发展机遇,实现共同繁荣。中国对外开放不是要一家唱独角戏,而是要欢迎各方共同参加……不是要营造自己的后花园,而是要建设各国共享的百花园。"

此外,2014年中国国家主席习近平在阐述中国特色外交理念的时候提出打造人类命运的共同体。2015年9月28日,在纽约第七十届联合国大会的一般性辩论阶段,他对这个理念做了系统的阐述,他说:"在联合国迎来又一个十年之际,让我们更加紧密地团结起来,携手构建合作共赢新伙伴,同心打造人类命运共同体。"2015年10月16日,在世界减贫与发展高层论坛上,习近平主席发表主旨演讲,阐述消除贫困是人类共同的使命。

综上所述,可以看出,习近平主席关于推进"一带一路"建设的思想和论述,是在新的历史条件下,关于实现世界和平、发展、繁荣、公平、正义的完整理论。我们需要深入学习、研究。

陕西师范大学地处丝绸之路的起点西安,具有独特的地缘优势。该校学者积极响应国家建设"丝绸之路经济带"的战略构想,充分发挥学校的学科优势和学者各自的专业特长,撰写了"丝绸之路通鉴"丛书,洋洋数万言,从不同角度阐发了"一带一路"所涉及的许多重大理论和实践问题,这是一件有重大意义的事。正如甘晖书记在"丝绸之路通鉴"序二中所说,该丛书之所以取名"通鉴","意在借鉴历史,透析现状,着眼未来,贯穿千年时域,探求发展趋势;意在立足中国,深入沿线,胸怀全局,经略万里空间,厘清错综关系;意在研究战略,丰富内涵,解决问题,横跨宏观、中观与微观,打通理论与实践;意在聚焦经贸,关注人文,促进合作,智慧应对世界形势变换,为'一带一路'国家战略的推进提供全领域、全视角、体系化的智力支撑"。我认为,如果这些想法得以贯彻,"通鉴"一定能够对"一带一路"倡议在理论上有较大推进,且为"一带一路"的实施提供有价值的智力支持。

专注于研究"一带一路"的"丝绸之路通鉴"丛书的撰写,需要多种学科的通力合作。"通鉴"正是从"丝路"的历史、政治、经济、文化、社会、生态等多个领域来进行研究,带有鲜明的系统性特点。作者聚焦"一带一路"一些重大理论和现实问题,尤其是"一带一路"建设中的一些突出的矛盾和问题,提出了各自的看法、观点,可供参考。该丛书第一批出版的著作,就很有分量,既有学术性,又有实践性。其中《英雄在线:丝绸之路的开辟者和捍卫者》《丝绸之路与文明交往》《丝绸之路最早的东方起点:西汉长安城》《天山廊道:清代天山道路交通与驿传研究》等,从不同角度探讨了丝绸之路的历史;《西北丝绸之路上的汉字流传史》则属于丝绸之路的专门史研究;还有一些是专门研究丝绸之路经济战略的著作,如《打造丝绸之路经济带上的战略高地——陕西经济发展研究》《丝绸之路经济带产业集群价值网络的演化与重构》《丝绸之路经济带上生物多样性的经济价值识别、展示与捕获研究》;而《文化集聚·文化街区·文化地域:重塑丝绸之路的新起点》《丝绸之路上的遗址美术》《汉唐丝绸之路漆艺文化研究》《丝绸之路上的体育交流与发展》《丝绸之路经济带沿线国家体育文化交流问题研究》,则是关于丝绸之路文化交流、文化交流史的专门性著作。

相信该丛书的出版,一定能对"一带一路"的理论深化有所推进,一定能对助力"一带一路"国家战略的实施发挥积极而重要的作用。

"丝绸之路通鉴"序二

2000多年前,丝绸之路从长安发端,或从秦岭脚下穿越荒漠、草原,横贯欧亚大陆,或扬帆太平洋、印度洋沿岸众多港口和岛屿并蜿蜒至欧洲,跨越不同文化区域,推动华夏文明、印度文明、伊斯兰文明、欧洲文明的会通,实现中西方物质特产和精神智慧的大融合。

千百年来,"丝路"精神薪火相传,成为促进沿线各国繁荣发展的重要纽带,推进了人类文明进步。进入21世纪,世界步入全新阶段,丝绸之路被赋予新的内涵和期望,焕发出新的生机与活力。在这一重要时点,国家提出"一带一路"倡议,并迅速从规划落实为行动,成为重塑中国未来发展路径与发展空间的战略支点。

经世致用,服务国家,"丝绸之路通鉴"丛书应运而生。

一、古丝绸之路是人类历史最珍贵的遗产之一

1868年,德国地理与地质学家李希霍芬对中国地貌和地理进行了规模宏大的考察,发现在古代中国的北方曾经有过一条横贯亚洲大陆的交通大动脉。1910年,德国历史学家赫尔曼《中国和叙利亚之间的古代丝绸之路》一书,完成了对丝绸之路的学术认证,丝绸之路为世人所熟知。1927年,中瑞西北科学考察团到中国西部地区进行综合考察,第一次实现了对丝绸之路沿线珍贵文物的发掘、搜集、整理与保管,古丝绸之路的面貌得以较全面地复原。

丝绸之路因运输西方视同珍宝的中国丝绸而得名。考古资料证明,丝绸之路早已存在,商周至战国时期,中国的丝绸就经西北各民族之手

少量地辗转贩运到中亚和印度。

建元二年(前139),奉汉武帝之命,由匈奴人甘父做向导,张骞率领一百多人出使西域,打通了汉朝通往西域的南北道路,即丝绸之路。神爵二年(前60),汉置西域都护,屯田于乌垒城,以保西域通道通畅。魏晋时期,东西商业往来不断,位于丝绸之路咽喉重地的敦煌成为往来客商的聚集地之一。5—6世纪时,南北朝分立,但沿"丝路"的东西交往却进一步繁荣。隋炀帝时曾派黄门侍郎裴矩到张掖招徕西域商人。唐时则在伊州、西州、庭州设州,在龟兹、于阗、疏勒、碎叶等安西四镇驻兵,保证丝绸之路畅通。

9世纪末到11世纪,随着中国政治、经济、文化中心向东南沿海转移,及阿拉伯世界的兴起,东西方的海上往来逐渐增多。同时,中国西北地区政权分立,丝绸之路安全难以保障,陆上通道的重要性大大降低。元朝时期,蒙古西征和对中亚、西亚广大地区的直接统治,使东西驿路再度通畅,丝绸之路又繁荣一时。明清采取闭关政策,虽出嘉峪关经哈密去中亚的道路未断,但陆上丝绸之路已远不如海上丝绸之路重要了。

虽有诸多争论,但大体来看,古丝绸之路主要包括四条路线。第一条是沙漠绿洲丝绸之路。从中国洛阳或长安出发,经甘肃河西走廊,至敦煌,沿昆仑山北麓和天山南北麓分三道,越葱岭通往中亚、欧洲和非洲,兴盛于汉唐时期。该路核心段因位于干旱缺水的亚洲内陆沙漠绿洲之间,故被中外学者称为沙漠绿洲丝绸之路。第二条是海上丝绸之路,分东海丝绸之路和南海丝绸之路。历史上有三大航线:东海航线由中国沿海海港至朝鲜、日本;南海航线由中国沿海海港至东南亚诸国;西洋航线由中国沿海海港至南亚、阿拉伯和东非。海上丝绸之路始于周,兴盛于宋元时期。中国通过海上丝绸之路输出的商品主要是丝绸、瓷器、茶叶等,运回国内的主要是香料、花草等,因此,亦称"瓷器之路""香丝之路"。第三条是西南丝绸之路。从中国四川成都,向西南到印度,再通往南亚、中亚、欧洲国家。因沿途山道崎岖,又称高山峡谷之路。第四条是草原丝绸之路。由中原地区向北越过古阴山(今大青山)、燕山一带的长城,西北穿越蒙古高原、南俄草原、中西亚北部,直达地中海北部的欧洲地区。因途经之地主要为游牧地区,故称草原丝绸之路,又因往来贸易的主要商品是毛皮、金银和茶叶,又称"金银之路""皮毛之路"。

丝绸之路各线尽管起始时间不同,贸易货品不一,却将不同文明由隔绝孤立推向开放交融,成为东西友好交往的象征。它是人类文明竞合融会的"搅拌器",是世界多样性发展的"分离机"。西方的音乐、舞蹈、绘画、雕塑、建筑等艺术,天文、历算、医药等科技知识,佛教、祆教、摩尼教、景教、伊斯兰教等宗教,通过此路先后传来中国,并在中国产生了很大影响。中国的纺织、造纸、印刷、火药、指南针、制瓷等工艺,绘画等艺术,儒家、道教等的传统思想,也通过此路传向西方,产生了持久影响。

丝绸之路给中国和其他沿线国家留下了丰厚的文化遗产。在中国多年引领和推动下,包含中、哈、吉3国33处遗迹的丝绸之路跨国联合申遗在2014年取得成功,成为世界上第一个以联合申报的形式成功列入世界遗产名录的丝绸之路项目,也是联合国教科文组织确定的丝绸之路54个廊道中第一个成功申遗的项目。国家文物局局长刘玉珠2016年9月20日在甘肃敦煌首届丝绸之路国际文化博览会"丝绸之路文化遗产国际论坛"上介绍,在此前陆上丝绸之路申遗成功的基础上,中国正推动海上丝绸之路申遗。

二、新丝绸之路在21世纪焕发出新的生机

作为经济全球化的早期版本,2000多年前兴起的丝绸之路被誉为全球重要的商贸大动脉。岁月变迁,20世纪末21世纪初,贸易和投资在古丝绸之路上再度活跃。如今,旨在强化东亚和中亚联系的"新丝绸之路"(New Silk Road)概念已经成型,并引起了中、美、印、俄等国的

重视。

1990年9月12日,中国北疆铁路与苏联土西铁路胜利接轨。这是继苏联西伯利亚大陆桥之后,第二条连接亚欧大陆的通道,沿途连接40余国,是一条名副其实的国际大通道。新亚欧大陆桥的贯通,成为丝绸之路焕发生机的标志性事件,使传播过古老文明和象征传统友谊的丝绸之路再一次焕发光彩。

2013年9月7日,习近平主席在哈萨克斯坦纳扎尔巴耶夫大学发表重要演讲,首次提出了加强政策沟通、道路联通、贸易畅通、货币流通、民心相通,共同建设"丝绸之路经济带"的倡议。2013年10月3日,习近平主席在印度尼西亚国会发表重要演讲,明确提出,中国致力于加强同东盟国家的互联互通建设,愿同东盟国家发展好海洋合作伙伴关系,共建21世纪海上丝绸之路。"一带一路"倡议赋予了丝绸之路崭新的含义。新丝绸之路概念一经提出,便引起全球高度关注和沿线国家的积极响应,亚太地区主要国家也纷纷提出了各自的新丝绸之路构想。

美国的新丝绸之路战略是对2014年后阿富汗和中亚地区的主要战略规划,继承和沿袭了美国历届政府的中亚战略,背后隐藏着美国在中亚地区巨大的地缘政治目标和利益,即在中亚地区排除俄罗斯、中国和伊朗的影响,将中亚国家引向南亚。2011年7月,时任美国国务卿的希拉里在美国学者弗雷德里克·斯塔尔新丝绸之路构想的基础上,提出了新丝绸之路战略,力图在美国主导下形成以阿富汗为中心的中亚—阿富汗—南亚交通经贸合作网络,实现这一区域的商品北上和能源南下。这一战略是美国亚太再平衡战略的补充。新丝绸之路战略提出后,美国即着手实施该战略并取得一定进展,但由于阿富汗安全形势不佳以及融资、地区国家间的竞争、美国地区战略本身的矛盾性以及气源等问题,美国新丝绸之路战略仍然充满了不确定性。2014年,美国常务副国务卿威廉·伯恩斯在一份政策报告中称,美国新丝绸之路战略的一大核心是为中亚建立一个区域能源市场,重点推进土库曼斯坦—阿富汗—巴基斯坦—印度天然气管道建设,打造中亚—阿富汗—南亚电力网络,打通中亚通往南亚的能源通道。

印度迄今为止还没有清晰的新丝绸之路战略,但在一定程度上有追随美国的意思。印度是美国中亚战略的重要支持者,作为阿富汗重建的第五大援助国,过去10年的花费超过20亿美元。从印度自身来讲,其新丝绸之路规划相对单纯,主要着眼于能源保障和贸易通道。2012年,印度经历的断电事件,6亿多人受到影响,却无法利用近在咫尺的中亚能源。印度总理莫迪自2014年上任以来,与存在历史恩怨的国家开始了前所未有的合作。2015年5月,印度与孟加拉国签署了已搁置40余年的《陆地边界协议》。之后,印度参与新丝绸之路建设的实质动作也越来越多。

2002年,俄罗斯与印度、伊朗联合推出"南北走廊计划",打算建设起始于印度,途径伊朗、高加索、俄罗斯,最后直达欧洲的铁路、公路和海运等。2010年1月1日,俄罗斯、白俄罗斯、哈萨克斯坦三国共同启动建立推动欧亚经济一体化的"俄白哈关税同盟",拟建立统一的关税制度。该同盟对欧亚联盟起到了重要的推动作用,一方面有利于欧亚地区基础设施的建设,另一方面有利于各地区安全合作框架的构建。2011年10月,俄罗斯总统普京正式提出"欧亚联盟战略",要同独联体国家一同建立关税联盟和欧亚经济共同体,从而推动更高层次的、包含更广泛内容的一体化组织。这一战略被看作俄罗斯版的新丝绸之路战略。

另外日本、韩国也基于亚欧经济合作提出了丝绸之路构想。主要亚太国家纷纷推进新丝绸之路战略,一方面预示中国的"一带一路"倡议将面临全新的博弈与竞争,另一方面也表明新丝绸之路具有巨大的潜力和活力。

三、"一带一路"将重新定义中国未来发展空间

2015年3月,国家发展改革委、外交部、商务部经国务院授权发布《推动共建丝绸之路经济带和21世纪海上丝绸之路的愿景与行动》(以下简称《愿景与行动》),阐述了"一带一路"建设的时代背景、共建原则、框架思路、合作重点、合作机制等,为"一带一路"建设指明了方向。仅仅两年多时间,丝绸之路经济带和21世纪海上丝绸之路就已经从倡议变成实践,从国家战略落地为国家行动,进入务实合作阶段。从筹建亚投行到成立丝路基金,再到国家开发银行的近千个项目,"一带一路"建设取得明显进展,获得多方积极响应,不仅为各方在投资、贸易、金融、文化和旅游等领域的深化合作奠定了坚实基础,也给沿线各国民众带来了实实在在的好处。

从战略上看,"一带一路"将重新拓展和定义中国未来的发展空间。众多学者对此多有著述,可概括为以下几个方面:

首先,"一带一路"将加速亚洲和亚太经济一体化进程,中国将成为推动世界持续发展的新重心。"一带一路"倡议将成为亚洲经济一体化的"两翼",有效连接中亚、西亚、东南亚、南亚、东北亚等地区,显著改善区域内的整体基础设施互联互通状况和营商环境。作为世界经济增长的重要引擎,亚洲已日渐成为经济全球化的中坚力量。"一带一路"倡议涵盖亚洲26个国家和地区,拥有44亿人口和20多万亿美元的经济规模。在后国际金融危机时代,作为世界经济增长火车头的中国,将发挥自身的产能优势、技术与资金优势、经验与模式优势、市场与合作优势,通过"一带一路"建设促进亚洲国家分享中国改革发展红利,夯实亚洲经济一体化的基础,成为推动世界持续发展的新重心。

其次,"一带一路"将打破亚欧大陆长期封闭的状态,中国在推动世界均衡发展的同时将获得新的战略发展空间。亚欧大陆是世界上最大

的陆地,面积近5000万平方千米,占全球陆地面积的1/3,东西跨度超过1万千米,是世界上最具潜力的经济带。"一带一路"将通过打破亚欧大陆长期封闭的状态,带动内陆国家加快开发开放,实现均衡发展,改变历史上中亚等丝绸之路沿途地带只是作为东西方贸易、文化交流的过道而成为发展洼地的状况,将超越欧美主导全球化造成的贫富差距、地区发展不平衡,形成推动全球均衡发展的新格局。

再次,"一带一路"将打造利益共享的全球价值链,中国将在共同打造全球价值链的过程中获益。当前,世界经济仍处于深度调整期,低增长、低通胀、低需求同高失业、高债务、高泡沫等风险交织,气候变化、能源安全、粮食安全等全球性挑战不断增多,不仅发展中国家需要实现可持续性的经济转型,发达国家也需要促进经济转型。"一带一路"沿海国家多数精于制造业,而内陆国家资源丰富,能源供给充足,庞大的中国市场将为沿线国家经济持续增长提供新动力。随着"一带一路"的发展,沿线会形成发达的经济中心、文化中心,沿线国家也会通过全方位的国际合作解决自身的问题,更有效地融入全球经济。

最后,"一带一路"将促进人类建设命运共同体,中国将成为推动世界和平发展的重要力量。"一带一路"继承了古丝绸之路开放兼容的历史传统,同时也吸纳了亚洲国家"开放的区域主义"精神,体现了世界各国谋求发展的现实需求。无论从历史还是现实来看,"一带一路"都为人类命运共同体建设提供了重要的路径和战略支撑。"一带一路"不是单一国家的战略,不是把一国利益凌驾于他国利益之上,甚至全球利益之上的战略。"一带一路"坚持共商共建、共创共享原则,不搞封闭机制,有意愿的国家和经济体都可参与,成为"一带一路"的支持者、建设者和受益者。"一带一路"将加速人类命运共同体建设,构建各方融合发展的新格局,为各方带来更大发展机遇,共同建造和平、增长、改革、文明的未来世界。

"一带一路"倡议是中国对外开放由点到线、由线到面、由面到系统的和平发展战略方针,它将不仅促进经济要素在全球的有序流动和市场的深度融合,而且推进沿线各国的经济政策协调,实现更为和谐的区域经济合作。更为重要的是,"一带一路"倡议打开了中国的经贸合作圈、文化合作圈,将大大拓展中国 21 世纪的发展空间。

四、"一带一路"机遇与挑战并存

"一带一路"倡议勾画出了中国走向全球综合性大国的路线图,在带给中国和沿线国家重大福利和机遇的同时,实施过程中也面临诸多挑战,同时也充满了政治风险、经济风险、安全风险、企业经营风险、文化冲突风险。

政治风险。首先,政治体制差异大,一些国家政局不稳。"一带一路"倡议涉及 60 多个对象国、40 多亿人口,参与国既有社会主义国家,也有资本主义国家,还有君主制的阿拉伯国家,意识形态上的相互理解不一定成为根本性的障碍,但从历史看确实会成为影响国家间关系的重要因素。其次,沿线的东南亚、南亚、中亚、西亚地区政治形势复杂,政局不稳,对政策的连续性有很大影响。此外,一些国家的政治势力出于自身政治目的,有意煽动"中国威胁论",以阻止或延宕中国战略的实施。再次,大国博弈风险。在"一带一路"的战略布局当中,不同国家基于不同诉求都有其各自的国家战略,这其中甚至还涉及"一带一路"以外的一些国家的战略利益问题。美国、印度、俄罗斯、日本、韩国等与"一带一路"都有一定的竞争关系和利益冲突,如何处理好这些关系事关重大。同时,"一带一路"沿线一些国家其国内始终存在着反华势力,如印度尼西亚、越南等国。随着社交媒体的广泛运用,这些国家的政治越来越受底层民众民粹意识的裹挟,其中一些领导人可能会以中国因素来解释经济失败,以排华的方式来谋求个人政治利益。如果地区安全得不到保证,欧亚地区国家相互之间不能理解,"一带一路"建设就可能付之东流。

经济风险。"一带一路"建设存在着众多经济风险或潜在经济风险。首先,经济发展水平不平衡,对接耦合难度大。沿线国家中,一些国家法律较为健全,市场经济程度较高;一些国家较为封闭,主要为传统经济;还有一些国家处于两者之间,这在一定程度上加大了合作的难度。其次,债务违约风险。"一带一路"沿线国的投资环境整体上不如中国与欧美发达国家,部分参与"一带一路"计划的国家存在巨额的经常项目赤字、较差的经济基本面,这使其成为高风险债务人。第三,项目泡沫化风险。据有关研究,2015年中国各省"两会"政府工作报告中关于"一带一路"基建投资项目总规模已超过1万亿元人民币,涉及项目近1000个。如此庞大的投资能否落地,众多项目投资资金从何而来,通过何种方式去融资,如何保证海外投资的安全等,值得警惕。

安全风险。"一带一路"倡议面临着巨大的传统安全风险与非传统安全风险。传统安全风险方面,如大国地缘政治的博弈,领土、岛屿争端,区域内个别国家政局动荡,等。非传统安全风险方面,如经济安全、金融安全、恐怖主义威胁、跨国有组织犯罪等。中国"一带一路"倡议与美国的全球战略相比,其根本区别在于中国更侧重于经济、文化的交流,而非谋求军事霸权。这也意味着"走出去"的中国企业与公民很多时候缺乏国家直接的强力保护。

企业经营风险。当前,中国在"一带一路"沿线国家的资本输出,基本上是以企业投资海外基础工程建设为主要途径。与高技术含量、高回报率的经济领域相比较,基础建设存在着投入大、周期长、不确定因素较多等问题。在一些比较落后的区域,铁路、港口等基础建设实际上很难在短时期内见到效益,甚至将在很长一段时期内面临亏损运营的局面。另外,由于不熟悉国外商业习惯和法律环境,一些中资企业往往要承担商业风险。大批"走出去"的中小型民营企业既缺乏信贷、保险方面的制度安排,往往也难以得到有关管理部门的政策指引、信息服务,其在"走出去"过程中面临的信息问题、安全问题都十分严峻。

文化冲突风险。"一带一路"沿线文化繁杂多样,民族宗教问题复杂多变。"丝路"沿线是世界主要宗教基督教、佛教、伊斯兰教、印度教共生共存的地区,历史上的宗教争斗延续至今,使中东、中亚、东南亚等地区的国际恐怖主义、宗教极端主义、民族分裂主义势力和跨国有组织犯罪活动猖獗,地区局势长期动荡不安。同时,宗教问题时常与民族问题交织叠加,既恶化了当地环境,又增加了沿线各国相互合作的难度。

面对"一带一路"建设中的种种风险,我们应树立防范意识,未雨绸缪,做好预案,采取有效措施,积极应对挑战。

五、"丝绸之路通鉴"宗旨与使命

自古以来,我国知识分子就有"为天地立心,为生民立命,为往圣继绝学,为万世开太平"的志向和传统。历史经验告诉我们,知识分子对民族和国家的使命担当,是中华民族实现伟大复兴的希望所在。

2016年5月17日,习近平主席在哲学社会科学工作座谈会上的讲话中指出,当代中国正经历着我国历史上最为广泛而深刻的社会变革,也正在进行着人类历史上最为宏大而独特的实践创新,我们不能辜负了这个时代。习近平主席指出,构建开放型经济新体制,实施总体国家安全观,建设人类命运共同体,推进"一带一路"建设,是党和国家根据新的实践提出的具有原创性、时代性的概念和理论。我国哲学社会科学应该以我们正在做的事情为中心,提炼出有学理性的新理论,概括出有规律性的新实践。

习近平主席的讲话深刻解答了事关我国哲学社会科学长远发展的一系列根本性问题,是指导哲学社会科学工作的纲领性文献,也是发展繁荣哲学社会科学的基本原则和行动指南。围绕国家重大需求,重视应用研究,推进智库建设,着力提升解决重大问题的能力和原创能力,既是陕西师范大学繁荣发展哲学社会科学行动计划(2013—2020年)的核心部分,也是陕西师范大学"十三五"发展规划的重点内容。

近10年来,陕西师范大学在围绕丝绸之路的哲学社会科学研究方面发展迅速,成绩斐然,主要体现在以下几个方面。一是以丝绸之路上的重大理论和现实问题为重点,在不同学科交叉协同的基础上,先后获批并建设了陕西省协同创新研究中心国际长安学研究院、陕西省哲学社会科学重点研究基地"一带一路"与中亚区域协同创新研究中心、教育部人文社会科学重点研究基地西北历史环境变迁和经济社会发展研究院、陕西省哲学社会科学重点研究基地中国西部边疆研究院等一批省部级学术创新平台,已经成为国内外在研究丝绸之路沿线历史发展与环境变迁、西部国家安全、西部边疆、西北民族与宗教、西夏学、语言学、基础教育发展等重大历史与现实问题的重镇。二是在丝绸之路研究方面取得了丰硕的成果。早在2006年,陕西师范大学就编纂出版了《丝绸之路大辞典》,收录词目11607条,总字数达230多万,是迄今出版的同类书籍中体系最完整、词目最全面、内容最丰富的一部有关丝绸之路的百科全书,也是一部集学术性、知识性、资料性、实用性为一体的大型工具书。其后,陆续出版了《西北丝绸之路的历史文化研究》《中国丝绸之路经济带生态文明建设评价与路径研究》《丝绸之路经济带建设中的国家形象传播研究》等近百部学术著作,承担国家级、省市级有关丝绸之路的课题30余项,获得资助经费1000余万元。其中《丝绸之路戏剧文化研究》获得教育部第六届高等学校科学研究优秀成果奖,《推进丝绸之路经济带战略实施和区域合作共赢空间发展战略研究》的调研报告获得陕西省第十二次哲学社会科学一等奖,等。三是将丝绸之路研究的成果积极服务于国家战略、经济与文化发展。陕西师范大学提交的《推进丝绸之路经济带战略实施和区域合作共赢空间发展战略研究》《关于丝绸之路经济带建设的问题与挑战》《俄美在乌兹别克斯坦的博弈及其影响》《边疆热点地区城市民族关系发展态势与对策研究》《关于喀什"南达经验"的总结报告》《新疆城市居民的社会交往空间：利益机制与民族关系》得到国家领导人及中办、国办和国家有关部委批示和采纳。四是陕西师范大学首次倡导并共同参与成立了丝绸之路大学联盟。积极推进阿富汗、乌兹别克斯坦两个国别研究中心的建设，研究与"新丝绸之路经济带"沿线国家的双边、多边人文交流机制，开展民间人文交流活动。其中，2013年9月，在习近平主席和阿富汗时任总统卡尔扎伊的见证下，陕西师范大学与阿富汗喀布尔大学在人民大会堂签署合作谅解备忘录，较好地服务了国家战略层面上的国际合作与交流。

新的历史时期，陕西师范大学积极响应国家建设丝绸之路经济带的战略构想，切实推进陕西省"服务国家发展战略，促进互利共赢"的共建思路，以教育合作与文化交流为重点，与丝绸之路经济带沿线国家与地区，不断创新合作、扩大开放、共同发展。

"一带一路"战略是一项长期、复杂而艰巨的系统工程，推进过程中必然面临诸多机遇和挑战，其中的许多问题需要学界、政府、企业界、民间、文化界等的高度重视和思考。古代丝绸之路的起点在西安，陕西师范大学具有独特的地缘优势，也给我们发挥智库功能，服务区域社会发展和国家建设，提供了难得的历史机遇。

有鉴于此，陕西师范大学组织一批专家编纂了"丝绸之路通鉴"丛书。本套丛书以丝绸之路为本体对象，聚焦"一带一路"这一重大现实问题和战略问题。取名"通鉴"，则意在借鉴历史，透析现状，着眼未来，贯穿千年时域，探求发展趋势；意在立足中国，深入沿线，胸怀全局，经略万里空间，厘清错综关系；意在研究战略，丰富内涵，解决问题，横跨宏观、中观与微观，打通理论与实践；意在聚焦经贸，关注人文，促进合作,智慧应对世界形势变幻,为"一带一路"国家战略的推进提供全领域、全视角、体系化的智力支撑。

期望"丝绸之路通鉴"丛书坚持以下标准:

第一,体现继承性、民族性。丝绸之路是人类文明交融互鉴的珍贵遗产,蕴含着取之不尽、用之不竭的物质财富和精神财富。如习近平主席所说:我们要坚持不忘本来、吸收外来、面向未来。既向内看,深入研究关系国计民生的重大课题,又向外看,积极探索关系人类前途命运的重大问题;既向前看,准确判断中国特色社会主义发展趋势,又向后看,善于继承和弘扬中华优秀传统文化精华。期望本套丛书的出版,能更好地传承"丝路"文明,促进全新历史条件下丝绸之路的政治与经济、民族与宗教、文化与生活、自然与文脉等等的发展。

第二,体现原创性、时代性。理论的生命力在于创新,理论思维的起点决定着理论创新的结果。本书的课题确定与编撰,均应专注"一带一路"建设的突出矛盾和问题,突出主体性、原创性、时代性,不追随他人亦步亦趋,不迷信权威人云亦云,力争形成一系列原创性成果,解决丝路建设的重大现实问题。

第三,体现系统性、专业性。希望本套书能全方位、全领域、全要素地研究"丝路"历史、政治、经济、文化、社会、生态等领域,打通传统学科、新兴学科、前沿学科、交叉学科等诸多学科,构建"丝绸之路学"基本蓝图、学理逻辑、主要架构与核心内容,推进具有中国特色的丝路研究学科体系、学术体系、话语体系建设,助力"一带一路"国家战略的实施。

出版本套丛书是一项巨大的系统工程。第一批陆续出版的著作涉及丝绸之路历史、丝绸之路专门史、丝绸之路经济、丝绸之路文化交流等,大致勾勒出了本套丛书的面貌,包括《丝绸之路与文明交往》(李永平)、《英雄在线:丝绸之路的开辟者和捍卫者》(朱鸿)、《西北丝绸之路上的汉字流传史》(冯雪俊)、《天山廊道:清代天山道路交通与驿传研究》(王启明)、《丝绸之路最早的东方起点:西汉长安城》(肖爱玲)、《汉唐丝绸之路漆艺文化研究》(胡玉康、潘天波)、《打造丝绸之路经济带上的战略高地:陕西经济发展研究》(王琴梅)、《丝绸之路经济带上生物多样性的经济价值识别、展示与捕获研究》(裴辉儒、宋伟)、《丝绸之路经济带产业集群价值网络的演化与重构》(雷宏振、贾妮莎、兰娟丽等)、《文化集聚·文化街区·文化地域:重塑丝绸之路的新起点》(薛东前)、《丝绸之路上的遗址美术》(高明、王晓玲、程玉萍、朱生云、李慧国)、《丝绸之路上的体育交流与发展》(黄聪)、《丝绸之路经济带沿线国家体育文化交流问题研究》(史兵、崔乐泉、李重申等)等。

限于编著者能力与水平,书中难免有疏漏不足之处,恳请各位方家与读者批评指正。

学术研究的意义不仅在于解释现实与反映现实,更在于改造现实与塑造未来。希望本套丛书所有编撰者筚路蓝缕、创榛辟莽,有淡泊名利、耐得住寂寞的定力,有敢立潮头、勇于创新的勇气,有忧国忧民、为民鞠躬的情怀,积极努力,为实现"两个一百年"奋斗目标与实现中华民族伟大复兴的中国梦做出新的贡献!

是为序。

2016 年 9 月 28 日

目 录

上篇 文化集聚

绪论 …………………………………………………………… 1

第一章 西安丝绸之路文化的积淀期:西周—汉初 ………… 7
第一节 农耕文明的发祥地 ………………………………… 7
第二节 制度文化的发源地 ………………………………… 11
第三节 精神文化的汇聚地 ………………………………… 14

第二章 西安丝绸之路文化的隆盛期:汉武—隋唐 ………… 16
第一节 吸引力:万国来朝,雄立东方 ……………………… 16
第二节 辐射力:从中国文化到世界文化 …………………… 21
第三节 融合力:中西文化交融 ……………………………… 24

第三章 西安丝绸之路文化的式微期:北宋—清末 ………… 28
第一节 政治:从中心到边缘 ………………………………… 28
第二节 经济:从高水平集散到低水平集聚 ………………… 31
第三节 文化:从核心到地方 ………………………………… 34

第四章 西安丝绸之路文化的复兴期:清末—至今 ………… 37
第一节 近代西安文化觉醒:寻求变革的力量和冲动 ……… 37
第二节 现代西安文化振兴:从五年计划到西部大开发 …… 39
第三节 当代西安文化的崛起:"一带一路"倡议下的机遇 … 45

中篇 文化产业

第五章 西安市文化产业发展及其集聚 …… 49
- 第一节 文化产业及其集聚研究 …… 49
- 第二节 西安市文化产业发展特征 …… 61

第六章 西安市文化产业空间格局 …… 73
- 第一节 文化产业发展与空间格局研究 …… 73
- 第二节 西安市文化产业空间特征 …… 75
- 第三节 西安市文化产业空间异质性及影响因素 …… 101

第七章 西安市文化产业的地域结构特征 …… 124
- 第一节 文化产业发展与地域结构研究 …… 124
- 第二节 西安市文化产业的地域结构特征研究 …… 128
- 第三节 西安市文化产业地域结构的形成机制 …… 145

下篇 文化街区

第八章 文化街区的历史脉络 …… 153
- 第一节 理论研究综述 …… 153
- 第二节 实证研究综述 …… 159

第九章 西安市文化街区发展与空间格局 …… 164
- 第一节 西安市文化街区的发展背景与现状 …… 164
- 第二节 西安市文化街区的空间格局与影响因素 …… 176

第十章 西安市文化街区空间组织结构 …… 187
- 第一节 历史文化街区——北院门历史文化街区 …… 187
- 第二节 特色商业文化街区——书院门旅游文化街区 …… 193

第三节　综合型现代城市文化街区——大唐西市商旅文化街区
　　…………………………………………………………… 197
  第四节　文化创意街区——大华·1935 ………………… 202
第十一章　丝绸之路新起点的重塑战略 ……………………… 206
  第一节　重视历史传承 …………………………………… 206
  第二节　融入现代要素 …………………………………… 208
  第三节　确立功能定位 …………………………………… 211
  第四节　注重承东启西 …………………………………… 212
参考文献 ………………………………………………………… 215
附图 ……………………………………………………………… 232

上篇　文化集聚

绪　论

一、丝绸之路概况

（一）丝绸之路及其命名

丝绸之路是历史上横贯欧亚大陆的贸易交通线，是古代中国对外交流的主要通道，在历史上促进了亚欧非各国和中国的友好往来。但这条路线一直没有概括性的名称，直到1877年，德国地理学家费迪南·冯·李希霍芬（Ferdinand von Richthofen）在其著作《中国》中首次提出"Seidenstrassen"（丝绸之路）一名，并对其做出经典定义："从公元前114年到公元127年间，连接中国和河间地区（指中亚阿姆河与锡尔河之间地带）以及中国与印度，以丝绸贸易为媒介的这条西域交通路线。"这个名称因其形象、贴切，很快获得东西方学者的认同。1910年，德国史学家赫尔曼从文献角度重新考虑丝绸之路的概念，并在其《中国和叙利亚之间的丝绸古道》一书中提出："我们应该把这个名字的含义延伸到通往遥远西方的叙利亚的道路上。"赫尔曼的这一主张得到了以格鲁塞为首的许多东洋学者的支持。李希霍芬命名的这条道路是狭义的丝绸之路，也被称为"西北丝绸之路"，以区别日后另外冠以"丝绸之路"名称的交通路线。后来，随着丝绸之路研究的深入，尤其是不断的考古新发现,极大地开阔了人们的视野。从时间上,考古新发现把东西方丝绸贸易的开端追溯到公元前4世纪,甚至更早;从空间上,通过文献记载和考古发现相互引证,研究者一般把罗马视为丝绸之路的终点。

(二)汉唐丝绸之路的路线

关于丝绸之路的起源有很多版本,包括殷商起源说、周代起源说、战国起源说等,但丝绸之路真正意义上的开通,则源于张骞出使西域的"凿空"之举。随着西汉王朝击溃匈奴,西域各国纷纷归附,西汉在西域设立了直接的管辖机构——西域都护府,丝绸之路开始畅通,并首次进入繁荣时代。

汉代丝绸之路以长安为起点,经河西走廊后分为南北两道。南道出阳关(今甘肃敦煌西南)西行,经鄯善(原罗布淖尔附近),沿昆仑山北麓,经过于阗(今和田)、莎东、蒲犁(今塔什库尔干),逾葱岭,至大月氏,再西行到安息和地中海的大秦(原罗马共和国),或由大月氏向南入身毒(印度);北道自玉门关(今敦煌西北)西行,经车师前国(今吐鲁番附近),沿天山南麓西行,经焉耆、疏勒,逾葱岭,至大宛,再往南北方向到康居、奄蔡,向西南方向到大月氏、安息。西汉末年,由于匈奴控制西域一带,丝路一度梗塞,东汉明帝时派班超再次出使西域,经过多年经营,丝绸之路再次辉煌。

及至唐朝,丝绸之路达到极盛,分成北、中、南三道。北道出玉门关经伊吾(哈密),经天山北麓的铁勒部(吐鲁番、焉耆北)、碎叶城(吉尔吉斯斯坦托克马克附近)而西,被称为碎叶路。这段路东段与汉代北道和北新道完全相同。中道则基本上沿用了汉代的北道国内段,南道则基本上与汉代南道(今国内段)相重合。(图0-1)

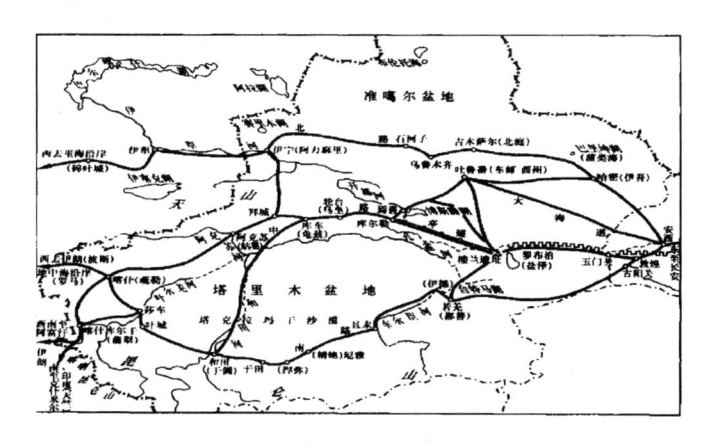

图0-1 汉唐丝绸之路路线图

(三)广义的丝绸之路

广义的丝绸之路除了沙漠之路这条主干线外,还有许多重要的分支路线,即草原之路、海上交通、唐蕃古道、中印缅路、交趾道。在某些时期,有些分支路线的重要性不亚于沙漠之路,如最早的丝绸贸易就是从草原之路开始的,而唐代以后,东西方的交往才逐渐改为海路,到15世纪海路最终取代了传统的陆路交通。在德国地理学家李希霍芬将横贯东西的陆上交通路线命名为"丝绸之路"后,有学者又进而加以引申,称以上分支路线为草原丝绸之路、海上丝绸之路、西南丝绸之路等。广义的丝绸之路概念已被学术界广泛接受,联合国教科文组织曾于1989年、1990年和1992年连续三次派出考察组,专门考察陆上丝绸之路、海上丝绸之路、草原丝绸之路和山地丝绸之路。

二、西安与丝绸之路

丝绸之路正式开辟后,它的起点便是西汉都城长安,丝绸之路就是从长安出发经陇东高原,穿越河西走廊通往西域的,西安是无可争议的丝路起点。西汉与西域诸国的密切交往持续了140多年,西汉末年,北匈奴又阻断丝路长达60余年。东汉时的丝绸之路历经"三通三绝",虽因政局波动几度使汉朝与西域各国间短期失去联系,但贸易和文化交流并未受到很大影响。东汉定都洛阳,商团和各国使节到洛阳觐见皇帝,丝绸之路自然延伸。魏晋南北朝时期,整个北方地区战乱不休,突厥、吐谷浑在西北崛起,不断入侵,寇抄丝路,致使长安通往西域的丝绸之路时断时续。隋唐一统,定都长安,丝绸之路仍以长安为中心,通过河西走廊,由敦煌起分为北道、中道和南道三路,与亚欧各国进行商业、文化和政治的往来。安史之乱后,吐蕃相继占据河陇,丝绸之路再次受到阻隔,胡商只好通过漠北的回鹘道辗转往来。五代时期,整个中国处于分裂割据状态,丝路商旅只好在护送下,由长安至邠州、庆州、环州、灵州,过黄河西北行,穿今腾格里沙漠,至今民勤县,再过白亭河至凉州,然后沿河西路进入西域。战乱致丝绸之路贸易大幅减少,但并没有完全中断。

两宋时期,随着全国政治、经济重心的转移,陆上丝绸之路渐趋衰落,长安也不再是这条东西通道东段的贸易中心。与此同时,海上交通日趋重要与繁荣,我国东部和东南沿海地区与西域的贸易往来日益密切,西域的珠玉、波斯宝毡等物品主要由沿海地区流入内地。公元13—14世纪,欧亚大陆的大部分都处于蒙古帝国统治之下,汉唐丝路重新开通,但从13世纪70年代意大利旅行家马可·波罗徒步穿越河西走廊的腹地,介绍沙州、肃州、甘州和凉州等地的风土人情、物产资源以及宗教信仰的游记来看,作为中外交流、经济往来的丝绸之路仍处于凋敝和停滞之中。明代以后,由于海路畅通发达,陆上丝绸之路终于萧索。明嘉靖三年(1524),由于明朝在西北军事力量孱弱,关西七卫全部撤入嘉峪关内划关而治,至此与新疆以西地区封闭隔绝,丝路阻断。西安从此也处于一个内陆封闭的环境之中,逐渐走向凋敝和衰落。

三、"一带一路"倡议下的西安

(一)"一带一路"倡议的内涵

2013年9月和10月,中国国家主席习近平在出访中亚和东南亚国家期间,先后提出共建"丝绸之路经济带"和"21世纪海上丝绸之路"的重大倡议,得到国际社会高度关注。2015年3月27日在海南博鳌亚洲论坛上,国家发展改革委、外交部和商务部联合发布了《推动共建丝绸之路经济带和21世纪海上丝绸之路的愿景与行动》(以下简称《愿景与行动》),宣告"一带一路"进入全面推进阶段。《愿景与行动》指出:丝绸之路经济带重点畅通中国经中亚、俄罗斯至欧洲(波罗的海),中国经中亚、西亚至波斯湾、地中海,中国至东南亚、南亚、印度洋;21世纪海上丝绸之路重点方向是从中国沿海港口过南海到印度洋,延伸至欧洲,从中国沿海港口过南海到南太平洋。

"一带一路"倡议是依靠中国与有关国家既有的双、多边机制,借助既有的、行之有效的区域合作平台,旨在借用古代丝绸之路的历史符号,高举和平发展的旗帜,主动地发展与沿线国家的经济合作伙伴关系,共同打造政治互信、经济融合、文化包容的利益共同体、命运共同体和责任共同体。

(二)"一带一路"倡议下的西安

根据《愿景与行动》制定的发展战略,西安被定位为"内陆型改革开放新高地"。把西安放到与上海、深圳同样的战略高度,对西安而言,这意味着巨大的机遇,其中,最大的机遇就是制度创新。西安应主动融入"一带一路"倡议的国家发展大战略中去,加强对"一带一路"倡议中关于西安发展定位的研究,科学确定西安城市功能定位,为建设最具发展活力、最具创新能力、最具丝路辐射带动作用的国际化大都市提供科学的规划指引。

《愿景与行动》还提出,支持西安"建设航空港、国际陆港,加强内陆口岸与沿海、沿边口岸通关合作,开展跨境贸易电子商务服务试点",其核心仍是制度和政策上的诸多便利和创新。目前国内内陆城市积极开通国际航班,设立领事馆,建立空运港务区,标志着中国改革开放进入第二个阶段,由沿海的区域开放向全国全面开放推进。西安要顺应潮流,抢抓"新高地"战略机遇,在对外开放方面应积极主动协商中亚、欧洲沿线国家在西安建立大使馆;积极扩展国际空中航运航班,打通国际陆港、航空港和跨境贸易电子商务的陆、空、互联网三条"丝路"通道,同时建议国家修建直达欧洲的高速公路;向西开放的眼光一定要长远、坚定、大气,承担起国家引领大西北、发展大西北的国家战略的重任;落实国家层面上赋予大西安"彰显华夏文明的历史文化基地"的战略定位,把西安打造成中国优秀传统文化的根源地、精神家园、国际文化交流中心、国家文化制度改革实践区、国际一流旅游目的地。

　　西安作为中国古代社会前半期的历史缩影,曾有过惊世的辉煌和风韵,安史之乱后江河日下,历经千年衰败,直到近百年来才开始复苏,特别是西部大开发战略实施以来。今天,站在历史的新起点,面对"新高地"的战略机遇,西安能否凤凰涅槃,浴火重生,我们拭目以待。

第一章 西安丝绸之路文化的积淀期：
西周—汉初

西安既是中国农耕文明的发祥地之一，也是制度文化的发源地，更是精神文化的汇聚地。农业发展、制度文化和精神文化为古代西安经济、政治和文化的大发展奠定了基础，既促进了西安的繁荣，也促使了周边区域和国家通过丝绸之路不断学习西安的先进经验与文化。

第一节 农耕文明的发祥地

一、原始农业文明

西安是中国农业文明的重要发祥地之一。早在110万年前，蓝田猿人就在灞河两岸繁衍生息，大约80万年前，蓝田猿人在这块土地上制造并使用一些原始工具，开启了改善人类自身生存环境的文化创造活动。

西安地区发现的半坡和姜寨两处氏族村落遗址，属于新石器时代的仰韶文化时期，距今约5000—7000年。半坡遗址位于渭水支流的浐河东岸阶地上，分为居住、仓储和墓葬三区；姜寨遗址位于西安东的临潼区，聚落周围有宽深各2余米的壕堑环绕，住屋围绕中心广场而建。两处遗址出土的遗物有许多共同特点，石器虽以磨制为主，但仅在刃部磨制，主要有斧、铲、锄、刀、石磨盘、石杵等原始工具，处于锄耕阶段。这两处遗址均发现200多个地窖,用来储藏粮食和存放生产工具及生活工具,如粮食加工工具是石杵和石磨盘,其中有的窖穴里残留有厚达18厘米的粟。村落布局相仿,在居住区内许多小房围绕并朝向中间的大房,居住区周围有防御兼排水功能的壕堑,人们定居于村中,从事农耕、饲养、渔猎及手工业加工等生产活动。种植的作物主要是谷子、黍子(半坡遗址的窖藏中发现了炭化谷物,姜寨遗址发现了黍类植物的遗存),以及芥菜类的蔬菜。

这一时期,狩猎和采集也是不可缺少的生产活动。半坡遗址和姜寨遗址出土的渔具有骨制鱼钩、鱼叉、鱼镖及石、陶质的网坠等,狩猎工具主要是石矛、石球、石箭头,以树枝为弓、兽筋作弦而制成的弓箭则是远距离杀伤力强的狩猎武器。与此同时,这一时期的人们已经开始饲养猪、狗、牛、羊等家畜。

西安地区发现了客省庄遗址、临潼康家遗址、灞桥米家崖遗址,是陕西龙山文化遗存中的典型代表。客省庄遗址,距今4000—4300年,位于渭河支流的沣河西岸,出土遗物主要为生产工具和生活用品。生产工具以磨制石器居多,有斧、锛、刀、矛、镞、凿等,其中带孔石刀数量较多,还有一些骨铲、骨锄、陶刀等。陶器以夹砂灰陶和泥制灰陶为主,并有一定数量的红陶和少量黑陶。粮食作物以粟、黍等旱地作物为主。家畜家禽饲养业也获得了进一步发展,主要有狗、水牛、黄牛、羊等。这反映出农业发展达到了一个新水平。

优越的自然条件和悠久的发展历史使西安成为中国农耕文明的发祥地之一,孕育了影响中国几千年的"以农为本"的思想,使周秦汉唐等十几个朝代的帝王把这里作为自己的立足之地,相继创造了灿烂辉煌的中华文化。

二、传统农业文明

商周时期,我国已经进入传统农业的萌芽期,这一时期,人们已经

第一章 西安丝绸之路文化的积淀期:西周—汉初

开始关注对农田的修整和田间管理技术。从考古材料看,商周时期的农业生产工具仍然以石、木、骨、蚌为主,也发现了青铜工具,主要有斧、锛等,但青铜工具的数量相对较少。在耕作制度上,主要采用的是休耕制。据文献记载,西周时把田划分为三种:岁休者为菑,休二岁者为新,休三岁者为畲。由此看当时人们已经有了良种的概念。农作物的种类也有了较大发展,常见的粮食作物有粟、黍、麦、粱、稻、菽、麻等。家畜饲养业在经济生活中占据重要地位,主要有马、牛、羊、猪、鸡、犬六畜,家畜的饲养方法除放牧外,普遍还是圈养。随着农业生产的发展,夏商周时期出现了天文历法,历法的出现,使人们在农事的安排上取得了一定的主动权。

春秋时期至秦朝,关中地区的传统农业不断发展,出现了各类铁农具并普遍使用,牛耕的推广、农业灌溉设施的修建、贮粮设施的进步等,为我国自给自足精耕细作的小农经济的形成奠定了基础。

在西安地区的考古发掘中,临潼区、蓝田县和市郊有关春秋战国时期的小型墓葬都有铁器出土,如锄、铲、镰、V形犁铧等,说明当时铁农具的使用已相当广泛了。这些铁农具的普遍使用,使大规模的土地开垦和深耕细作成为可能。铁制犁铧是翻土的利器,它的出现对牛耕的推广起了重要作用。粮食加工工具也有了较大改良。在阎良区武屯乡秦故都栎阳遗址,发现了一件战国晚期秦的石转磨,这是我国目前发现的时代最早的石转磨,它在一定程度上反映了秦国的粮食加工及农业的发达情况。

由于关中地区雨量较少,经常发生旱灾,公元前246年秦王采纳韩国人郑国的建议,在关中修建大型灌溉渠,其西引泾水东往洛水,从陕西北部群山中冲出,流至礼泉就进入关中平原。郑国渠的作用不仅仅在于它发挥了长达100余年的灌溉效益,还在于首开引泾灌溉的先例,对后世引泾灌溉产生了深远影响。

随着农业的进一步发展,粮食产量骤增,贮粮设施也不断进步。

秦的陶仓囷模型在西安周边均有发现。秦囷上设有排气孔,利用排气孔调节囷内的温度和湿度,使粮食得到妥善保管。春秋战国时期,秦国通过推行重农政策在京畿等地大力兴修水利,并重视对农业生产的管理,从而使包括西安在内的关中平原成为秦国主要的农业经济中心。

农业的大发展,不仅为人口众多的都城提供了充足的粮食供应,同时也为部分手工业提供了生产原料,百姓丰衣足食,促进了长安市场的繁荣、对外贸易的兴盛和丝绸之路的开发,长安已经成为全国当时的财富中心。

三、商品经济文明

早在新石器时代的仰韶文化时期,随着农业和畜牧业的发展,氏族部落之间便有了偶然性的交换。商周时期,随着手工业的发展和社会分工的日益细化,商品交换逐渐成为社会经济活动中不可或缺的一个环节。

商代晚期,殷商属国崇国(其中心区域就在今西安一带),由于手工业和农业分工日益加深,产品交换范围日益扩大,商品交换数量不断增加,从事交换的商人逐渐专业化,于是在商代便出现了商人阶级。西周丰、镐二京的商业活动更为频繁,货币关系已普遍存在,在其遗址范围内出土了大量天然贝。公元前687年,秦国在今西安南部设置杜县,成为春秋中晚期和战国早期主要的工商业活动场所。公元前383年,秦献公把秦国都城向东迁至栎阳,即今西安阎良区武屯镇关庄村一带,栎阳所处位置交通便利,北却戎翟,东通三晋,亦多大贾,成为关中地区商贾云集的区域经济中心,为西安逐渐发展成为全国性的经济贸易中心和国际商贸中心奠定了基础。

第一章 西安丝绸之路文化的积淀期:西周—汉初

第二节 制度文化的发源地

自公元前11世纪周王朝将周族人活动中心迁至西安附近,西周、秦、西汉、新莽、东汉(献帝)、西晋(惠帝、愍帝)、前赵、前秦、后秦、西魏、北周、隋、唐十三个王朝相继在这里建都。1100多年中,西安作为全国的政治中心,为丝绸之路的形成和发展、为中华文明制度体制的建立发挥了重要作用。

一、奴隶社会的礼乐制度

周代礼制完整地讲应称为礼乐制度,分礼和乐两个部分。礼主要对人的身份进行划分和规范,最终形成等级制度。乐主要是基于等级制度,运用音乐缓解社会矛盾。西周以宗法等级制度为核心的礼的思想,成为中国古代社会正统统治思想的核心,西周的礼乐文化奠定了中国古代社会意识形态的基本格局。

西周定都丰镐,这是第一个在长安建立都城的王朝。这一时期形成了以理性觉醒和礼乐文化为主要特征的西周文化,使中国很早便成为文明礼仪之邦。《诗》《书》《礼》《易》这几部经典文献都是以丰镐为都城的西周王朝的官方文献,记载了各个地区尤其是西安地区历代先贤的生存智慧、思想信仰、道德原则、价值观念和审美理想,形成了早期的长安文化。以《诗经》为例,产生于陕西地域的诗歌不仅在数量上占据《诗经》的半壁江山,而且也是《诗经》各个方面的代表作。

西周时期的长安一带,是名副其实的中国礼乐文化的发祥地和文化中心,西周时期的长安文化,是整个长安文化和中国文化第一座丰碑,为整个长安文化和中国文化奠定了坚实的基础。

二、封建社会的中央集权制度

公元前11世纪周文王做邑于沣水西岸,命名新都为丰京。周武王继位后,为伐商纣,又在沣水东岸营建了镐京,史称宗周。镐京建立后一直是西周政治统治的中心,丰京则是祭祀宗庙和娱乐的场所,因此西周国都以丰镐相称。丰、镐两京存在的近300年间,一直是西周王朝政治、经济、文化中心,其王畿地包括今西安在内的关中部分区域。

春秋时期偏处陇西的秦国逐渐向关中发展,公元前687年,秦国在今西安南部设置杜县,这是西安历史上设县之始。战国时期,秦国的政治中心逐渐东移,秦献公为了镇抚边境,抵御来自东邻魏国的压力,并期望收复黄河以西的土地,又把都城东迁至栎阳,这是秦国在今西安范围内建立的第一个都城。公元前356年,秦孝公励精图治,任用商鞅开始变法,使秦国逐渐强大起来,为后来东灭六国、统一全国奠定了基础。

公元前221年,秦国建立了中国历史上第一个中央集权的统一王朝。秦始皇统一中国后,立即进行了一系列的改革。

(一)实行三公九卿制和郡县制:利管理

秦朝的中央机关实行三公九卿制,"三公"是丞相、太尉、御史大夫。丞相有左右二员,掌政事;太尉掌军事,不常置;御史大夫监察百官。丞相、太尉、御史大夫以下,是分掌具体政务的诸卿。

秦始皇在地方实行郡县制,全国分为上郡、巴郡、汉中、蜀郡、河东、陇西等三十六郡,后又随着边疆的开拓,增设了南海、桂林、象郡等,至秦灭亡,秦共设置过四十八郡。关中为京畿重地,不置郡,特设内史,直属朝廷管辖。内史置于都城咸阳,约辖26县,在今西安范围有7县,即杜、蓝田、栎阳、高陵、芷阳、鄠、丽邑。

第一章　西安丝绸之路文化的积淀期：西周—汉初

（二）统一文字：利交流

先秦时期的汉字不仅笔画繁复，而且形体不稳定。春秋战国时期，随着社会的动荡和急剧变化，出现了"言语异声、文字异形"的现象，不利于交流和文化的传播。面对这种情况，秦始皇接受李斯的建议，于公元前221年发布"书同文"的诏令，规定以秦国小篆为统一书体。为了在其他六国推广小篆，秦始皇命李斯、赵高、胡毋敬分别用小篆书写《仓颉》《爰历》《博学》三篇，作为文字样本。从此，汉字的结构基本定型。与此同时，小篆的使用为汉字的隶变创造了条件。汉字的文化承载力大大加强，传播速度加快，为文化的大发展奠定了坚实的基础。

（三）统一货币：促贸易

春秋战国时期是我国商品经济快速发展的时期，铜币已成为当时主要的货币，但各国的货币在形状、大小、轻重和计算单位上却有很大差异。币值的不统一，严重阻碍了各地商品的流通，给包括丝绸在内的集市贸易带来了诸多不便，也影响了物品的交流。秦统一后，秦始皇下令统一全国货币，法定货币为黄金和铜钱，黄金为上币，铜钱为下币，铜钱为圆形方孔钱。秦始皇统一货币，促进了商品的交流，为汉代丝绸之路的开拓奠定了良好的基础。

（四）统一度量衡：促发展

秦统一后，秦始皇下令，以秦国的度量衡为标准，统一其他六国的度量衡器。秦朝的度制以寸、尺、丈、引为单位，以十为进位制度；量制方面以合、升、斗、桶（斛）为单位，也是十进制；衡制方面以铢、两、斤、钧、石为单位，进位是二十四铢为一两，十六两为一斤，三十斤为一钧，四钧为一石。

秦始皇确定的这一套中央集权的封建专制主义政体，具有划时代的意义。这些政策和措施消除了古代中国与周边区域和国家进行商品贸易与交流的不利因素，对推动中国封建社会的经济发展、文化融合和文明发展发挥了巨大作用。

以周、秦文化尤其是西周礼乐文化、秦代制度文化为代表的早期长安文化,是整个长安文化奠基、形成和发展的极为重要的基础和灵魂,也是长安文化的渊源和根本所在,为中西交流提供了坚实的文化和制度基础。

第三节 精神文化的汇聚地

春秋战国处于社会大变革大动荡时期,文化上,私学兴起,产生了各种思想流派,如儒、法、道、墨等,他们著书讲学,互相论战,出现了学术上的繁荣景象,后世称为"百家争鸣"。各个流派对于治国理念各抒己见。儒家以孔子为代表,崇尚"礼乐"和"仁义",主张"德治"和"仁政",重视道德伦理教育和人的自身修养,在政治上,主张以礼治国,以德服人。道家以老子关于"道"的学说作为理论基础,主张道法自然,顺其自然,政治上提倡"无为""顺应自然"。墨家政治上主张尚贤、尚同和非攻,经济上主张强本节用,思想上提出尊天事鬼。法家主张以法治国,"不别亲疏,不殊贵贱,一断于法"。

秦襄公时期,获赐岐以西之地,西周畿内岐、丰之地即长安一带归秦国所有。先秦诸家学派虽没有一家创立于秦,但后来许多学派的人物多居于秦。春秋末年,道家始祖老子就入秦传道授业,使秦成为道家后期的重要基地之一。墨家巨子腹䵍等人,纵横家张仪等人,法家商鞅、韩非、李斯等人都长期居秦,宣扬自己的思想和治国理念,使古代西安成为各种精神文化的汇集地。《老子》《商君书》《韩非子》《吕氏春秋》这几部诸子典籍,均成书于周秦京畿地区,它们既是早期长安文化的标志性成果和中国传统思想文化宝库中最宝贵的文化元典,也是秦汉以来长安文化和华夏文化的理论基础、思想渊源和灵魂所在,具有强大的辐射力和深远的影响力。古代西安是各学派思想重

第一章 西安丝绸之路文化的积淀期:西周—汉初

要发源地或各类学派思想的施行之地,成为中华文化的摇篮和汇聚地。汉朝时,推行"罢黜百家,独尊儒术",以孔子、孟子为代表的儒家思想成为正统,统治中国历史2000余年,为我国以后形成"仁治"开放的环境奠定了基础。

第二章 西安丝绸之路文化的隆盛期：
汉武—隋唐

第一节 吸引力：万国来朝，雄立东方

西汉—唐朝时期，各朝通过战争、和亲、建立管理机构等方式保障丝绸之路的畅通，为中西进行商品贸易、文化交流建立了和平稳定的环境。西汉时，开辟了陆上丝绸之路和海上丝绸之路，与西域、海外各国加强交流。东汉以及魏晋南北朝虽朝代更迭频繁，政局动荡，但中西交通在规模、范围和影响上却也大大发展。唐朝时，陆上丝绸之路和海上丝绸之路进一步发展，为各国使臣、贵族、留学生、商人、僧侣、乐工、画师、舞蹈家云集长安提供了便利的交通。稳定的政治环境、开放的大国政策、便利的交通吸引了更多的使臣、商人来到长安，带来了当地特色物产、商品和文化，促进了中西交流。

一、西汉：开拓丝路，促进贸易

汉初常受到北方匈奴的干扰，为了保障周边地区的安全，创造一个稳定的环境，汉初开始实行和亲政策。西汉文景时期推行休养生息政策，鼓励农民发展生产，边农从事贸易，西域各国也主动和汉通商，贸易十分繁荣。文、景两代也采取了一系列开拓丝路的措施，使当时的社会经济得到较快的发展。

汉武帝时期，为了建立反匈奴联盟，公元前138年，汉武帝派张骞

第二章 西安丝绸之路文化的隆盛期：汉武—隋唐

出使西域,13 年后张骞回到长安,并向汉武帝详细报告了西域各国的情况。公元前 119 年,张骞和他的副手,带着 10000 多头牛羊和黄金、钱币、绸缎、布帛等礼物,再次出使西域,分别与乌孙、大宛、大月氏、于阗等国建立联系。自此之后,汉武帝每年派使节访问西域各国,并与西域各国建立了友好关系。西域派来的使节和商人络绎不绝,中国的丝和丝织品,经过西域运到西亚,再转运到欧洲,这条路就是后人所称的陆上丝绸之路。

汉武帝反击匈奴战争始于武帝元光六年(前 129),以取得漠北战争胜利为标志。以卫青、霍去病等将领为首的汉军对匈奴 3 次重大反击战役,从根本上解决了匈奴南下骚扰问题。历时 32 年的汉武帝反击匈奴战争,从根本上摧毁了匈奴的军事实力,使匈奴再也无法对汉王朝构成军事威胁。公元前 60 年,汉王朝在西域地区设置了军事行政机构——西域都护府,都护统管着大宛以东、乌苏以南的 50 多个国家,各国"自译长、域长、君、监、吏、大禄、百长、千长、都尉、且渠、当户、将、相至侯王,皆佩汉印绶"。通过一系列的政策,汉朝解决了边患问题,加强了与少数民族的联系,维护了西域地方的社会秩序,开拓了陆上丝绸之路,并保证了丝绸之路的畅通。

汉朝建立后,秦之南海尉赵佗在南方自立为王,建立南越国。公元前 111 年,汉武帝征服南越国。汉之势力始达南方沿海地区,汉朝开始与海外各国进行贸易往来。我国古代文献中关于南海、印度洋上的航路,第一个较完整的记录见《汉书·地理志》,书中记载了古代中国海航经南海,通过马六甲海峡在印度洋航行,即自广东徐闻、广西合浦往南海通向印度和斯里兰卡。以斯里兰卡为中转点,中国从此处可购得珍珠、璧琉璃、奇石异物等,中国的丝绸等由此可转运至罗马,从而开辟了海上丝绸之路。

汉朝时也形成了古西南丝绸之路,这条丝路在汉代时称"蜀—身毒道",蜀是四川,身毒是印度的古称,即指从四川出发,经过云南、缅甸直至印度的商路。通过古西南丝绸之路,中国的丝绸、蜀布、筇竹杖、铁器等源源不断输出,国外的琉璃、宝石、翡翠、光珠等又输入中国。

汉朝时,陆上丝绸之路、海上丝绸之路、古西南丝绸之路均已开拓,为汉王朝与周边地区交流提供了便利的交通。汉王朝通过一系列的政策,保障了丝绸之路的畅通,为其与周边民族和国家交流建立了稳定的政治环境,促进了汉王朝与中亚、西亚各国的商业贸易。

丝绸之路开通之后,西域各地的葡萄、胡桃、红花、胡麻、蚕豆、大蒜、芫荽、胡萝卜、石榴、黄瓜、苜蓿等植物种子传入长安,并在长安地区广泛种植;西方各国使者和商人又带来了骏马、香料、宝石、珍珠、翡翠、璧琉璃、象牙、犀角、玳瑁、火浣布(石棉布)和许多珍禽异兽。西方的服饰、乐器等也先后传入中国。这一时期,印度佛教文化也通过丝绸之路传入长安地区,长安成为印度佛教在中国内地的最早传播地。早期传入的佛教艺术明显地带有异域风格,对长安佛教艺术影响最大的当属和阗佛教艺术,尤其是和阗佛教艺术中的犍陀罗式和笈多式两种佛教流派艺术,外来佛教对中国佛教的影响一直持续到唐朝末年。

二、东汉魏晋:保护丝路,加强交流

东汉时为了解除匈奴对西北边境地区的侵扰,保证汉与西域以及葱岭以西诸国的交往和贸易正常进行,进一步加强了对西域的统治。在这一时期,西域丝路"三绝三通"。汉明帝永平十六年(73),班超出使西域。班超在西域30多年,对巩固西部边疆、促进多民族国家的发展做出了卓越贡献。班超出使西域,使东汉恢复了对西域的统治,保障了丝绸之路的畅通,促进了中国同中西亚各国的经济文化交流。

魏晋南北朝中国虽然处于分裂动荡时期,但是中西间的交通并没有因局势的变化而中断或衰落,比起两汉时期,中西交通在规模、范围

第二章 西安丝绸之路文化的隆盛期:汉武—隋唐

和影响上,都大大地发展了。魏晋南北朝时期,统治中国北方及控制中国西北的曹魏、西晋、前秦、五凉、北魏等割据政权先后采取了一系列促进丝路贸易发展的政策措施。其中西晋(惠帝、愍帝)、前赵、前秦、后秦、西魏、北周等朝代先后在西安建都,保护了丝绸之路不被中断。

公元376年,氐族人建立前秦,统一中国北方。公元382年,车师前部王、鄯善王率大批官员及商人来到前秦都城长安,要求前秦派人设西域都护统理西域。同年,前秦王符坚派吕光西征,吕光在西域恩威并施,使西域各国纷纷降服,保障了丝绸之路的畅通。

《周书·异域传》波斯条中记载:"魏废帝二年,其王遣使来献方物。"《周书·异域传序》记载:"有周承丧乱之后,属战争之日,定四表以武功,安三边以权道。赵魏尚梗,则结姻于北狄;厩库未实,则通好于西戎。由是德刑具举,声名遐洎。卉服毡裘,辐辏于属国;商胡贩客,填委于旗亭。虽东略漏三吴之地,南巡阻百越之境,而国威之所肃服,文化之所覃被,亦足为弘矣。"这些都表明了西魏、北周与西域各国的交流。随着西北丝路的扩展,中国对外交流的渠道更加广阔,为中外贸易的进一步发展创造了有利条件。

魏晋南北朝时期实行积极发展海外关系的政策,这一时期建立于江南地区的政权纷纷遣使出访海外国家并组织大规模的官方贸易,积极招徕外商,使海上丝绸之路畅通并迅速发展。

魏晋南北朝时期,通过陆上丝绸之路和海上丝绸之路的发展,中国与波斯、大秦、朝鲜、日本等国家及南亚、东南亚地区建立了友好关系,国外很多的物质文化和精神文化也传入中国。随着经济贸易的发展、官方使节的来往,波斯钱币和东罗马钱币流入中国;南亚的金银、佛像流入中国;东南亚各国的香料、珠宝、犀角、象牙、棉花等特产传入中国;埃及玻璃也自海、陆两路成批输入中国,其制造技术也随之传入。精神文化上,大批西域僧人来华,佛教在中国迅猛发展;外来乐舞如龟兹乐、天竺乐、西凉乐借助佛教的传播沿丝绸之路大规模进入中原,广为流行。

三、隋唐:繁荣丝路,万国来朝

隋朝将连通西域、发展丝路贸易定为基本国策。隋炀帝时开拓西域,西巡张掖,开万国丝绸博览会,发展了与西域各国的关系,使丝绸之路进一步畅通。隋朝还发展了和高丽、新罗、百济、倭国的关系,是海上丝绸之路走向繁荣的准备阶段。

公元617年,李唐王朝在隋末农民起义中建立起来。贞观十四年(640),高昌国阻断了通往西域的通路,唐太宗命令薛万彻、侯君集二将领兵大败高昌军队,之后在高昌国境内设置了西州府和安西都护府。唐高宗显庆三年(658),唐王朝最后肃清了西突厥残部,自此西突厥原来役使的各个西域国家全部隶属于安西都护府,唐王朝封其诸侯国国王为都督或刺史。至此,唐王朝的声威达到了顶峰,西域存留下来的诸侯国均尊称唐朝皇帝为"天可汗"。开放的大国气魄、诚信的大唐精神、治理良好的人文社会环境,使唐长安城成为其他各大洲的藩属国国王竞相朝贺的都城。长安城建立了东、西两个市场,大唐西市作为唐朝丝绸之路的起点,见证了唐朝丝绸之路的繁荣。

在唐代中西之间海上交通也有了新的突破和发展。中国扩大了与波斯湾之间的远航,并开辟了通往东非的航线。唐代中后期,由于海上丝绸之路的发展,大批阿拉伯人和波斯商人侨居在中国东南沿海各大商业城市,如广州、泉州、扬州等。

唐朝时,长安不仅成为当时全国政治、经济和文化中心,而且是世界上最大的国际城市。中外使节往来的频繁,外来移民、侨民的增多,各国使臣、贵族、留学生、商人、僧侣、乐工、画师、舞蹈家等云集长安,胡乐、胡舞风靡长安,形成了"万国来朝,雄立东方"的景象。据统计,有199个国家或部落民族与唐朝有过交往,有183个国家曾派出外交

第二章 西安丝绸之路文化的隆盛期:汉武—隋唐

使臣朝贡,《册府元龟·外臣部》有1632次、上万使臣的外交或朝贡活动记录。朝贡活动主要集中在武德、贞观、开元、天宝、大历、贞元、元和、太和等年间。从唐贞观一直延续到天宝年间,朝贡的有突厥、薛延陀、高昌、吐谷浑、焉耆、龟兹、于阗、突骑施、回纥、林邑、天竺国、康国、石国、米国、波斯、吐火罗、大食、新罗、靺鞨,中晚期的南诏、渤海国,而从唐初一直到唐中晚期有密切联系的有吐蕃、日本、契丹、奚、室韦。

唐朝稳定的政治环境、开放的贸易政策、兼容并蓄的大国态度,使丝绸之路上中西往来畅通无阻,经济贸易繁荣,各国的稀有物品也源源不断地传入中国。回鹘人将中亚、西亚的物产如珊瑚、象牙、翡翠、琥珀、琉璃器、安息香、鸡舌香等运入中国;印度的宝石、珍珠、棉布、胡椒等也传入长安;从阿拉伯引入了椰枣树、刺桐、茉莉花、押不芦、根刀菜等。唐太宗还专门派人去天竺学习熬糖法,用这一先进技术,熬扬州所产甘蔗。此外,印度、巴基斯坦的天文、历法、医学、音韵学、音乐、舞蹈、绘画、建筑等也陆续传入。祆教、摩尼教、景教,以及新兴的伊斯兰教都在此时正式传入中国内地。唐初,印度僧人纷至沓来,如印度僧人不空,在长安大兴善寺等处长期从事翻译工作,对佛经的翻译工作做出重要贡献。中国的玄奘、玄照、义净、慧超等一大批僧人,也不远万里,主要经由丝绸之路前往天竺学习。

第二节 辐射力:从中国文化到世界文化

西汉至唐朝,是我国丝绸之路开拓、发展、繁荣的时期,这一时期,博大精深的中国文化通过丝绸之路传往世界各地,奠定了长安长久繁荣的基础。

文化传播的主要方式有商品贸易、人员往来、宗教传播、战争等。物质文化交流与传播主要通过贸易进行,受不同历史背景和商品特质的影响,沿用不同的路线,以接触扩散和迁移扩散类型为主;艺术文化以宗教传播为手段,多为浸染扩散类型;宗教文化在时空演变过程中表现为多宗教并存,外来宗教多沿西北丝绸之路进入西域地区与本地文化融合后再向东传入中原地区,扩散过程受社会环境、民族迁徙的影响很大,采用了等级扩散、浸染扩散、迁移扩散等多种扩散类型相融合的复杂扩散方式。

一、物质和技术文化传播

物质文化交流一直是丝绸之路上最主要的文化交流形式。物质文化传播方式以商品贸易为主;技术文化多包含于物质文化中,却又高于物质文化;技术文化的传播以人员往来为主要媒介。

西汉时期,丝绸之路开始进入首次繁荣阶段,漫长的丝绸之路上,往来长安与西域的官方使团和民间商队络绎不绝,丝路的交流与贸易在南亚、东南亚、中东、非洲、欧洲之间迅速发展,数不尽的商品、技术不断流入各个国家,除丝质品外,漆器、铁器、竹器、陶器、铜镜、软玉、釉陶、麻织品、茶叶、生姜、大黄、肉桂、土茯苓等物品也陆续被运往世界诸国。这一时期,中国进入农耕文明,冶铁打井技术、丰富的农耕经验等也相继传到了西方。

中国的丝绸一直是连接古代中国与中亚、西亚,直至地中海沿岸的罗马等国家的纽带。养蚕制丝技术在很长一段时期内都为我国独有,后由多种方式传至西域。公元4世纪,自西域传入波斯,公元6世纪,长期生活在中国掌握了养蚕制丝技术的印度僧人将之传到东罗马地区,直到公元12世纪传入意大利,大约又过了100年以后,传至西欧各国。

隋唐时,输入国外的物产更为丰富,首先是麝香、纻丝、色绢、瓷器、铜钱通过陆上和海上丝绸之路输送到各地;其次是造纸术的西传,中国的造纸术传入中亚、西亚,最后传到欧洲和非洲,造纸术的西传为西方文化的传播提供了极为有利的条件;另外,手工业技术如丝织技术、金银器制作技术等,也通过商人、使节、僧侣等传至各国。

第二章　西安丝绸之路文化的隆盛期：汉武—隋唐

二、精神文化传播

丝绸之路上中外艺术文化交流与传播主要通过使臣往来、公主外嫁、宗教等方式进行。汉晋时，自张骞出使西域，中国乐舞与世界展开交流。公元前60年，西汉设立西域都护府，中原乐舞随商人、边疆将士、移民、游牧民族的流动迁徙传向西方。

唐代时来长安求法、留学、经商的各国使节、僧侣、学生、商人对中华文化的传播发挥了积极的作用。中国周边的国家从政治、法律、军事、经济、文化、教育制度，到社会伦理、思想和宗教信仰，以及天文、历法、数学、医学、文学、艺术等，无不渗透着唐文化的因素。中国古代形成的以儒佛道为核心的中华文化随着丝绸之路不断传播，大规模输出到日本列岛、朝鲜半岛、越南等国家和地区，最终形成了汉文化圈。如高僧鉴真东渡日本，促进日本佛学、医学、建筑和雕塑等领域的发展，也使中华文化得传播。吸收汉文化的国家和地区先后接受儒学，效仿中国的政治制度，以儒家文化治理国家。

唐代乐舞文化达到高峰，中原乐舞深受西域乐舞的影响，之后又由长安、洛阳传入敦煌，使得敦煌乐舞成为中原与西域乐舞交流的结晶。这一时期，中国古代著名哲学家老子的《道德经》也被译成梵文传入印度。

三、宗教文化传播

丝绸之路宗教文化传播时空演变的最基本特征为多宗教并存，与不同的地域文化相互融合渗透后再传播。丝绸之路上的商人是最初的宗教传播者，后来随着各国往来的密切，逐渐出现传教士、弘法僧、求法僧，穿梭于丝绸之路沿线各国，成为宗教文化传播的使者。

长安成为印度佛教在中国内地的最早传播地，同时也成为中国佛教的策源地。在西安，佛教完成了本土化进程，形成了具有中国特色的佛教文化。以长安佛教为代表的中国佛教艺术又沿丝绸之路传到西域,深刻影响着那里的佛教艺术。盛唐以后,长安继而发展成为中国佛教文化向日本、朝鲜、越南、柬埔寨乃至欧美各国传播的发源地。传入长安的其他宗教如祆教、摩尼教、景教、伊斯兰教等也不断融合中国特色,完成本土化之后沿着丝绸之路传入各国。

道教是中国汉族主要宗教之一,产生于东汉中叶,隋唐至宋达到鼎盛;随着信仰道教的汉人在西域的活动传入西域,传入时间不确定,但可以肯定魏晋时已在高昌和西域其他地区流行,与佛教和儒家思想相互融合。

第三节 融合力:中西文化的交融

一、长安的西域侨民

西汉至唐朝,中西交流日益频繁,交流活动主要包括使节往来、僧侣的东来传教、络绎不绝的丝路商旅,还有一次次大规模的民族迁徙,使外侨居民长期定居在长安城。据考证,盛唐时期长安城约有人口100万,外籍侨民占总数的2%左右,其中来自西域的占绝大多数,加上早期内迁的突厥后裔,其数量当在5%左右。780年,完全汉化穿着唐式服装和汉人混居的外国商人在2000人以上。787年,唐朝政府检括长安胡客(侨民)田宅,凡有田宅的竟达4000人。这些胡客长期居住在长安城,他们与汉族通婚,学习汉语,不断汉化。

在唐长安的西域人中,波斯人占了很大的比例。如在布政、礼泉、崇化、靖恭、普宁等坊中,都有修建波斯国教的祆祠,足以表明唐长安城中的波斯人是很多的。《资治通鉴》记载,自吐蕃人占领河西走廊等地后,大批西域使者住在长安回不去。当时有4000名这样的人依赖唐王朝的供给维持生活;有的居住长安已40余年,娶妻生子,有田宅,"安居不欲归"。唐王朝为减轻负担,提出设法送他们回去,愿意留下的,则应担任一定的职务,"给俸禄,为唐臣",但结果"胡客无人愿归者"。

二、文化艺术中的西域要素

自丝绸之路开通后,长安与西域诸国的文化交流也日益频繁。西域的音乐、舞蹈、杂技相继流入中原,丰富了这里的休闲娱乐生活。从丝绸之路传来的新鲜事物,各个朝代的人大胆地加以熔铸改造,从而使长安的音乐舞蹈、绘画雕刻等方面都出现了崭新的、蓬勃发展的形势。

西域传入的乐器和乐曲,如琵琶、箜篌、觱篥、笳、笛、角都在汉武帝以后加入了宫廷的乐队,而一些来自印度和中亚的乐曲,再经中国的乐师配乐,创造出新的曲调。胡角演奏的《摩柯兜勒》曲,被宫廷音乐家李延年改编为二十八阶的武乐,再如《黄鹄》《陇头》《出关》《入塞》《折杨柳》《望行人》等都是根据胡角曲声改编的。唐朝在长安宫廷设有以西北少数民族和邻近国家音乐为主的十部乐,即燕乐、清乐、西凉乐、天竺乐、高丽乐、龟兹乐、安国乐、疏勒乐、康国乐、高昌乐,用于宫廷宴乐和朝会大典。可以看出,其中的后八部都是西域少数民族和外国乐舞。

西域舞蹈在汉代传入长安后很受欢迎,如撞末伎、舞盘伎、跳铃伎等,有些还一直流传到今天。唐朝时长安盛行的舞蹈有健舞、软舞、字舞、花舞、马舞等多种。隋唐时期南北及中外乐舞在长安得以广泛的交流融合,为当时音乐舞蹈的繁荣提供了有利条件,特别是盛唐时京师长安的乐舞艺术,集以往历代乐舞之大成,又广泛吸收了西域、东亚、南亚及其他民族乐舞的优秀成果,乐舞的创作及演奏、演唱都达到相当高的水平,出现新的面貌。如唐长安的狮子舞,就是中国与西方友好交往的象征。历史记载,波斯等国曾多次向唐王朝赠送狮子。由于中国人民对它分外珍惜,不仅将其威武的形象大量用石材雕刻出来,而且编成了舞蹈。

西域的杂技艺术传到长安,并很快流行起来。中亚的黎轩善眩人进入长安宫廷表演的杂技,包括走索、弄丸、弄剑、缘杆、鱼龙变化、戏狮搏熊等。唐朝继承和发展了传统的和外来的杂技艺术,形成了丰富多彩的杂技艺术形式。此时自西域来到长安的杂技有舞双剑、跳七丸、袅巨索、掉长竿等。唐代长安的杂技在继承传统技艺的基础上吸收西域杂技的精髓,掀起了长安杂技百戏的又一个高潮。

长安绘画艺术悠久,隋唐时期受中亚凹凸画的影响,风格发生变化。凹凸画法来自印度,早在南北朝时期的梁朝画家张僧繇已有所尝试,到了唐朝,这一印度绘画技法就被尉迟乙僧等人介绍到了长安。吴道子的画法就深受这种画法的影响,他改变了过去一色平涂的方法,而有轻重浓淡的变化,使人物极富立体感。西域绘画在表现技法和题材上,都对唐代装饰艺术产生深远影响。绘画中也有以西域人物为题材,反映了西域人大量往来于长安的情景。建筑风格上,长安的部分宫室宅第采用西域的风格抑或是装饰材料,丰富了我国的建筑风格和艺术文化。

三、民俗生活中的西域风尚

由汉至唐往来于长安至西域的使者、商人、传教者络绎不绝,成千上万的西域侨民聚居长安,身居显要的西域部族要人受到朝廷重用并在长安被赐予官宅供其长期居住。因此,西域的服饰饮食、宗教文化、风俗习惯等都对长安人的生活产生了影响,并逐渐为长安人所接纳。

长安人的着装深受西域影响,女子着胡服在唐长安习以为常,中亚和波斯风格的男装也在长安流行开来,如唐俑身穿的折襟胡服就属于波斯风格。胡人食品在长安很受青睐,包括烧饼、胡饼、搭纳等,开元以后"贵人御馔,尽供胡食"。此外,于阗烤全羊、回纥烤肉片等西域饮食都传入长安。

长安居民十分喜爱体育娱乐活动,盛唐的节日活动中常见来自西域的体育形式。源出拜占庭的泼寒胡戏自永隆元年后经常出现在长

第二章 西安丝绸之路文化的隆盛期:汉武—隋唐

安街头;波斯传来的击鞠是一种马上击球运动,唐朝时不断改良运动形式,成为长安城内一种上自帝王、下至平民都普遍喜爱的体育竞技。长安皇宫、民间还流行双陆棋奕,这种游戏源于大食,长安西市遗址还出土了大量双陆的附件——骰子。

  节日习俗上,每年的正月十五,长安居民在灯轮下踏歌三夜,树立的彩灯达五万盏,出现了具有西域格调的镫彩,簇之如火树银花,这就是按照西域格调布置和制造的。

  长安也是宗教文化不断融合交流的主要地区。印度佛教在两汉时期传入中国,在魏晋南北朝时期迅猛发展,传入中国的佛教文化与中国的本土宗教——道教、传统思想——儒家思想相互融合,形成了具有中国元素佛教文化,并不断在中国境域和周边地区传播。

  由此看来长安对推动科学技术进步、文化传播、物种引进、政治交流做出了重要贡献,对促进各方文化的融合与交流功不可没。

第三章 西安丝绸之路文化的式微期：
北宋—清末

第一节 政治：从中心到边缘

一、中国政治中心的迁移

都城是国家出现后的产物，它是一个国家或政权的政治中心，是向全国发号施令的地方，被视为一个政权的象征。自夏朝建立了中国历史上第一个国家，定都安邑（今山西夏县）后，中国政治中心——都城曾数次迁徙，特别是文明社会的初期，由于原始血亲复仇遗风，统治者内部斗争激烈，加之人们抵御自然灾害能力十分有限，都城迁移比较频繁。概括而言，中国政治中心都城的迁移经历了从黄河时代到运河时代的转变，并呈现出中国都城一个核心、两条轴线、三大支点的变迁格局。

中国政治中心的黄河时代始于夏商，确立于西周，兴盛于秦汉，至隋唐而达到其顶峰，中唐以后趋于衰落，北宋建都开封，标志着中国都城黄河时代的终结和运河时代的开始。随后继起的金、元、明、清彻底改变了中国古代都城的分布格局，正式开始了都城文明发展的运河时代。在都城发展的黄河时代里，已经形成了比较完整的运河网络和漕运体系，运河对于都城的发展起了重要作用。但总体上看，这一阶段的都城主要是靠着黄河和黄河流域经济文化的滋养得以发展的，黄河和黄河流域经济文化是推动都城发展的主要力量源泉。在运河时代

第三章　西安丝绸之路文化的式微期：北宋—清末

里,运河和运河流域经济文化对于都城发展具有决定性意义,它们构成了都城发展的动力支撑系统和技术、信息与文化交流系统,共同推动了都城的发展。

在黄河时代里,都城变迁的基本趋势是由中原而西安,由西安而中原,沿东西轴线运动;其显著特征是都城沿黄河及其支流渭河呈东西向运动,国家命运沿东西轴向摆动,政治、经济、军事、文化都呈现出明显的东西特征。在经济重心南移和政治军事重心北移等因素的作用下,北宋以后中国都城被迫离开黄河流域,向江南和燕蓟南北两个方向运动,从而实现了由黄河时代向运河时代的转折。在运河时代里,南北方经济联系进一步加强,国家命运沿南北轴向摆动,运河成为都城变动的重要因素之一,并对国家政治、经济、文化生活产生深刻影响。都城变迁呈现出由中原向南北两极发展的趋势,北京充当了封建社会后期的主要都城,南京的政治中心地位也逐步加强,并一度上升为全国的政治中心,进而形成政治中心的南北两极格局。

近4000年来,中国政治中心都城由黄河时代向运河时代转变,经过了一个从西向东迁移又北移的过程,这个过程与中国近4000年来自然环境特别是气候变化、经济重心东移南迁、大漠内外游牧民族活动东移息息相关,是多种因素综合作用的结果。

二、西安在全国政治地位的演变

西安是中华文明的重要发源地,早在夏、商时期就有城市雏形,自公元前11世纪周王朝将周人活动中心迁至西安附近,西周、秦、西汉、新莽、东汉(献帝)、西晋(惠帝、愍帝)、前赵、前秦、后秦、西魏、北周、隋、唐13个王朝相继在这里建都,历时1100多年,是我国历代王朝建都历史最悠久的城市,长期作为我国的政治、经济、文化、人口和交通中心。汉、唐鼎盛时期,长安是当时世界上规模最宏大、经济最繁荣、文化最发达的国际性大都市。唐长安城是世界历史上第一个人口达

29

到百万的大城市,是世界东西方文化交流的汇集地,西方文化通过唐长安城消化再创造后又辗转传至日本、朝鲜、缅甸等国家和地区。

自唐代后期,我国统一王朝的都城开始沿黄河自西向东徘徊式移动,西安在我国政治、经济生活中的地位逐渐下降。随着全国范围内经济活动的拓展和长江流域的深度开发,北宋以后,西安一直远离中国的政治和经济中心,长期处于缓慢发展的状态。这一时期,我国北方先后兴起的契丹、女真、蒙古三个少数民族分别建立起辽、金、蒙古及元、清政权,他们南下侵占黄河流域,金灭北宋、蒙古灭金、元灭南宋、清朝取代明朝等一次次改朝换代的战争,以及北宋与辽和西夏、南宋与金和蒙古的长期对峙和相互交兵,都使关中及中原地区较之南方经受了更多的战乱摧残。

宋元明清时期,正式开始了中国都城文明发展的运河时代,由长安和洛阳构成的政治经济文化轴心区不复存在。但是,西安的军事地位比较特殊,宋金时在西安设京兆府,地位高于其他郡治府城。北宋与西夏对峙时期,宋军的军粮和军品物资主要依赖关中和河东调运,在长达百年的对峙中,京兆长安成为宋军的主要军事基地和战略后方。金灭北宋后,开始了南与南宋争衡、西北与西夏对峙的局面。金不仅把京兆府视为对抗西夏的军事重镇,更作为与南宋争夺汉中、四川的主要基地。元代改京兆府为安西路,西安仍作为蒙元镇守西北经营西南的战略要地。明统一全国后,明太祖朱元璋将安西路改为西安府,关中西安再次作为控制西北、北抗蒙古的军事重镇。清统一全国,在西安设川陕总督,驻守重兵以控制西北、西南,西安成为西北的政治、经济、文化中心。

总之,自北宋西安失去首都位置后,就丧失了全国政治中心的显赫地位,并且一去不复返,开始沦为一个地区性的城市,其他各种地位也随之发生变化。但是,这一时期西安仍担负着维系中国西北和西南、保证西部稳定、屏障中原安全的重任,始终受到建都东部的宋元明

第三章 西安丝绸之路文化的式微期：北宋—清末

清各朝统治者的极大重视。

第二节 经济：从高水平集散到低水平集聚

一、中国基本经济区的变迁

历史各时期中国各地经济发展很不平衡，但这种不平衡性是处在不断变动之中的。总体上看，我国历史上的基本经济区大致经历了从黄河流域到长江流域、自北向南的历程，最终在东南地区结聚成一个新的经济重心，并取代了黄河中下游地区经济重心地位。

先秦时期，今天黄河中下游地区气候湿润，河湖众多，土壤肥沃，有着十分先进的农业文明，因此夏商周三代都主要以这个地区的农业文明为基础。春秋战国时期，各国都对自己地域做了较大开发。战国时期的重要城市，如陶、临淄、荥阳、彭城、邯郸、宛、郢，分布于南北各地。秦汉时，我国最发达的经济区主要有三个：一是关中平原地区，二是关东地区，三是成都平原地区，黄河流域的农业核心地位进一步确立。魏晋南北朝时期，气候变冷，游牧民族南下，压力增大，北方战乱不已，北方地区的农业经济也受到破坏。唐代是我国历史上一个气候温暖的朝代，此时北方经济恢复很快，黄河中下游平原地区在唐代前期经济十分发达，就连当时相对干旱的陇右地区也是"闾闾相望，桑麻翳野"。在中唐以后，南方经济有了较大发展，从人口上看，南方人口已经开始超过北方。安史之乱以后，北方地区气候转寒，战乱不已，农业经济再度凋敝衰败。五代到两宋，随着北方高纬度地区气候趋冷，北方游牧民族不断南下冲击农耕区，农业生态受到严重破坏。加之，北方政治中心战争不断，黄河流域经济农业经济受到严重摧残。

同一时期，南方地区由于北方人口大量南迁以及先进技术的带入和推广，经济迅速发展。宋代，长江上游和长江下游的经济已经在全国占据举足轻重的地位,长江下游已经有"苏湖熟,天下足"之称,成都平原成为后方粮草的重要生产基地,中国经济重心已经南迁至长江流域。明清两朝,北方地区在"明清宇宙期"的背景下,经济更加残破,经济地位大大下降。而长江中游的江汉平原地区经济发展起来,有"湖广熟,天下足"的民谚。长江下游经济继续发展,商业城市大量涌现,出现了资本主义萌芽。近代以来,东南地区经济发展的积累,商品经济有了较大发展。同时西方资本主义列强入侵,从上海、天津、大连、广州扩展到内陆的武汉、重庆等城市,城市经济发展起来,工业经济在经济中的地位开始上升,且大都集中在东南沿海地区。

简言之,魏晋以前,我国经济重心在黄河中下游一线,即使有变动也只是东西移动;西汉中期到唐之间,经济重心一直在华北平原,安史之乱后开始南移,经过三百多年的反复,到北宋末年才完成南移的历史进程,宋室南渡标志着我国经济重心移到了东南地区。及至元明清时期,中国资本主义萌芽也首先产生于江南地区,进一步说明了南方这种不可动摇的经济重心地位得到巩固和发展。

二、西安在全国经济地位的变化

西安是中国农耕文明的发祥地,早在7000年以前的新石器时代我们的祖先就已在这里开垦种植。仰韶文化、龙山文化时期,这里一直是黄河流域主要的农业经济中心之一。商、周时期,这里进入传统农业技术的萌芽期,此时人们已经注意到对农田的修整。春秋初年,随着秦被封为诸侯而立国,秦国的农业生产和畜牧业等逐渐发展起来。春秋战国时期,秦国通过推行中农政策,在京畿等地大力兴修水利,并重视对农业生产的管理,从而使包括西安在内的关中平原成为秦国主要的农业经济中心。汉唐时期,立都长安的多数王朝较为重视关中平原的农业生产,从而使农业经济得到了较快发展,以长安为中心的关中成为全国最主要的产粮区。司马迁在《史记·货殖列传》中

第三章 西安丝绸之路文化的式微期：北宋—清末

说："关中之地,于天下三分之一,而人众不过什(十)三。然量其富,什(十)居其六。"唐末五代战乱频仍,关中地区人口锐减,土地荒芜,饥民大量流移,农业生产衰退。北宋建国,通过一系列政策和措施,使这里的农业经济在一定程度上得以恢复,但宋夏战争爆发以后,当地的粮食生产远不足以供给军粮。北宋以后,女真族和蒙古族入侵关中时,使包括西安在内的关中地区社会经济遭受了灾难性的破坏,致使该地区经济大大落后于黄河下游各地,更拉大了与东南沿海地区的差距。

汉唐时期,发达的农业经济为人口众多的西安提供了所需的大部分粮食,也为部分手工业提供了生产原料。从公元前 11 世纪到公元 9 世纪,西安作为十三朝国都的 1000 多年里也一直是全国的手工业制造中心。各地的能工巧匠被征集到官府的作坊从事手工业生产,其产品不仅供应皇室和贵族,也有一些由皇帝馈赠来访的外国使臣。唐代以后,随着政治、经济中心东移南迁,本地手工业经济的规模和水平有所下降,但仍是西北地区主要的手工业加工制造中心。

汉唐时期,随着陆上交通和海上交通的日渐发达和完备,使得西安不仅成为全国性经济贸易中心,还是当时世界上规模最大的国际商贸中心。西域、东亚、南亚及国内各地客商云集,商品交换活跃。直至五代以后,长安不再为都,其政治、经济地位也显著下降。在五代、宋、元近 5 个世纪的漫长岁月里,这里经历多次酷烈的军阀混战和王朝更替战争,西安及关中地区屡遭破坏,经济凋敝。另外,随着中国经济重心向东部和南部转移,海上丝绸之路逐渐取代陆上丝绸之路,西安与西域和海外的直接贸易往来陷于停滞,西安由全国性的经济中心城市降落为地区性的中心城市,商品生产的地域性特征日趋明显。

第三节 文化:从核心到地方

一、影响全国的核心文化

在生产力水平较低的古代,地域环境对文化发展有十分重要的影响。《史记》中记载"关中左殽函,右陇蜀,沃野千里,南有巴蜀之饶,北有胡苑之利,阻三面而守,独以一面东制诸侯",古代西安具有发达的农业经济,而且占据重要的军事战略位置,这正是西安具有十三朝建都史的原因,也是文化具有扩张机制的原因。

西安地域文化的前身是长安文化,其始于西周,经秦统一六国而形成,两汉时期定型。武王建周,定都镐京(宗周),分封天下,建立宗法制度,制礼作乐,至此中国模式初步形成,既奠定了后世百家争鸣的基础,也开启了后人"从周""复周"的源泉。王国维认为"中国政治于文化之变化,莫剧于殷商之际"。秦朝统一六国定都咸阳,建立了中国历史上第一个君主专制的中央集权国家,车同轨、书同文、度同制、行同伦、地同域,从国家政策层面上维护了思想一统、文化一统,中华文化共同体基本形成。秦朝短祚,两代即亡,代之而起的是西汉王朝,汉武帝"罢黜百家,独尊儒术",文化一统的格局至此形成。这种格局就是以长安地区中央政权为背景,以儒家文化为主体,兼收并蓄佛、道文化要素的文化格局。以长安文化为核心的中原文化,也成为中国传统文化的样板,是历代统治者所倡导的文化典范。汉武帝时期开辟了沟通东西方文明的丝绸之路,揭开了中西交通的新时代。丝绸之路的开辟,不仅远距离传播着汉长安的物质与精神文化硕果,而且大规模吸收西域及西方物质与精神文化的成就。长安是西北丝绸之路沿线文明的灯塔,是中国乃至世界的经济、文化大都市,丝绸之路使长安文化传播到了遥远的西方。

在历经魏晋南北朝的民族融合和文化整合后,长安文化形成了更

第三章　西安丝绸之路文化的式微期：北宋—清末

为宽厚的基础。及至隋唐，再次作为帝都的长安以前所未有的创新意识和包容精神生发出一个气势恢宏、波澜壮阔的文化盛景。诗之绝艳、文之酣畅、乐舞之盛大、书法之至美、绘画之绚烂、建筑之壮丽……无不传递着盛世的气息。长安城在唐人心目中是追求人生理想、实现自己人生价值的圣地，是盛世之都、人间天堂。唐都长安不仅是中国东西南北文化的中心、东方世界的中心，也是当时中外文化的交汇点、世界文化最繁盛之地。围绕长安进行的各民族之间的文化交流远比过去更直接、更频繁，规模也更大，长安文化步入了鼎盛时期。强大文化的拥有，使唐代长安成为向周边地区辐射的文化源地。这一时期，不只帝国疆域内部受其影响，在地理上临近唐朝的日本、朝鲜、缅甸等国家和地区，也成为其对外传播的区域。同时，借助陆上丝绸之路，长安文化也将其光辉辐射至更远方。

二、偏居一方的地域文化

公元904年，朱温为篡夺帝位，强迫唐王朝迁都洛阳，命长安居民按户迁居，逐宅拆毁房屋，长安城最终变成了一片废墟。唐亡，进入五代纷争，战乱不断。北宋建立，定都开封，以西安为代表、引领中华文化发展方向的强势文化至此结束，西安也由辐射全国的文化核心地位开始向国内普通文化地域转变，西安在周、秦、汉、唐作为国家文化中心的时代一去不复返。

唐末经济重心虽完成由北向南的转移，但文化重心尚滞留在长安—洛阳—开封一线。北宋时期，随着全国政治经济中心的东移南迁，文化重心南移的态势日益明显，至北宋末爆发的靖康之难终于给文化重心南迁以最后的推动，至此中国文化重心基本完成了南迁。西安也失去了汉唐时期那种显赫的地位和风采，社会文化的许多领域日渐委顿，远不及昔日盛唐的境况，仅在学术文化上还有张载以及由他创立的关学学派，可谓是这一时期长安及关中地区的代表。

南宋以后，随着南方经济的发展，杭州—苏州构成中国南北向文化轴心,取代了长安—洛阳—开封东西向轴心。此时,包括西安在内的关中地区正处于金人统治,长达 100 年。蒙元帝国时期,欧亚大陆的大部分都处于蒙古帝国统治之下,汉唐丝路再次复兴,西安虽作为蒙元镇守西北、经营西南的战略要地,但由于蒙古人与农业文化天然的隔膜感和接受汉文化的艰难,西安地域文化依旧处于蜕变和凋敝之中。明统一全国,西安再次作为控制西北、北抗蒙古的军事重镇。明嘉靖三年(1524),由于明朝在西北军事力量孱弱,关西七卫全部撤入关内,加之,东南沿海地区海路畅通发达,至此明朝廷与新疆以西地区封闭隔绝,丝路阻断。西安从此也偏居于一个内陆封闭的环境之中,文化也越来越落后于全国步伐,直至清末。

文化交流方面,唐末五代以后,随着国都的东移,西安曾经是国际贸易中心和文化汇聚中心的地位一同丧失,中外交流的规模变小。宋、元、明、清以及西夏、辽金时期,这里虽与西域尚有贸易往来,但文化的影响日益萎缩,即使信仰伊斯兰教的回民迁移此地,也再没有产生像隋唐时期那样的辉煌成就。

西安地域文化从民族核心文化转为普通地方文化,一方面是这一地区地理环境以及经济生产方式的因素,另一方面也与周围环境及其关系变化和外来因素有关。近代以来,我国的政治、经济发展主要是沿南北轴线发展,而西安偏处于这条轴线的西北方向,限制了与外来因素的碰撞带来的火花。这与同时期迅速崛起的上海、南京、广州、武汉相比,西安地域文化形成了一种较为保守、向外辐射能力不强的态势,西安地域文化就此迅速衰落。

第四章 西安丝绸之路文化的复兴期：清末至今

第一节 近代西安文化觉醒:寻求变革的力量和冲动

一、清末西安的近代化启蒙

自鸦片战争以来,西安人民为推翻封建王朝的统治,为改造社会,为中华民族的复兴,掀起了一波又一波的革命浪潮。

在旧民主主义革命时期,西安人民多次与腐朽的清朝政府斗争。1862年,陈得才率领太平军两万余人围攻西安,在三兆、杜曲等地大败清军,沉重地打击了清政府在陕西的统治力量,也推动和鼓舞了陕西人民奋起革命的决心。到1866年,西捻军进入陕西,在十里铺痛击清军,围困西安一月有余。几次大规模的农民战争,同南方的太平天国革命,极大地震撼和动摇了清政府在西北的统治。

近代中国,不少仁人志士满怀一腔爱国热情,苦苦寻觅救国道路。他们在西方资本主义的崛起中看到了希望,在中国开启了一场维新变法运动。虽然这种思潮局限于"中体西用"的范围内,但仍引领中国向近代化艰难地迈出了第一步。当时处于西北内陆的西安、泾阳、三原等地区教育比较发达,这里有很多学塾、书院,维新思想最早在陕西的这些地方传播,陕西的近代化启蒙也从这里开始。关中学界泰斗刘光蕡创办了关中最早的新式学堂,开设天文、地理、算学、时政及外文课,而后又把西学引入学堂,介绍西方各国史地、政治等社会科学知识和化学、电学、医学、矿学等自然科学知识,使学生大开眼界。维新变法失败后,八国联军侵占北京,清政府被迫逃亡至西安后调整内政,诏立各地设立大、小学堂,并于1902年在西安创办了陕西大学堂,之后又开办许多专科学堂,如陕西师范学堂、陕西法政学堂等。兴办学堂改变了闭塞的社会风气,培养了很多新式人才,使改革的思潮逐渐普及。

二、民国时期西安的近代化发展

1911年,辛亥革命爆发。武昌首义后,清廷本打算以陕西、甘肃为基地,以图收复东南。不料陕西竟率先响应,成为全国最早响应首义的省份之一,并迅速取得胜利,使清廷依靠西北进兵东南的计划完全落空。为了扑灭陕西革命力量,清廷曾派大军由河南、甘肃两路夹攻陕西。陕西军民为保卫革命成果,在军械、粮饷极端困难的情况下,在东线和西线两个战场与清军展开了激烈的战斗,不仅保卫了革命成果,也牵制了清军大量兵力,减轻了武昌革命军的压力。同时,陕西革命军又在井勿幕、胡景翼、陈树藩等人率领下,渡过黄河,一举攻下运城,支援了山西革命。西安起义的成功,从政治上、军事上给了清王朝以沉重的打击,有力地支持了南方刚刚建立起来的革命政权,为北方各省的起义树立了榜样,加速了清王朝的崩溃,在辛亥革命史上写下了光辉的一页。

1919年,五四运动揭开了中国新民主主义革命的序幕。消息一传到西安,爱国学生纷纷积极响应,组织演讲,游行示威,宣传抵制日货,劝用国货,并成立陕西学联,选派代表上北京请愿。如当时学生在分发的传单中写道:"吾陕西学生,素称爱国,高举义旗,焉能后人。振臂而起,作为北京学生后盾;登高号呼,唤醒国民之忠忱。"当时陕西的学

第四章　西安丝绸之路文化的复兴期:清末至今

生代表屈武在中南海请愿时,以血溅总统府的壮举,轰动一时。

民国时期关中交通的主要发展是在抗日战争前后。1931年"九一八"事变爆发后,东北沦陷,华北及东南沿海地区岌岌可危,陕西成为抗日的战略大后方。南京国民政府实行向西北、西南战略转移,首先着手于修路。陇海铁路陕西段于当时动工修建,贯穿关中平原,促使西安近代工业的萌芽。

西安近代工业的兴起是伴随战争发展起来的。早在清末洋务运动时期,陕甘总督左宗棠为镇压捻军和西北回民起义,在西安建立了第一个近代工业——西安机器局,生产军火武器。"九一八"事变后,国民政府提出"开发西北,建设西安"的口号,随着陇海铁路修至西安、宝鸡等地,国外和沿海地区的机器及产品大量运至陕西,华中、华东的许多企业也在西安建厂,有力地推动了西安工业的兴起,为新中国建立后的西安工业发展奠定了基础。

第二节　现代西安文化振兴:从五年计划到西部大开发

一、"一五""二五"中的西安建设

"一五"时期(1953—1957),西安完成了对农业、手工业和资本主义工商业的社会主义改造。作为国家重点建设城市之一,苏联和东欧社会主义国家援建的156个重点项目中,在西安的就有17个;全国限额以上690项工程,在西安的有52项。到1957年年底,西安市累计完成基本建设投资14.1亿元,奠定了西安作为新兴工业基地的基础。如建成以西安、咸阳为中心的纺织工业基地,新增纺织棉纺锭42.6万枚,棉织机1.24万台,均占全国新增生产能力的两成以上,在全国纺织业中占据重要地位。另外,初步形成了一个新兴的机械工业基地框架:如以庆安机械厂、远东机械制造公司等组成的航空工业系统基本

39

形成;以华山机械厂、西北光学仪器厂、秦川机械厂、昆仑机械厂、黄河机器制造厂等厂组成的国防军工系统已粗具规模;西安及西安周边地区建成几个新的发电厂使发电量大增;全国电力机械工业基地之一的西安西郊电工城也拉开建设的帷幕。在教育方面,全国著名的上海交通大学内迁及一批高等院校和中等技术学校的建成,为西安经济的发展奠定了智力基础。"一五"时期西安新建科研机构10所,高等院校由6所增至13所,在校大学生达2万余人,较1952年增长5.7倍。

社会主义改造的胜利和第一个五年计划的超额完成,极大地鼓舞了西安人民社会主义建设的积极性。成绩取得的同时也出现了"左"的盲目倾向,加之国际形势的骤变和连年自然灾害等因素,使"二五"时期(1958—1962)西安市国民经济主要指标剧烈升降,比例严重失调。该时期虽然有挫折和失误,但仍陆续建成投产的有西安电力电容器厂、秦川机械厂、西安高压电瓷厂、西安仪表厂、灞桥热电厂二期工程、冶金机械厂、陕西重型机械厂、西安微波设备厂、西安化工厂、西安油脂化工厂、新华橡胶厂、铁路信号工厂、标准件厂、西北国棉六厂、西北第一印染厂、西安开关整流器厂、西安绝缘材料厂、东方机械厂、庆华电器制造厂等一批大中型工业企业,极大地增强了西安的工业实力,使西安一跃成为全国重要的工业城市之一。西安石油学院、西安矿业学院、西安公路学院、西安化工学院、西安政法学院、西安第二医学院、西安机械制造专科学校等一批大专院校相继成立,中国科学院陕西分院在西安成立,国家一机部电瓷研究所迁至西安,科研单位增多,具有全国影响的科技成果不断出现,增强了西安的科技实力。

二、大规模的"三线"建设

1965年9月,中央决定第三个五年计划逐步改变工业布局,集中力量尽快把内地基础工业和交通运输业建设起来,使之成为粗具规模的战略后方,提出把工业建设的布局从沿海到内地划分一、二、三线,

第四章 西安丝绸之路文化的复兴期:清末至今

内地战略后方基地的建设被称为三线建设。陕西省是当时确定的重要战略后方基地之一,国家给予重点投资。"三五""四五"两个时期,在陕西省安排建设项目400多个,累计投资126.5亿元,比"一五""二五"两个时期累计投资57.7亿元高出119.2%。依据三线建设的"分散、靠山、隐蔽、钻洞"原则,西安市区不在三线建设范围之内,但在蓝田、临潼、长安、户县等地以及西安市周边地区布下许多三线建设项目,使西安市工业及宏观经济结构发生很大变化。

一是20世纪50年代,初具规模的西安航空工业经过三线建设,基本上形成包括飞机制造、航空发动机、辅机和专业化组件、部件制造以及航空科研教育在内的航空工业基地,拥有比较完整的科研试验手段和实力较强的科研、设计和生产能力。

二是西安成为中国重要的航天工业基地。三线建设时期和20世纪80年代,国家在蓝田、临潼、长安、户县等地先后开工建设〇六三基地、〇六七基地,下属15个大中型工业项目,形成科研、设计、试验、生产的完整体系,为中国卫星上天,导弹发射,电视卫星的接收、转播做出了重要贡献。

三是填补了西安轻工业的空白。国家从上海等地迁建了陕西缝纫机厂、西安红旗手表厂,新建和扩建了第一钟表厂、西安钟表元件厂、西安造纸机械厂、风雷仪表厂、西安造纸网厂和西安宝石轴承厂等大中型企业,增强了西安轻工业的实力。特别是西安红旗手表厂、西安钟表元件厂、钟表机械厂、钟表研究所和宝石轴承厂等项目的迁建和新建,使西安钟表工业形成从科研到生产的完整体系,成为全国五大钟表重点产区之一。

四是以西安为中心的铁路网和公路网建设取得长足进展。铁路西(安)韩(城)线、梅(家坪)七(里镇)线、阳(平关)安(康)线建成,宝(鸡)成(都)铁路电气化工程和陇海铁路西(安)宝(鸡)段复线工程完工;公路线路西(安)万(四川省万源市)、周(至)洋(县)、兰(州)

宜(川)3条公路干线修通,在促进西安经济发展中发挥了重要作用。

五是三线建设为西安经济发展提供了能源保障。三线建设以开发渭北煤炭资源为重点,扩建铜川矿区,大规模建设韩城、蒲白、澄合3个矿区,不仅满足了本地工农业发展需要,还开始向外省市输出;三线建设时期先后建成秦岭(一期)、韩城、渭河、略阳4个大中型火力发电厂和石泉、石门2个水力发电厂,新增发电装机容量102.5万千瓦;同时,建成国内第一条33万伏超高压输电线路,将以水电为主的甘肃电网同以火电为主的陕西电网联结在一起,形成陕、甘、青大电网,互调余缺,发挥了较好的经济效益,保障了西安经济发展的电力需求。

三、"五五"—"八五"中西安的转折与改革

西安虽然在20年的探索中取得不少成就,但是长达10年的"文化大革命",阻碍了西安的发展。1976年10月"四人帮"的粉碎,使西安把各项工作的重点转移到经济建设上来,实现中华人民共和国成立以来的又一次转折。

1977—1978年,西安市国民经济得到一定程度的恢复和发展,初步摆脱了瘫痪、半瘫痪状态,但仍存在一些问题。从1979年起,对国民经济实行"调整、改革、整顿、提高"的方针,实行改革开放,彻底破除"左"的思想禁锢,解放和发展生产力,逐步改变了不适应生产力发展的生产关系和上层建筑,逐步从计划经济体制向社会主义市场经济体制过渡。1977—1982年,西安市国民经济实现了又一次大转折,将全部工作的重点转移到社会主义现代化建设上来,多方面地改变同生产力发展不相适应的生产关系和上层建筑。在农业上推行各种形式的生产责任制,调整农业内部结构,解放生产力;在工业战线上初步完成产业结构和产品结构的调整,发展轻工业,国防工业的军民品结合也开始起步。到1982年,西安市国民经济调整的任务基本完成,为进一步全面开展城市经济体制改革、发挥中心城市作用打下了基础。

1983—1990年,在继续进行农村经济体制改革的基础上,全面开展城市经济体制改革,极大地解放了生产力,1983—1987年经济增长率连续5年成两位数地高速增长。1991年9月西安咸阳国际机场开始运营,成为我国西北腹地最繁忙的航空枢纽,对陕西省和西北地区的对外开放起着重要作用。

四、西部大开发战略的实施

(一)第一个十年(2000—2009)

实施西部大开发战略,经过第一个十年的发展,西安市在各个领域都取得了巨大的成就,表现在以下几个方面:

一是发展速度逐年加快。1999年,西安生产总值(GDP)增长速度仅为12.2%,西部开发以后,年均增速达到13.7%,高于全国平均增幅3.8个百分点,高于全省平均增幅1.3个百分点。特别是从2001年开始,西安生产总值连续8年保持了13%以上的速度。2007年达到14.7%;2008年达到15.6%,创15年来新高。

二是产业结构更加合理。三产结构从1999年的7.89:42.15:49.96转变为2008年的4.7:45.1:50.2,产业结构不断优化。2000年,西安成为继广州之后,副省级城市中第二个第三产业比重突破50%的城市,以服务业为主的产业结构在加速形成。

三是居民消费结构升级。2008年,城镇居民人均住房总建筑面积达26.32平方米,比1999年增长84%;农村居民人均住房面积达到31.48平方米,比1999年增长1.1倍。2008年,城镇居民人均教育支出951.86元,娱乐教育和文化服务消费支出1725.6元,农民用于娱乐教育和文化服务消费支出达490元。

四是城市功能更加完善。二环路、三环路贯通,城区中心主要道路进一步拓宽,改造背街小巷1300余条,地铁2号线17座车站主体结构全部完成,开始轨道铺设和附属设施建设,1号线14座车站全线开工,现代化城市道路网络基本形成。大雁塔北广场、大唐芙蓉园、大唐不夜城、曲江遗址公园等重大项目先后建成,1131座公厕免费开放。2008年,西安道路总长度达到2114.9千米,是1999年的2.16倍。

(二)2010年至今

"十二五"时期是建设西安国际化大都市全面启动的关键时期,这5年,西安社会经济发生了深刻的变化。

经济发展水平实现新的跨越。经济总量在2012年、2014年先后突破4000亿元和5000亿元大关。特别是2014年,西安经济实现"三个突破"——GDP突破5000亿元,人均GDP突破10000美元,全市财政总收入突破1000亿元。主要指标增速在15个副省级城市中位居前列,发展速度稳居第一方阵。国际化大都市实现度为75%,小康社会实现度为94%,较2010年分别提高了16.1和9.49个百分点。

三大产业协同性逐步增强。产业比由2010年的5:42.5:52.5调整为2014年的3.9:40.3:55.8,呈现"一产稳、二产优、三产升"的特点,同时,投资结构也趋于合理,民营经济稳步发展,非公经济增加值占比达52.7%,较2010年提高了3个百分点。

以创建国家生态园林城市和国家森林城市为抓手,积极开展城市绿化美化。秦岭北麓生态保护建设工程全力推进,"八水润西安"工程成效显著,相继建成一批水生态修复示范工程,渭河"三年变清"目标如期完成,"两河一区"污染治理全面达标,初步形成"5引水、7湿地、10河系、28湖池"的水生态格局,生态水面面积达5.17万亩。

第四章　西安丝绸之路文化的复兴期:清末至今

第三节　当代西安文化的崛起:"一带一路"倡议下的机遇

一、西安在"一带一路"中的城市定位

中华人民共和国成立以来,西安共编制四次城市总体规划。1953—1972年,西安的首轮总体规划以工业建设为中心,将城市定位为以轻型精密机械制造和纺织为主的工业城市;1980—2000年,以经济恢复为重点的第二轮总体规划,将城市定位为以轻纺、机械工业为主,科学、文教、旅游事业为辅的发达的社会主义现代化城市;1995—2010年,经济转型时期的第三轮总体规划城市定位是将西安建设成世界闻名的历史名城,我国重要的科研、高等教育及高新技术产业基地。随着西部大开发战略的逐步深入,经济快速发展时期的第四轮总体规划(2008—2020)将城市定位由"我国重要的科研、高等教育及高新技术产业基地"改为"国家重要的科研、教育和工业基地",同时提出"将逐步建设成为具有历史文化特色的现代城市"的目标。

2009年,为进一步推进西部大开发战略,国务院批复通过了《关中—天水经济区发展规划》,将西安定位为国际化大都市。2012年,西安启动建设了西安渭北工业区。2013年,国务院批准西安市对第四轮总规划进行修编。2014年1月,国务院正式批复在陕西设立我国第七个国家级新区——西咸新区。2015年3月,国家发展改革委、外交部、商务部联合发布了《推动共建丝绸之路经济带和21世纪海上丝绸之路的愿景与行动》,把西安定位为"内陆型改革开放新高地"。2016年3月,西安市政府公示《西安城市总体规划(2008—2020)》拟作修改方案,据该方案,西安将建设为"丝绸之路经济带重要节点""具有历史文化特色的国际化大都市"。

二、西安的发展机遇和举措

（一）发展机遇

汉唐长安因丝绸之路而伟大，丝绸之路因汉唐长安而不朽。推进"一带一路"建设的宏伟目标，为西安这座千年古都实现复兴开启了新的发展机遇。

地缘区位方面，西安是古代丝绸之路的起点，作为连接丝绸之路国家的陇海、兰新铁路沿线最大的西部中心城市，是我国内陆地区向西开放的重要门户，具有承东启西、连接南北的重要战略地位。

历史文化方面，西安与雅典、罗马、开罗并称世界四大文明古都，具有深厚的历史文化积淀，被联合国确认为历史文化名城。西安以中华五千年的历史积淀，独具丝路沿线世界级的文化资源和旅游资源，有着重要的国际地位和影响力。

产业基础方面，西安以高新技术产业、装备制造业、旅游业、现代服务业、文化产业等五大主导产业为支撑，以"五区一港两基地"等一批国家级开发区为引领的发展格局，成为我国重要的电子信息、航空航天、石油设备、汽车制造、有色金属等产业基地，是引领丝绸之路经济带沿线城市发展的龙头。

科技教育方面，西安拥有各类科研机构3 000多个，普通高等院校63所，其中国家级重点实验室及国家技术研究或行业测试中心122个，是丝绸之路经济带上创新资源汇聚地。

对外开放方面，西安具有中国最大的陆地港口、2个综合保税区和1个出口加工区，"西安港"被纳入国家港口航运体系，取得国家港口代码。还实现了与上海、天津、青岛等重要港口和新疆霍尔果斯等口岸的无缝对接，能够为欧亚各国企业提供口岸物流服务。目前，全市已吸引外国投资企业3100多家，累计投资总额达339.3亿美元。世界500强企业中，有89家在西安设立了146个企业和办事机构。

(二)发展举措

面对新的历史机遇,西安市应主动融入"一带一路"大格局,积极落实"新高地"战略定位,把西安建设成"具有历史文化特色的国际化大都市"。

1.搭建对外文化交流平台,扩大文化国际影响力

搭建对外文化交流平台。进一步盘活历史遗产、整合文化资源,打造国际文化交流平台。巩固和发展一批对外宣传阵地,积极谋划丝绸之路文化论坛、长安之窗等文化交流平台。鼓励文化机构与国外机构建立长期合作关系,在外设立办事机构。

加快西安领事馆区建设。争取柬埔寨、马来西亚等国在西安设立领事馆,争取土库曼斯坦设立商务代表处,全力争取上合组织成员国及丝绸之路沿线重要节点城市设立办事机构,吸引涉外机构入驻。积极利用西安领事馆资源开展对外文化交流。

加强国际旅游合作。争取国家旅游发展基金支持,积极举办丝绸之路国际旅游相关会议及活动。与"一带一路"倡议相关的国家或地区联合开发国际旅游线路,建设一批丝绸之路文化旅游项目,完善并常态化运行西安至乌鲁木齐丝绸之路旅游专列。

加强培训教育领域合作。建设丝绸之路经济带教育文化研究交流中心,开展人力资源开发培训和留学生教育。争取上合组织大学中国(西安)校区落户,建设汉诺威国际学校等特色鲜明的国际学校,推动国际留学培训。

2.加强历史文化遗产保护利用,打造特色文化产业

加强历史文化遗产保护利用。以汉长安城未央宫遗址、唐长安城大明宫遗址、大雁塔、小雁塔、兴教寺塔联合申遗成功为契机,深入挖掘周、秦、汉、唐文化价值理念、道德规范、治国智慧,打造各展风采的"寻根文化"展示基地。围绕历史文化和宗教文化资源,构建集文物博览、文化体验、演艺休闲、旅游节庆、特色会展、现代商业于一体的文化

旅游产业链。加大七贤庄、北院门等历史特色街区建设力度,恢复好、保护好、展示好西安的老街区、老宅院。启动历史文化村落保护利用工作,推进古建筑与村庄生态环境的综合保护,延续文化底蕴深厚的田园风貌。

打造特色文化产业品牌。加快整合壮大曲江系列文化品牌,以曲江文化投资(集团)有限公司为主要力量,跨区域整合运作一批重大文化产业园区,引导一批骨干文化企业做大做强。打造具有国际化大都市水准的文化演艺中心、动漫和网络游戏研发制作中心、文化会展中心和古玩艺术品鉴赏交易中心。策划实施具有国际水准的文化活动,提升西安文化产业影响力,把西安建成具有强劲竞争力的全国文化产业基地和国家级文化产业示范城市,打造全国一流的现代文化产业高地。

3. 深化文化科技融合,推动文化产业转型升级

积极发展"互联网+文化",培育文化产业新形态。促进文化旅游、出版传媒、影视产业、文体休闲、动漫创意、文化演艺等传统文化产业从产业链低端向高端转移,推进文化创意和设计服务与相关产业融合发展,促进产品和服务创新,促进文化与金融融合。大力发展数字出版、网络出版产业,重点发展基于移动互联网的手机出版产业,培育发展网络"云时代"的数字出版产业。打造动漫作品原创与加工、人才培养、研发孵育、成果展示等特色为一体的现代化动漫技术支撑平台。以西影集团、曲江影视为引领,构建集影片策划、剧本创作、投资拍摄、后期制作、特效配音于一体的影视制作产业链,打造曲江国家级影视产业示范园区。

中篇 文化产业

第五章 西安市文化产业发展及其集聚

第一节 文化产业及其集聚研究

一、文化产业研究

（一）引言

21世纪以来，文化产业发展迅速，与经济发展的关系日益密切，已成为城市新的经济增长点和最具发展潜力的产业之一。由于文化产业在增加国民收入、提高城市整体竞争力、扩大就业、促进经济结构调整和转变经济增长方式等方面发挥着积极作用，也成为城市可持续发展的必然选择。根据国家统计局公布的数据显示，我国文化产业增加值由2004年的3440亿元增长到2014年的23940亿元，增加值占GDP的比重由2004年的1.94%增长到2014年的3.76%，文化产业对国民经济发展的贡献显著增加。2014年，文化产业增加值较上年增长12.1%（未扣除价格因素），高于同期GDP增长速度3.9个百分点，未来若干年文化产业增加值将会达到甚至超过5%，成为国民经济的支柱产业，文化产业竞争力越来越成为地区综合实力的重要组成部分。为保障文化产业健康发展,政府出台了一系列政策法规:国务院于2009年发布的《文化产业振兴规划》,标志着文化产业正式进入国家产业调整与振兴规划的序列;2010年党的十七届五中全会提出,在国民经济发展中要推动文化产业成为支柱性产业的战略目标,文化产业被提到了前所未有的高度;2011年党的十七届六中全会强调推动文化产业跨越式发展,使之成为经济结构战略性调整的重要支撑点、转变经济发展方式的重要着力点、新的经济增长点和推动经济科学发展的重要支撑;2012年党的十八大报告对文化产业新的发展蓝图进行了描绘,提出要进一步推动文化产业迅速发展,到2020年全面建成小康社会之际,使文化产业成为我国经济发展的支柱性产业。

文化产业不但能够满足消费者精神需求,提升国民文化素养,而且逐渐成为科技成果转化的重要载体。随着文化经济化,文化与商品经济相结合,不断生成具有新时代符号标志的产品与服务。文化产业还能整合产业内部结构,彰显产业结构软化的基本趋势。文化产业以自身的发展优势,逐渐成为国民经济发展的主导产业之一,代表了未来发展的方向以及产业发展的趋势。

(二)概念辨析

1. 文化产业的内涵

文化产业作为一种新兴的产业形式,显示出蓬勃的生命力,在世界范围内引起了普遍关注,人们对其研究长达半个世纪之久。由于不同国家研究角度、历史文化背景不同,立场、倾向、方法以及发展的侧重点和所涵盖内容等的不同,文化产业的概念尚未形成一个标准而权威的界定,尚未形成统一的称谓。随着文化产业的内涵日益丰富,国内外专家、学者就文化产业的概念界定及其称谓进行了深入而系统的研究。在英国、澳大利亚文化产业被称作"创意产业"(creative industries),在美国叫作"版权产业"(copyright industries),在日本叫作"内容产业"(content industries),在德国、中国、韩国、荷兰等国叫作"文化产业"(culture industries),还有一些国家称为"文化工业"等。

不同国家不同专家学者从不同角度对文化产业的概念进行界定。其中,德国的霍克海默、阿道尔诺从艺术、哲学的立场把文化产业定义为凭借现代科学技术手段大规模地复制、传播和消费文化产品的工业体系;英国的贾斯汀·奥康纳从文化价值和商业价值角度出发把文化产业定义为以经营符号性商品为主的活动,这些商品的基本经济价值来源于它们的文化价值;英国的约翰·霍金斯从创意角度把创意产业定义为其产品都在知识产权法保护范围内的经济部门,包括版权、专利、商标和设计产业;中国政府从意识形态的角度把文化产业定义为为社会公众提供文化、娱乐产品和服务的活动,以及与这些活动有关联的活动集合,国家统计局于2012年颁布的文化产业分类办法规定,文化及相关产业是指为社会公众提供文化产品和文化相关产品的生产活动的集合;联合国教科文组织从工业标准把文化产业定义为按照工业标准生产、储存以及分配文化产品和服务的一系列活动。

2. 文化产业行业划分

通过查阅国内外文化产业的相关资料发现,由于各国国情和文化产业发展的侧重点不同,各国对文化产业概念的界定不尽相同,随之文化产业行业分类标准也存在着一定的差异性。为规范文化产业的体系范围,各国政府纷纷建立了较为科学可行的文化产业统计体系,为文化产业的健康发展提供必要条件。

2004年,我国国家统计局首次正式制定并颁布了权威的文化产业统计制度,即《文化及相关产业分类(2004)》,共分为3个层次、9个大类、24个中类、80个小类。随着联合国教科文组织《文化统计框架(2009)》的发布和新的《国民经济行业分类》(GB/T4754—2011)颁布实施,以及经过近十年的不断发展,文化产业新业态不断涌现,这些新的变化、新的情况,对文化产业统计工作提出了新的要求,有必要对2004年制定的《文化及相关产业分类》进行修订。2012年国家统计局制定《文化及相关产业分类(2012)》,将文化及相关产业分为2个部分,10个大类,又依照文化生产活动的相近性,把文化产业分为50个中类和120个小类。

3. 西安市文化产业行业分类

本书在对西安市文化产业地域结构研究的行业进行界定时,主要依据《文化及相关产业分类(2012)》的分类体系,并结合西安市文化产业发展的实际和《西安市加快发展文化产业实施方案》中对重点行业的划定。为更加深入细致地研究西安市文化产业内部行业特征,本书采用文化及相关产业分类的中类作为研究对象。具体做法是把120个文化产业小类及延伸类行业信息输入百度地图和谷歌地图,找出文化产业各小类经纬度坐标信息,最后把所得到的文化产业各企业点信息合并为38个中类,具体内容见表5-1。

表5-1 文化及相关产业分类(2012)

部分	大 类	中 类
文化产品的生产	一、新闻出版发行服务	新闻、出版、发行服务
	二、广播电视电影服务	广播电视、电影和影视录音服务
	三、文化艺术服务	文艺创作与表演、图书馆与档案馆、文化遗产保护、群众文化服务
	四、文化信息传输服务	互联网信息、增值电信(文化部分)、广电传输服务
	五、文化创意和设计服务	广告、文化软件、建筑设计、专业设计服务
	六、文化休闲娱乐服务	景区游览、服务娱乐休闲、摄影扩印服务
	七、工艺美术品的生产	工艺美术品的制造,园林、陈设艺术及其他陶瓷制品的制造,工艺美术品的销售服务

续表

部分	大 类	中 类
文化相关产品的生产	八、文化产品生产的辅助生产	印刷复制、文化经纪代理、文化贸易代理与拍卖、文化出租、会展、其他文化辅助生产服务
	九、文化用品的生产	办公用品的制造、视听设备的制造、鞭炮产品的制造、文化用家电的销售、其他文化用品的销售
	十、文化专用设备的生产	印刷专用设备的制造、广电专用设备的制造、广播电视电影设备的批发、舞台照明设备的批发

(三)国内外文化产业研究

1. 国外文化产业研究综述

"文化产业"一词最早出现在法兰克福学派的霍克海默和阿道尔诺1947年合著的《启蒙辩证法》一书中。文化产业在英国、澳大利亚等国家和中国的台湾等地区也称创意产业,更加注重个体创造能力、才华和技能。国外关于文化产业方面的研究起步较早,理论和方法相对完善,空间分布与形成机理研究深入细致,从多方法、多角度研究文化产业,获得了丰富的研究成果。

从国外文化产业空间分布特征层面上看,Comunian等(2010)强调地理环境对文化产业发展和空间分布的重要作用,具有制约和促进两方面作用,认为文化产业无论是在世界大都市、小城市还是乡村都受到当地基础设施、管理、软设施和市场等四个方面地理环境的影响。Scott(1997,2005)从劳动力市场、文化、经济技术等角度,对文化创意产业空间集聚现象进行研究,并阐释了现代创意产业的经济逻辑和经济结构,以及文化生产集群对文化全球多样性的贡献。Hutton(2000,2006)注重从地理视角研究文化创意产业,表明设计和创意服务业空间分布受企业等级或知名度的制约,知名度较高的设计企业多分布在 CBD(中央商务区),一般产业则多集中在 CBD 边缘和内城,而生产性服务业更倾向于分散在内城区域外缘和中等规模城镇。此外,他还研究了城市内部空间、建筑形式和创意产业发展的关系,强调集聚经济、社会关系、制度因素、景观表征特征的重要意义。Bassett 等(2002)以英国布里斯托尔自然历史电影制作为研究案例,对文化产业、产业集聚与城市的关系做了一系列研究,发现布里斯托尔自然历史电影制作产业空间分布不均衡,产生了产业集聚。Markusen等(2003)在研究中发现文化产业园区在形成和发展过程中的空间分布上由房租低廉的旧城区向周边另一房租低廉区转移。Currid(2006)分析了纽约长期处于全球文化创意中心的原因,并指出文化创意产业倾向于分布在原创性和创新性较高的地方。Daniela 等(2014)在对罗马尼亚的研究中发现,由于受文化创意企业数量、营业额、利润和就业人数等的影响,创意点分布空间差异上存在极化现象。Radu-Daniel 等(2014)阐述了欧洲东北部开发区文化企业分布地域差异明显,且主要分布在县城一级城市。

从国外文化产业方法论研究层面上看,国外对文化产业研究较为成熟,整体上呈现出理论研究长于方法研究,在实际应用中访谈法和案例分析法较为常见。Currid(2006)采用区位熵(LQ)测度纽约文化产业企业从业人员的密度及文化产业企业集群的竞争优势。Neto 等(2013)通过创建相应评价指标体系,利用因子分析法和探索性空间数据分析(ESDA),探究文化产业活动的发展潜力(PDAC)及文化产业活动的空间模式,发现文化产业集聚和 PDAC 相分离和当地的 GDP 发展水平相适应。

2. 国内文化产业研究综述

文化产业空间分布是从空间视角发现、解释文化产业的空间分布规律,属于文化地理学和经济地理学的研究范畴。近 10 年文化产业空间方面的研究受到国内专家学者的重视,取得了丰富的研究成果。

国内关于文化产业空间格局方面的研究重点包括了文化产业空间分

布与集聚两个方面,且以定量方法为主,借助 GIS 空间分析手段,主要方法包括罗伦兹曲线、集中化程度指数、L 函数、核密度分析的方法、最邻近指数、标准距离方程、空间自相关法等。周尚意等(2006)利用罗伦兹曲线、集中化程度指数等方法研究北京城区文化产业空间分布,发现文化产业空间集聚明显,主要集中在四环以内,特别是城区北部,且各行业的集聚中心不同。周灵雁等(2006)在对上海创意产业空间集聚研究中发现文化传媒类及品牌展示性行业分布在市中心区域;研发设计类的创意产业分布在市中心外围地区;高校、科研机构周边地区创意产业集聚群显现。褚劲风等(2009)从地理学角度对上海 75 家创意产业园区的空间演变规律及影响机制进行研究,并对上海创意产业集聚的地缘空间进行研究。刘展展(2009)的研究发现,深圳特区内文化产业空间布局区际差异显著,商业中心文化产业集聚,沿城市主要道路分布明显,并与城市文化设施分布密切相关。汪毅等(2010)在对南京创意产业集聚区空间分布特征的分析中,总结出三种空间发展模式,即改造产业类历史空间、依托创新源以及沿景观资源。张文霞等(2010)运用 Mapinfo 软件对大连市文化产业空间布局进行研究,总结出大连市文化产业区际差异显著,商业文化中心区集聚明显,传统文化产业类型分布较为分散。黄江等(2011)利用核密度制图分析的方法对创意产业空间分布进行研究,发现高校及科研院所机构周边及城市传统核心区的边缘地区集聚明显,有向城市边缘区集聚的趋势且行业分异显著。薛东前等(2011)运用 L 函数、地理集中度和核密度分析法研究文化产业空间分布特征,发现西安市文化产业空间分布呈现以内城为中心,南密北疏的空间格局,核心区、潜力区和分散区的三层次结构明显。周晓唯等(2013)在对我国文化产业的空间分布特征及聚集现象的研究中发现东部文化产业发展强于西部,具有省区聚集现象,且存在较为明显的空间集聚性和空间相关性。姚磊等(2013)运用核密度分析法,对南京市创意产业空间分布演化特征进行研究表明,南京市创意产业集聚重心主要位于城市商业和商务中心,并沿城市商务业主轴向外扩散,与外围地区的小型据点呈连绵黏合的趋势。黄筱彧等(2014)通过标准距离、L函数和核密度制图法等,从空间视角对文化企业的点模式进行分析,认为福州文化产业空间分布总体呈现聚集态势,具有明显的中心—外围的圈层结构。郑美丽(2015)的研究发现,北京创意产业集聚区空间分布呈现中心城区和高校、科研机构集聚分布,得出的四种模式为资源集聚自发形成、原有资源改造利用、依托城市景观和全新规划建设。薛东前等(2015)基于产业生命周期理论,利用 Ks,T 指数和 Q 指数方法,将文化产业集聚划分为引领型、长寿型、富裕型、问题型四种类型区,并以西安市为案例,从区县角度研究文化产业的时空集散特征。杨槿等(2015)研究表明,苏州老城区文化产业集聚特征明显,呈现由古城集聚向古城外扩散的趋势,文化企业在微区位上,沿主要道路线和文化产业园区集聚。罗蕾等(2015)运用栅格法把武汉市中心城区创意产业企业空间分布特征和规律分为三种形态、三种密度和三个发展阶段,认为中心城区商圈附近呈高密度面状集聚,沿河与沿交通干线次密度带状扩散,高校与高科技园区周边地区低密度点状蔓延状态。

二、文化产业集聚研究

(一)国内外文化产业集聚研究

1. 国外文化产业集聚研究综述

文化产业集聚研究是文化产业研究的一个较新的研究视角,其研究尚处在起步阶段。国外学者对文化产业集聚的研究主要以著名的文化发展区为案例进行实证分析。Scott(1997)从文化创意产业出发,认为文化产业集聚与具有特定文化发展历史的国际大都市相关。Chris Gibon(2001)以澳大利亚文化产业为研究案例,发现其集聚在省会城市。Dominic Power(2002)利用就业与企业数据对瑞典文化产业进行研究,发现文化产业倾向于城市集聚。Hutton(2006)以文化产业园区为例,认为文化产业集中在城市发展中心。Charles Landry 认为在城市中,受房价影响,不同文化产业集聚区位不同。

2.国内文化产业集聚研究综述

国内对文化产业集聚的研究晚于国外,研究成果相对较少。一些学者从特定的研究区域出发研究文化产业集聚,如:钱紫花(2006)以深圳市大芬村油画产业对文化产业集聚进行研究;李艳燕(2001)通过文化产业集聚区的统计,分析了2005—2011年河南省文化产业发展状况,并提出了新的发展策略;王大伟(2010)通过区位熵测度辽宁省文化产业集聚并对影响集聚的因素进行分析;罗娟(2010)以西安市曲江新区为例研究了西安市创意产业集聚发展状况;梁君(2012)通过动态与静态集聚指数对广西文化产业集聚进行测度。

一些学者从文化产业集聚的动力机制及效应进行研究,如:孙元元(2012)以大连市为例对文化产业集聚的动力机制进行研究;袁海(2012)对文化产业集聚形成的原因及其产生的经济效应、创新研究以及城市空间效应进行研究;石宁(2013)通过调查问卷数据,利用经济学方法对西安市文化产业集聚的社会及空间效应进行研究;赵星(2014)从空间经济学的视角对我国文化产业集聚发展的动力机制进行研究。

还有一部分学者从地理空间视角出发对文化产业集聚进行研究,如:雷宏振从区域与行业出发,对我国文化产业空间集聚特征进行探究;袁俊(2013)从时空角度出发对我国文化产业集聚水平进行测度;段志勇(2013)从时空角度出发对西安市文化产业空间集聚程度进行分析;李玲(2013)对不同尺度下分行业的文化产业集聚时空格局进行探究。

(二)空间异质性研究

区域经济学家Isard(1956)在《区位与空间经济》一书中提出社会发展与经济增长在地球上不同地点独立发生,且明显存在的区域差异。Sack(1974)认为空间只有赋予它相应的人类活动才有重要意义。在完全竞争理论下,产品、要素具有同质性。产品之间、要素之间在地区之间可以无阻碍替代。这种理论忽视了空间因素,正如不同地区之间的发展存在差别,也忽视了空间差异可能影响对实际的阐释。现实中异质性空间是一种不可忽视的常态。有关空间异质性的研究成果大量存在。

1. 国外空间异质性研究

国外对于空间异质性的研究,源于 Anselin 对于空间异质性的理解。Anselin 将空间异质性理解为空间差异性,指每一个空间区位上的现象与其他空间区位上有差别的特点。此研究为后来研究者提供了基础。Lesage(1999)从空间计量经济学角度出发,认为空间异质性是指空间中特定的点存在差异化的关系。Li 与 Reynolds(1995)认为,空间异质性是指在给定的空间中系统属性的复杂性和可变性,其中复杂程度涉及系统属性的定性,而变异性则要考虑属性的定量描述。Brunsdon(1999)认为,地理空间存在发达与落后地区、中心和外围地区等非均衡的地理结构。这种结构从空间上讲是异质的。Baumont(2002)等研究了长时间序列下,空间异质性如何对欧洲地区经济增长起作用。研究结果表明,差异的地理环境是经济发展不平衡的重要原因之一。

在产业经济学领域,空间异质性是产业集聚的一个重要表现,主要影响产业发展的各种经济因素在空间分布上的不均匀性及复杂性。这种聚集行为是与市场、专业服务可达性、知识溢出效应、前后向联系及政策与制度紧密联系。在房地产领域,空间异质性是指住房价格在不同城市之间或者某一固定城市范围内因区位不同而不同。Chris 等(2006)通过空间扩展法和地理加权法测度 Tucson 地区住房价格的空间异质性。Paredes(2009)通过构建房产价格指数测度住房价格空间异质性。在生态学领域,空间异质性是一个极为重要的命题。也是生态学家在各尺度下相关生态系统研究中的热点问题。Kolasa(1991)认为空间异质性是指系统特征的空间缀块性和空间梯度的变化。

2. 国内空间异质性研究

国内对空间异质性的研究起步较晚,主要在国外的理论与实践的基础之上,总结出符合中国实际的理论与方法。在经济学研究领域,吴玉鸣

(2007)指出,空间异质性是由于区域空间不均匀性,使创新行为等在空间上呈现差异化发展。马骊认为空间异质性是指空间中的经济单元在从事经济活动时存在的不稳定关系随区位的变化而发生变化,产生这种变化的原因一方面是空间单元本身资源禀赋非均质性,另一方面是事物与现象在空间上结构的不稳定。这通常用来分析经济增长程度的差异引起的空间结构的分异。周业安与章泉(2008)从基础理论解释和预测两方面对地区经济增长是否平衡进行研究。通过各影响因素的回归分析,发现我国城市经济发展呈现异质性趋同。梅志雄(2008)以东莞市为研究案例,通过半变异函数测度了普通住宅价格的空间异质性。陶云龙等(2015)通过构建价格特征模型、空间扩展模型及地理加权回归模型,结合GIS技术,研究杭州市住宅价格的空间异质性,并总结出其空间分异规律。

在生态学领域,空间异质性是基于空间尺度的一个相对的概念,在研究过程中空间尺度的变化将会对空间异质性产生影响。此外,空间异质性还与数据类型有关:对于点格局数据,空间异质性可以通过核密度估计与最近邻距离分析来测定;对于类型图,空间异质性表现出各类型斑块分布与组合,可以通过分布型指数法、聚集度指数、平均接近指数和空间关联度等方法测度;对于数值图,空间异质性可以通过半方差函数分析、分形方法与谱分析等方法对其变异性进行阐释。

(三)尺度的研究

尺度是划分空间单元的度量单位,而空间异质性取决于空间单元的大小。对于待测变量,尺度的变化会影响到异质性的出现与消失。在不同尺度上,空间异质性具有不同的特征。但是,尺度内涵很广泛,不同的学科对尺度有不同的理解。

在地图学与地理信息科学领域,尺度与比例尺的含义大体相同,表示图上尺寸与实际距离的比例。在地图和遥感影像领域,不同尺度能够揭示其所含信息量的复杂程度。在自然地理学领域,尺度被认为是一种划分地理现象的不同垂直等级关系。在人文地理学领域,尺度被认为是一个包含实尺度、分析尺度与实践尺度三层含义的概念体系。在经济地理学领域,尺度涉及研究对象的空间范围、研究对象间的关系以及研究对象的研究视角。在生态学领域,尺度是指研究对象在空间上以及时间上的量度。在景观生态学领域,尺度往往以粒度与幅度来表达。

关于尺度的应用,Carol A. Dahl(2012)通过研究在不同尺度下人均收入的差距来解释健康状况差异。G. J. Hay(2002)认为利用不同尺度下的遥感技术才能够解释复杂的景观现象。Malcolm Ridges(2006)以澳大利亚为研究对象,探讨不同尺度下的区域行为系统。在人口研究方面,李月娇等以山东省为案例,基于景观生态学研究方法探讨人口空间数据的适宜格网尺度。吴启焰等基于小尺度人口普查数据对南京旧城区社会空间分异进行研究。在土地利用方面,张孝宇等以武汉市为例,基于地块尺度研究耕地非农化驱动力空间异质性。邱炳文等(2007)、陈海(2009)、吴桂平(2010)利用不同模型方法研究多尺度下的土地利用格局。在产业发展与布局方面,周尚意(2006)、成功(2011)、向清华(2011)、田至美(2009)、薛东前(2011)、王士君(2015),分别以北京市文化产业、成都茶馆、远洋渔业、会展业、西安文化产业、商业为研究对象,研究不同尺度下产业空间特征及布局因素。在区域经济方面,官卫华(2006)、陈培阳与朱喜刚(2012)分别对全国或地区在较长时间尺度上的区域经济发展差异进行行了多尺度分析。

(四)相关研究评述

通过以上疏理,可以得知国内外对文化产业集聚的相关研究较少,且多是从实证研究出发,选用文化产业产值,运用传统的产业集中测度方法进行测算。由于文化产业产值往往以较大尺度的行政区为统计单元,且统计口径不同,因此,不同城市间文化产业对比研究缺乏统一基准。还有较少一部分文化产业集聚的研究是从企业点出发,对文化产业进行刻画,但大都是以行政区为统计单元,且打破行政单元的研究极少。对空间异质性的研究,主要集中在经济学与生态学领域,而其中涉及产业的主要表

第五章　西安市文化产业发展及其集聚

现在产业经济学领域,主要是将空间异质性看作产业集聚在空间上的表现,以及影响产业发展的经济因素在空间上分布的差异性。对尺度的研究,在地理学领域多是从单一尺度或宏观尺度,且主要集中于自然区划或者省市这样较大的行政区划的范围。在生态学领域主要是从景观与样方划分尺度进行研究,且大都缺乏多尺度对比研究。

鉴于这些分析,结合经济学与生态学关于空间异质性的理论,提出文化产业空间异质性的内涵。本书界定的文化产业空间异质性是指文化产业在空间中分布的不均匀性以及其变化程度。同时,本书利用核密度估计、最近邻层次聚类分析等方法对文化产业以及十大业态文化产业空间特征分析,揭示文化产业空间不均匀性;利用空间相对异质性指数、半变异函数以及多样性指数对文化产业空间异质性进行分析,揭示文化产业空间不均匀变化程度;从社会历史、经济学、地理学等视角阐释影响文化产业空间不均匀性的因素。

第二节　西安市文化产业发展特征

文化产业已成为新的经济增长点和城市经济发展的重要增长极,发展文化产业对提升城市整体竞争力、调整产业结构、转变经济发展方式等方面具有非常重要的意义,因此文化产业的发展不断受到重视。西安市作为国家"丝绸之路经济带"建设的重点城市和历史文化名城,文化产业资源丰富,类型多样,在国民经济发展中地位突出。本节从西安市文化产业发展的概况入手,通过对研究区文化产业企业点空间分布特征的探讨,为下文剖析西安市文化产业地域结构特征、模型及其动力机制奠定坚实基础。

一、西安市文化产业发展概况

2003年西安市与北京、深圳等九个省市被中央确定为全国首批文化产业体制改革试点地区。西安市文化产业增长势头强劲,经过十几年的发展,已初具规模。本节利用文化产业增加值和企业点要素数据,研究文化产业增加值变化、文化产业内部结构、文化产业行业规模、各行政区各行业文化产业发展状况等方面,来综合反映西安市文化产业发展概况。

(一)文化产业增加值

西安市文化产业增加值不同年份统计口径不一致,2004—2013 年数据依据国家统计局颁布《文化及相关产业分类(2003)》所规定的层次和范围作为统计标准,对文化产业增加值进行统计。2012 年以后采用新的分类方法对文化产业增加值进行测算,即《文化及相关产业分类(2012)》。新方法统计范围只包含了从事文化及相关产业活动的法人单位的数据,对非文化法人所属的从事文化及相关活动的单位和个体经营户的数据不再进行统计。根据陕西省统计局反馈的文化产业单位增加值增长速度推算,2014 年西安市文化产业增加值为 481.05 亿元,文化产业增加值占全市 GDP 的比重为 8.79%,文化产业增长速度仅为 10.06%。受第三次全国经济普查数据修订和统计口径影响,与往年相比文化产业增加速度下滑明显。因此,为研究数据的可比性和计算口径的统一性,本书重点探讨 2004—2013 年西安市文化产业增加值概况。

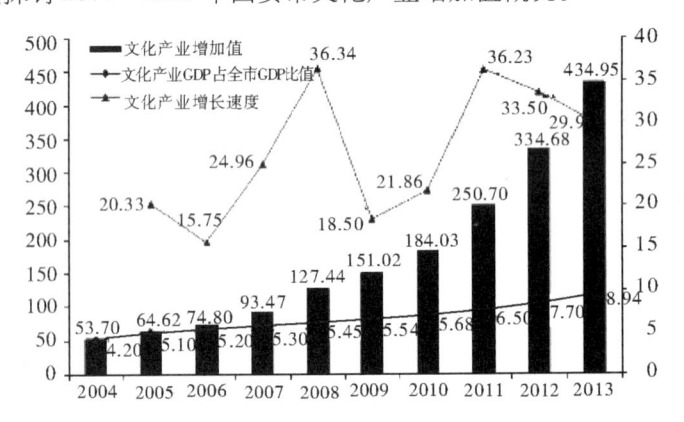

图 5-1 2004—2013 年西安市文化产业发展状况　单位:亿元

由图 5-1 可知,整体上,2004—2013 年西安市文化产业获得了较大的发展,具体表现在三个方面:文化产业增加值逐年增加、文化产业增加值占全市 GDP 的比重稳步增加、文化产业增长速度波动上升。文化产业增加值逐年增加,呈现明显上升态势,由 2004 年 53.70 亿元增加到 2013 年的 434.95 亿元;文化产业增加值占全市 GDP 的比重稳步增加,在国民经济中的地位逐年提高,由 2004 年的 4.20% 增加到 2013 年的 8.94%;文化产业增长速度呈"M"形波动上升趋势,波峰出现在 2008 年和 2011 年,分别为 36.34% 和 36.23%,波谷出现在 2006 年和 2009 年,分别为 15.75% 和 18.50%。

按国际标准,当某一产业创造的增加值占 GDP 比重达到或超过 5% 时,标志着该产业成为国民经济支柱性产业。2005 年西安市文化产业增加值占全市 GDP 的比重为 5.1%,首次超过 5%,文化产业与装备制造业、高新技术产业、旅游业和现代服务业一起成为西安市国民经济的五大支柱型产业。2005 年至 2013 年西安市文化产业发展势头强劲,优势不断凸显,文化产业增加值占全市 GDP 的比重不断提高,对全市经济发展贡献不断增大。

(二)文化产业结构

本书将文化产业增加值作为衡量文化产业结构发展水平的指标。2004—2012 年间,西安市文化产业增加值数据依据《文化及相关产业分类(2004)》的方法进行统计,并把文化产业分为 3 个层次——核心层、外围层、相关层及九个大类(图 5-2)。

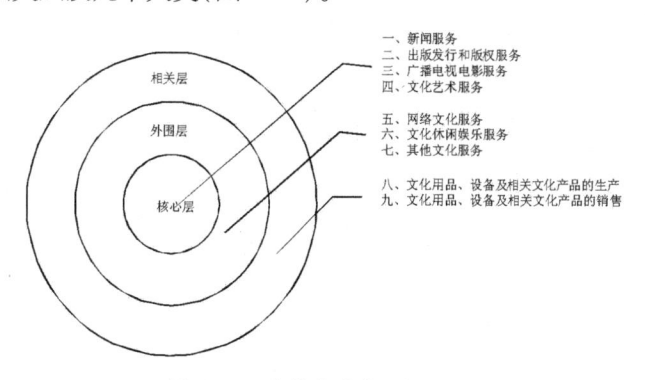

图 5-2 文化产业分层图(2004)

(1)研究方法。产业结构变动值通常采用库兹涅茨产业变动指标,动态反映某个国家或地区一定时期产业结构变动速度,它在反映某时期某地区产业在数量上的变动关系效果较好。K值越大,表明产业结构变动幅度越大,反之,则产业结构变动的幅度越小。其公式为:

$$K = \Sigma |q_{ij} - q_{io}|$$
$$(i, j = 1, 2, 3, 4, \cdots, n)$$

式中,K为产业结构变动值,q_{ij}和q_{io}分别为报告期和基期的产值构成比。

(2)产业结构变化值分析。运用产业结构变动值K,用报告年产业构成比与基年产业构成比相减绝对值的总和来度量,按西安市文化产业的三个层比重,依次计算2004—2012年变化的K值,结果如下图所示:

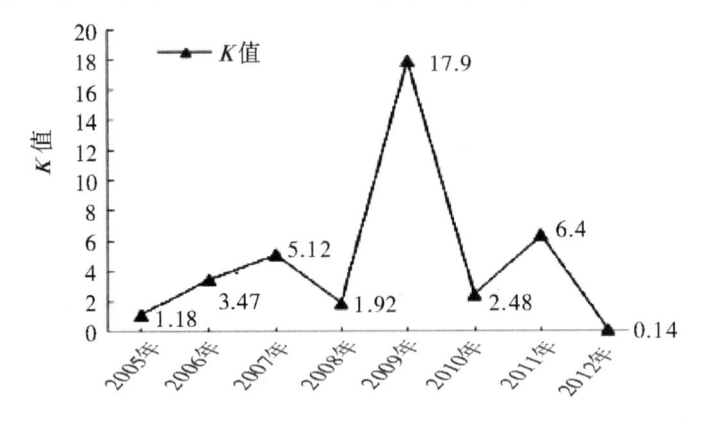

图5-3 2004—2012年西安市文化产业内部结构变动速度

由图5-3可知,首先,2004—2012年西安市文化产业结构变动速度K值波动较大,整体呈倒"U"形增长,说明文化产业结构内部波动变化较大。文化产业结构阶段性变化明显,大致可分为三个阶段:小幅度变动阶段(2004—2008)、剧烈波动阶段(2008—2010)、第二次小幅度波动阶段(2010—2012)。其次,2006—2010年的"十一五"规划期间,K值波动剧烈,由2008年的1.92上升为2009年的17.9,达到波峰。2009年文化产业正式进入国家产业调整与振兴规划序列,西安市文化产业内部结构随之发生了较大的变化,说明 K 值变动受国家政策影响较大。再次,西安市文化产业结构变动速度 K 最低值出现在 2012 年,为 0.14,接近于 0,说明文化产业结构趋于稳定发展,这进一步表明西安市文化产业经过十多年的发展,结构经过不断调整,变动幅度趋于缩小,文化产业结构进入缓慢的平稳增长期。

(三)文化产业行业发展概况

依据《文化及相关产业分类(2012)》具体类别名称,根据百度地图开放平台和西安市黄页,对 2015 年西安市文化产业企业点数据进行坐标拾取。并利用 ArcGIS9.3 工具得到每个街道文化产业企业点的空间分布情况,通过整理最终获取西安市 59 个街道共 14285 个文化企业点。

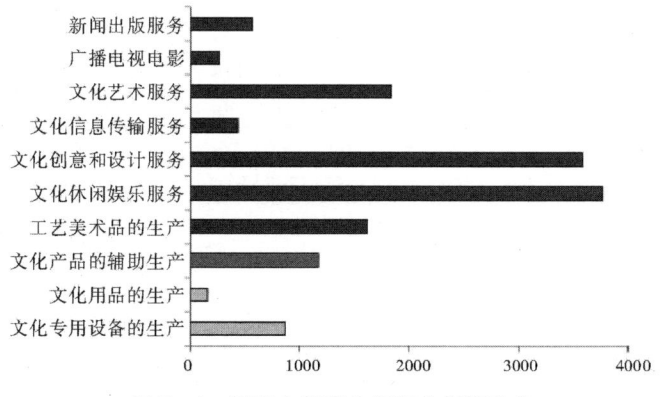

图 5-4 西安文化产业各行业规模分布

根据图 5-4,首先,从文化及相关产业分类的两大部分来看,第一部分文化产品的生产,包括七个大类,共有 12088 个企业点,数量占据绝对优势,第二部分文化相关产品的生产,由三个大类组成,共有 2197 个企业点,数量较少,处于劣势,分别占总数的 84.62% 和 15.38%。其次,从行业类别来看,西安市文化产业十大类中,文化休闲娱乐服务、文化创意和设计服务类数量占据绝对优势,分别占总量的 26.34%,25.07%。文化艺术服务企业和工艺美术品的生产两类数量次之,分别占总量的 12.88% 和 11.42%,其他六类所占比例均不足 10%。此外,行业分布向文化休闲娱乐服务、文化创意和设计服务等服务业集中,体现了新常态下,经济增长从要素驱动、投资驱动向消费驱动、创新驱动的转变。

考虑到作图的简洁性,把《文化及相关产业分类(2012)》中的十大类分别简称为 H_1、H_2、H_3、H_4、H_5、H_6、H_7、H_8、H_9、H_{10},下表为西安市十类文化产业在 7 个行政区的分布情况(表 5-2)。

表 5-2 西安市文化产业各行业在各区的分布

文化产业类型 城区	H_1	H_2	H_3	H_4	H_5	H_6	H_7	H_8	H_9	H_{10}	总计
新城区	50	11	56	1	180	205	106	42	12	38	701
碑林区	142	71	330	45	722	746	634	221	49	92	3052
莲湖区	99	32	209	21	312	562	239	187	31	112	1804
雁塔区	181	112	759	315	1326	1280	434	467	34	221	5129
未央区	41	18	241	11	604	410	114	150	16	225	1830
灞桥区	19	4	116	1	171	266	40	30	9	85	741
长安区	37	21	129	42	266	293	64	70	7	99	1028
总计	569	269	1840	436	3581	3762	1631	1167	158	872	14285

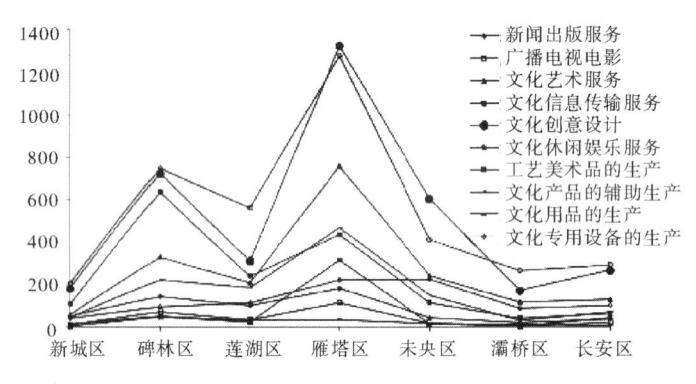

图 5-5 西安市各区各类文化产业分布

结合表 5-2 和图 5-5 看出,西安市文化产业企业数量存在明显的区际分布和行业分布差异。从区际差异来看,可把西安市 7 个区分为三类:一是拥有文化企业数量 3000 家以上的,包括雁塔区和碑林区,雁塔区文化产业企业占西安市总数的 35.90%,碑林区则为 21.37%,二者的总和所占比例接近50%,接近剩余八类的总量,是文化企业分布的集中区域,受管辖区内曲江新区和高新区带动,文化产业单位数量领先;二是企业总数在1000—2000家之间,有未央区、莲湖区和长安区,3区数量占总量的32.64%;三是企业总量都在1000家以下,为新城区和灞桥区,文化产业分布较少,仅占总量的10.09%。

二、西安市文化产业行业空间分异特征

(一)研究区域与数据获取

1. 研究区域

根据西安市文化产业企业点的空间位置,结合西安市2015年土地利用状况,并考虑到行政界限完整性的情况,本书将研究范围界定为西安市城6区与长安区部分地区,并称此区域为西安市的主城区。主要包括未央区、灞桥区、雁塔区、莲湖区、新城区与碑林区的全部以及长安区的韦曲、郭杜、王寺、斗门、细柳等街道办事处(以下简称街道),共计59个街道(图5-6)。研究区59个街道单元的面积为1048.99平方千米,2014年西安市常住人口为862.75万人,59个街道人口为501.76万人,占总人口的58.16%。本篇以下各章,如无特殊说明,研究区域都与此相同。

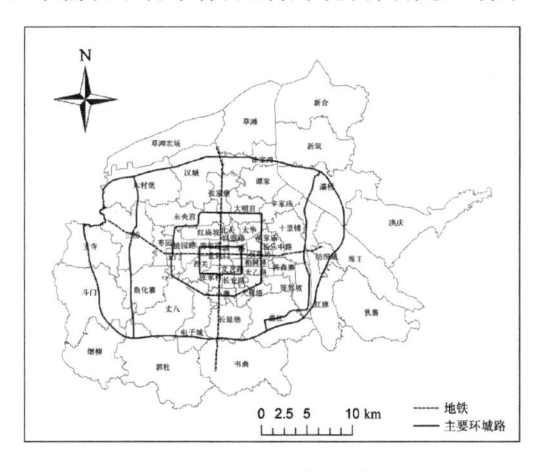

图5-6 研究区域

另外,以西安市绕城高速(G3001)和建成区中心地带的二环路两条重要交通线把研究区划分为3个圈层:二环路以内的区域组成城市内部圈层,二环路和绕城高速之间围成的区域组成城市中间圈层,绕城高速以外的街道组成的区域作为城市外围圈层。从行政区划上来看,城市内部圈层主要由城市中心区碑林、新城、莲湖3区的街道构成,城市中间圈层主要由近郊区雁塔区、未央区、灞桥区3区的内沿街道组成,城市外围圈层则主要由近郊区雁塔区、未央区、灞桥区3区的外缘街道和远郊区长安区的5个街道构成。

2. 数据获取

文化产业企业点数据主要通过《西安大黄页》、百度地图开放平台(API)、虚拟地球仪软件Google Earth等综合获取西安市文化产业企业点坐标信息,采集的信息主要包括企业的单位名称、主营行业、经纬度坐标等。通过查询西安市研究范围内每一个符合文化产业分类标准的文化企业的地址信息,并对其进行空间化处理,再经过查验不明确的企业并剔除没有通过查验的企业等一系列过程,最终确定有效样本。把有效样本与矢量后的西安市范围区划图进行叠加,建立起研究区域内文化企业点的数据库。

(二)十大类文化产业企业点分布

由于学界对文化产业的概念、内涵及分类没有统一的标准,基于新时期文化产业新业态的发展,本书主要依据国家统计局最新分类标准中对文化产业的定义,即"为社会公众提供文化产品和文化相关产品的生产活动的集合"。据此,西安市文化产业可划分为新闻出版发行服务业、广播电视电影服务业、文化艺术服务业、文化信息传输服务业、文化创意和设计服务业、文化休闲娱乐服务业、工艺美术品的生产业、文化产品生产的辅助生产业、文化用品的生产业、文化专用设备的生产业十大类。

利用文化产业企业点要素数据,借助ArcGIS9.3工具软件,把十大类

第五章　西安市文化产业发展及其集聚

文化产业企业点坐标信息导入西安市59个街道单元的矢量图中,并对十大类进行空间可视化表达,得到十大类文化产业企业点分布图(图5-7)。

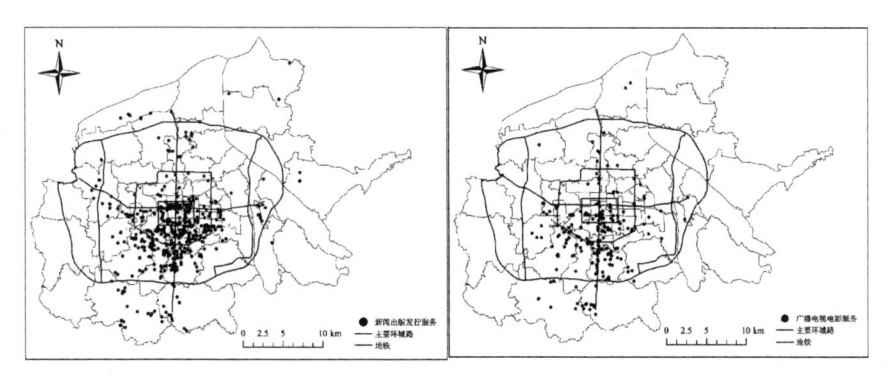

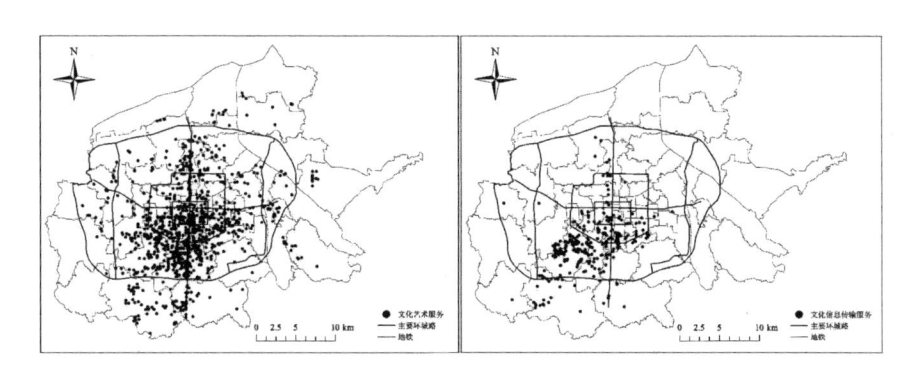

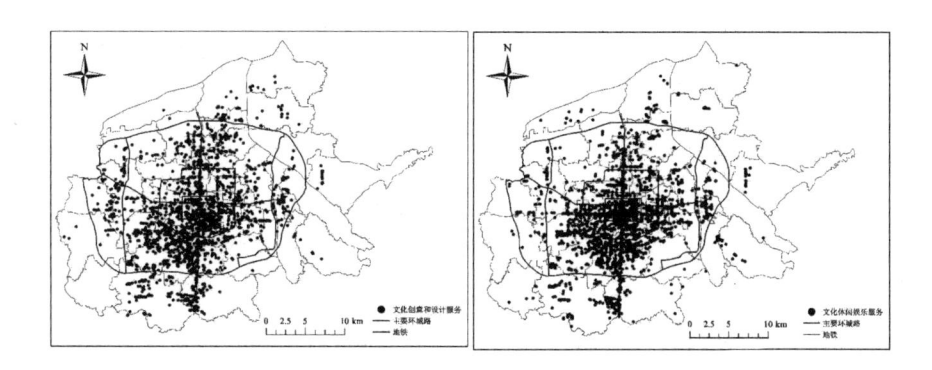

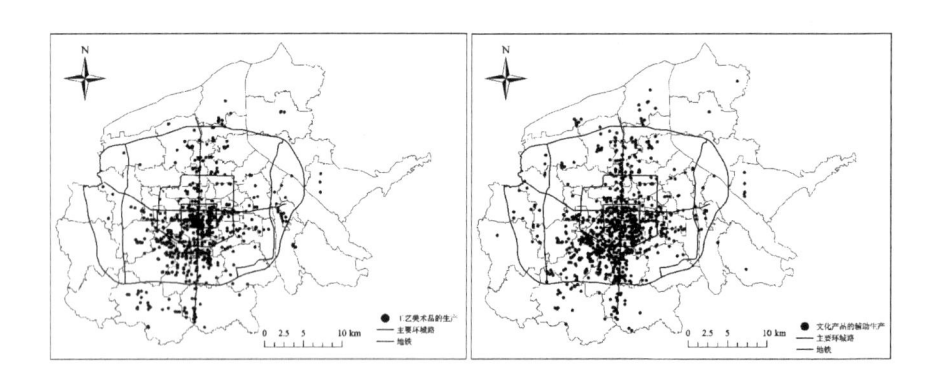

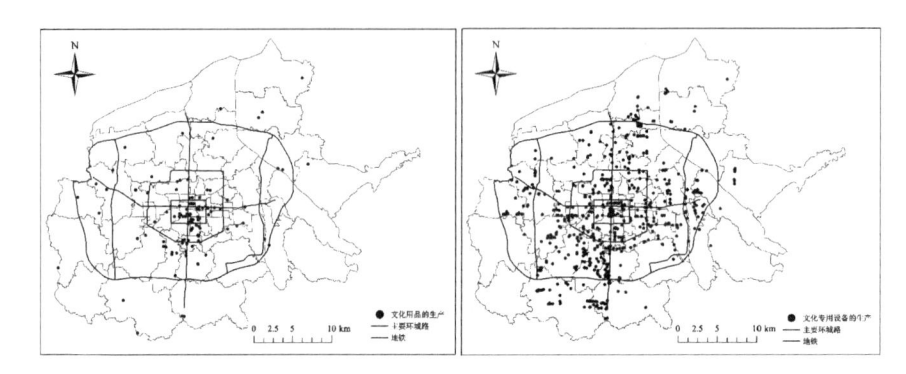

图5-7 西安十大类文化产业企业点空间分布图

图5-7显示,西安市十大类文化产业企业错落交织,分布于西安市内,文化企业点在数量和分布状况上存在显著差异。整体上,绕城高速以内的主城区企业数量占绝大多数,中心城区企业点数量高于外围,南部高于北部,文化产业分布的重心偏离,沿主要交通干线分布;文化创意和设计服务、文化休闲娱乐服务数量最多,分布最为集中,文化用品的生产、文化信息传输服务数量偏少,每类文化产业企业点有各自的特点。

①新闻出版发行服务:集中分布于城市中心区和交通沿线,分布中心偏南;②广播电视电影服务:企业点数量偏少,分布较为分散,南部多于北部,交通沿线分布集中;③文化艺术服务:企业点数量偏多,主要分布在主城区内部,特别是主城区的南部地区及主要交通沿线;④文化信息传输服务:企业点数量较少,主要集中在主城区的南部和地铁2号线沿线,南郊

大学城影响较大;⑤文化创意和设计服务:企业点数量较多,绝大多数分布于主城区内部,主城区南部的碑林区和雁塔区为中心分布区,依次向外递减,此外,交通沿线分布较为集中;⑥文化休闲娱乐服务:企业点数量偏多,空间分布较为集中,主城区以内、地铁交汇的南部地域为企业点分布的重心,密度最大,受文化产业资源禀赋影响较大;⑦工艺美术品的生产:企业点主要分布于主城区的南部,及地铁1号线和2号线沿线,呈现"十"字形分布状态;⑧文化产品生产的辅助生产:企业点主要分布于主城区内部,集中分布于南部绕城高速以北、地铁2号线南部的区域;⑨文化用品的生产:企业点数量最少,一环内部(围绕西安城墙的环城路)为该类文化产业的集中分布区;⑩文化专用设备的生产:该类文化企业点空间分布较为均匀,主要分布于主城区内部,沿主要交通线向外延伸。

三、文化产业空间集聚分析

本书主要利用核密度分析法反映文化产业的空间集聚状况,借助ArcGIS9.3软件的空间分析模块,从整体上对西安市十大类文化企业点进行核密度估计,共分成8个等级显示和分析。该方法根据输入的点要素数据,生成一些连续平面,能较为准确地反映企业点在哪些区域分布较为集中,从而反映整个区域文化产业的空间集聚状况。

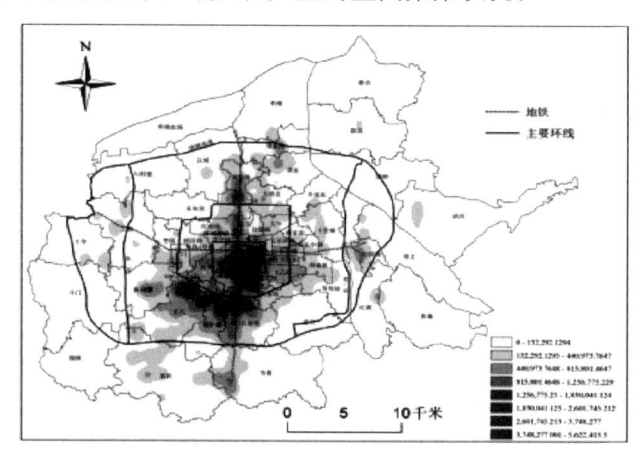

图5-8 西安文化产业企业点核密度分布

图 5-8 所示,西安文化产业企业点核密度分成 8 个等级,整体上,主城区核密度较高,组成一个连续的平面,中心区域高于外围,交通沿线为核密度高值区的集中分布区。一环路南部为核密度分布的一级重心,地铁 2 号线和二环路沿线形成次级核密度分布中心,并沿交通线向外延伸。主城区以外的区域核密度极低,只有一些零星的点,极少形成连续平面。结合图 5-7 西安十大类文化产业企业点空间分布图可知,文化企业点的核密度与文化产业空间分布相一致。

总之,西安市文化产业分布较为集中,形成了以一环路为中心的一级集聚分布区及南二环和地铁 2 号线形成了次级集聚中心。文化产业空间集聚与交通通达性、经济发展水平、人口分布等关系密切。

第六章 西安市文化产业空间格局

第一节 文化产业发展与空间格局研究

一、空间格局理论

空间格局是指观测属性值及其在空间上的相互联系。以空间邻近位置属性值的相似性为依据,空间格局可以分为均匀的(regular)、随机的(random)、聚集的(aggregated)等三种类型。空间集聚格局指某一属性值在空间上邻近;空间离散格局指被关注的位置与其邻近位置的观测属性值迥异;其他情况归为随机空间格局。为了更直观地表述这三种空间格局的类型,我们用模拟的数据制图表示,如图6-1。

1	2	3
均匀分布 Regular	随机分布 Random	聚集分布 Aggregated

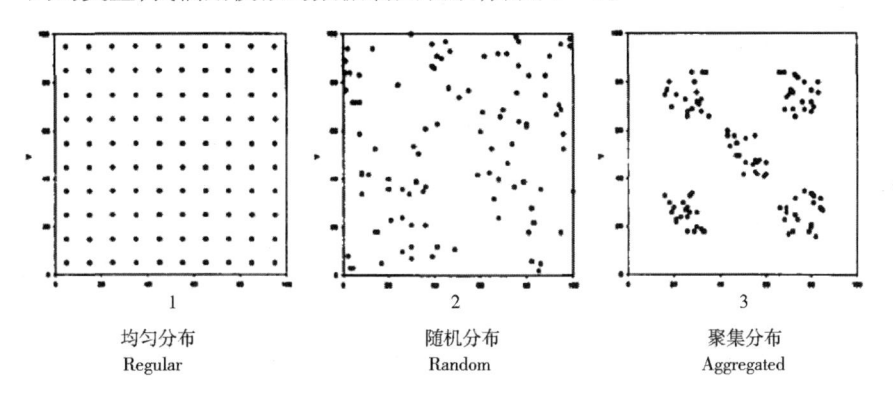

图6-1 空间格局的类型

二、研究方法

(一)核密度估计

核密度估计,借助于一个移动的规则样方对研究空间进行搜索,进而对待测样本点的分布集聚程度进行测量。在计算过程中,落入搜索空间中的点具有不同的权重,靠近空间中心的点会被赋予较大的权重,否则,权重逐渐降低,计算结果的分布平滑。

(二)最近邻层次聚类分析

最近邻层次聚类分析,首先计算样本点最邻近距离;其次,定义聚集空间单元阈值,将聚集空间单元与最邻近距离进行比较,当样本点的最邻近距离小于阈值时,该点被计入聚集单元。在具体计算时,先用最近邻指数测定样本点分布是否具有聚集趋势,再利用最近邻层次聚类分析法来探索热点集聚区。最邻近指数:

$$NNI = d(NN)/d(ran) \qquad (6-1)$$

式6-1中:$d(NN)$为最近邻距离;$d(ran)$为期望平均最近邻距离,其取值为:

$$d(ran) = \frac{1}{2}\sqrt{\frac{A}{N}} \qquad (6-2)$$

式6-2中:N为空间中文化产业企业点数;A为西安市主城区面积。NNI小于1,表示文化企业集聚分布;NNI大于1,表示文化企业离散分布;NNI等于1,表示文化企业随机分布。

(三)Ripley's K 函数分析

Ripley's K 函数是分析在不同距离范围内样本点分布的工具,其统计量可以分析在不同距离上,样本点所表现出来的分布模式。其计算公式如下：

$$K(d) = A \sum_{i}^{n} \sum_{i}^{n} \frac{W_{ij}}{n^2} \qquad (6-3)$$

式 6-3 中：A 为西安市主城区面积；n 为各业态文化企业数；d 为空间距离；$W_{ij}(d)$ 为在距离 d 范围内，某一业态文化企业 i 与点 j 之间的距离。此后，Besag 提出了替代 K 函数的 L 函数，其公式为：

$$L(d) = \sqrt{\frac{K(d)}{\pi}} - d \qquad (6-4)$$

式 6-4 中：$L(d)$ 可以用来检测文化企业点的空间分布。$L(d)=0$，表示文化企业点随机分布；$L(d)>0$，表示文化企业点呈现集聚分布趋势；$L(d)<0$，表示文化企业点呈现分散分布趋势。同时可采用蒙特卡罗法来检验 $L(d)$ 函数结果的显著性，然后对比计算结果与模拟所得的随机分布模式。

第二节　西安市文化产业空间特征

随着西安市的发展，文化产业空间布局逐渐从市区向外扩散，不同业态文化产业的空间布局也并不一致。当然，文化产业某一特定业态企业在城市的空间分布形态也不是均质的，有其特定的空间特征。

一、文化产业整体空间特征分析

首先，从图 6-2 与表 6-1 来看，文化产业企业点的分布是不均匀的，主要分布在西安市绕城高速以内西南部的主城区范围内，占了西安市整个研究范围内企业点总数的 89.3%。从市中心向外围企业点数量逐渐减少，呈现出"中心—外围"布局。然而，市中心各个方向到周围企业点数量变化趋势各不相同。

表6-1 西安市文化企业环路分布

	城墙内	二环内	绕城高速内	西安市
文化企业点(个)	1631	5304	12755	14285
比重(%)	11.4	37.1	89.3	100

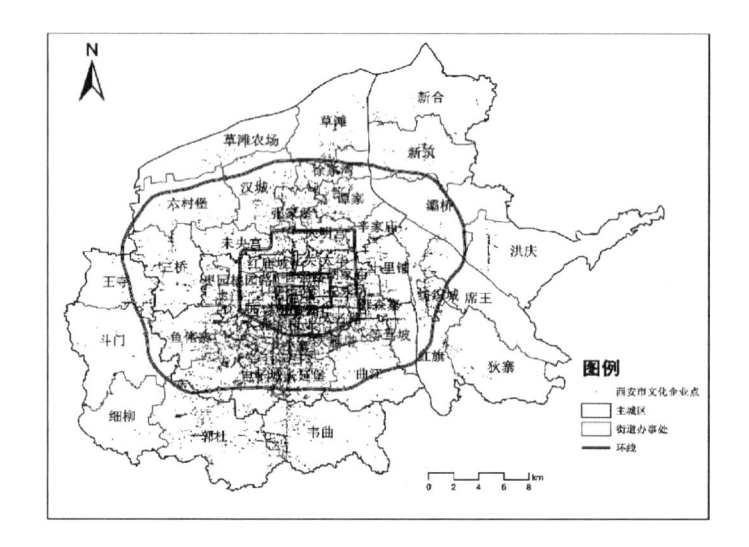

图6-2 西安市文化企业分布(2015)

其次,从表6-2来看,各市辖区文化产业企业点数差别较大,文化产业企业点数量如表所示,雁塔区、碑林区文化企业数量最多,占研究范围内企业点总量的57.27%。各个区内部文化企业点区位也不尽相同。碑林区、雁塔区、新城区和莲湖区文化企业布局相对均匀。其他区域文化企业主要分布在未央区东南部、灞桥区东部和长安区的中部偏北。

表6-2 西安市各区文化企业分布

	灞桥区	未央区	莲湖区	新城区	碑林区	雁塔区	长安区	总计
文化企业点(个)	741	1830	1804	701	3052	5129	1028	14285
比重(%)	5.19	12.81	12.63	4.9	21.37	35.9	7.2	100

再次,从图6-3来看,文化产业企业点在各街道内分布数量差异也较大,布局相对集中。各单元企业点数量分布如图所示,呈现出"环形+嵌套"格局。其中企业点数量较多的单元主要分布在研究范围的西南部,包括雁塔区的小寨路街道、丈八路街道、电子城街道、长延堡街道、鱼化寨街道,碑林区的张家村街道、长安路街道,莲湖区的北院门街道、西关街道,长安区的郭杜街道和韦曲街道。

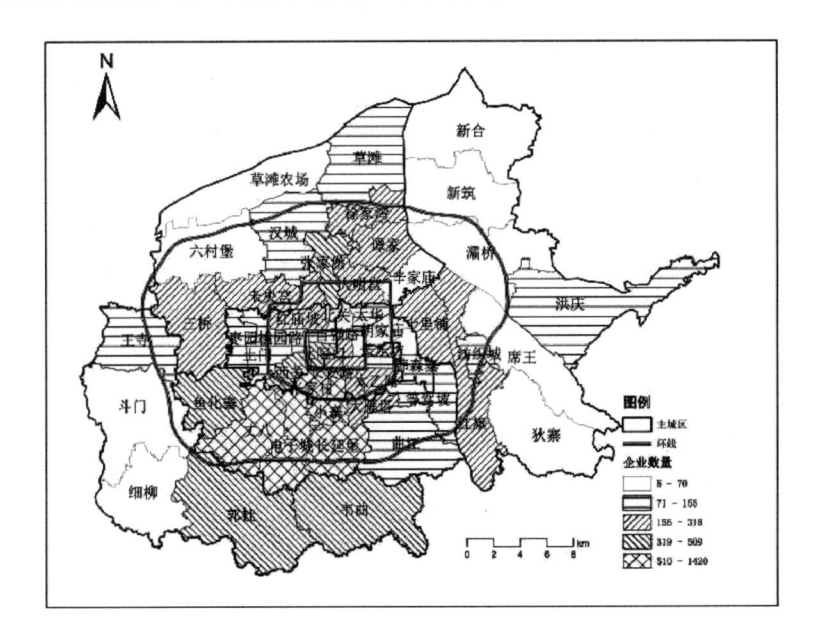

图6-3 西安市各街道文化企业分布

此外,以街道办为研究单元,探究文化产业企业数量与街道面积之间的关系。先按照面积大小对研究单元升序排列,然后,将排序后的研究单元和文化产业企业点数量分别作为横轴和纵轴成二维折线图,如图6-4所示。从变化趋势线得出,文化企业点数与研究单元面积之间呈现了随着面积增加企业数量反而减少的趋势,且存在较大的波动性。这表明文化企业的分布在各街道单元内有较大的差异性。

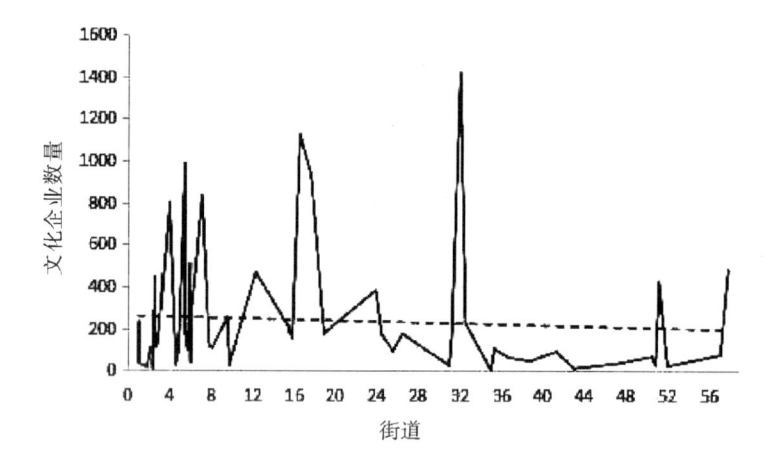

图 6-4 文化企业点数量与街道办面积关系

最后,利用 ArcGIS10.2 软件中空间统计工具的分析模式,通过平均最近邻模块对西安市文化企业点进行分析,得出西安市文化企业点最近邻指数为 0.29,小于 1,Z 值等于 -162.40,并通过 1% 显著性检验。这揭示出西安市文化企业点在空间上呈现出显著的集聚特征。通过这种方法仅能从整个研究区域内显现出文化产业在空间上的集聚,并不能从空间上明确其分布的方向特征。

为了进一步讨论文化产业集聚空间的方向特征,利用 ArcGIS10.2 软件中空间分析工具中的密度分析,基于西安市文化产业企业点进行核密度估计,结果如图 6-5 所示。西安市文化企业点核密度分布整体上呈现出向心性集聚与外围分散的态势,集聚程度由市中心向外围逐渐降低,且外围分散着次级集聚中心,主要集聚在西安市综合性中心、文化教育发展中心及重要交通沿线。文化企业点主要分布在西安市老城区莲湖、碑林、雁塔区。具体来看,钟楼地区密度最高,成为集聚中心。由钟楼向四周逐渐降低,在二环南路西段及地铁 2 号线附近形成较高集聚带。并在鱼化寨街道鱼化寨街、秦北轻工业批发市场、三桥街道西部车城、纺织城街道的纺织城西街、韦曲街道航天城、郭杜街道信息大道和西部大学城、洪庆街道洪庆街、西安庆华文体中心形成次级集聚中心。

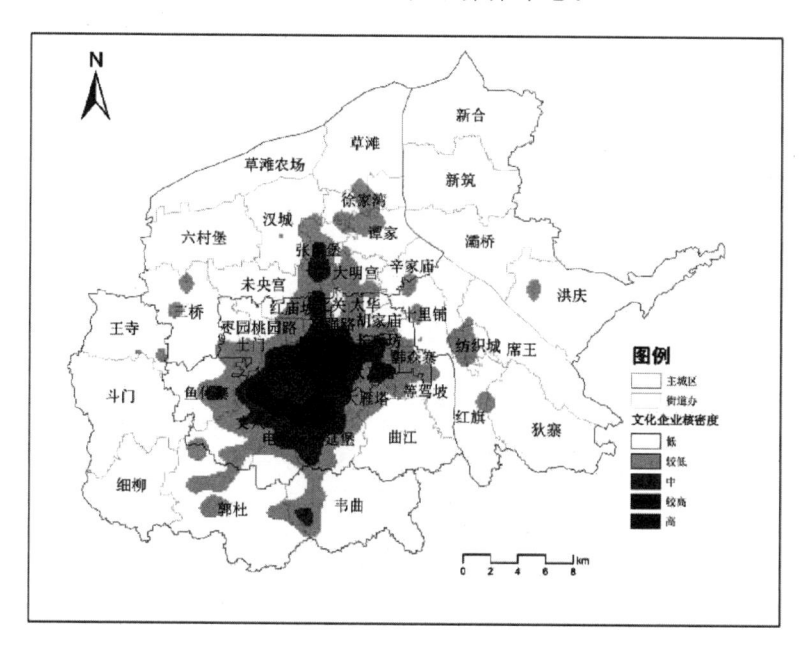

图6-5 西安市文化企业核密度估计

二、不同业态文化产业空间特征分析

（一）不同业态文化产业集聚分析

前面的研究,从整体得出了西安市文化产业的分布区位和态势。根据国家统计局颁布的最新《文化及相关产业分类(2012)》标准,将西安市文化产业划分为不同业态类型,但影响各业态发展的因素有所差别,其空间分布也应有所不同。

从图6-6西安市文化产业十大行业企业分布可以看出,西安市文化休闲娱乐服务业、文化创意和设计服务业、文化艺术服务业、工艺美术品生产业等文化企业点数量众多,占西安市文化产业企业点总数的75.7%,

发展趋势良好。这也印证了随着西安市经济社会发展，人们逐渐重视精神需求，注重利用闲暇时间，为文化产业发展奠定基础。同时，文化产业不断与科学技术结合为文化产业注入了新的活力，催生出新的文化产业业态。

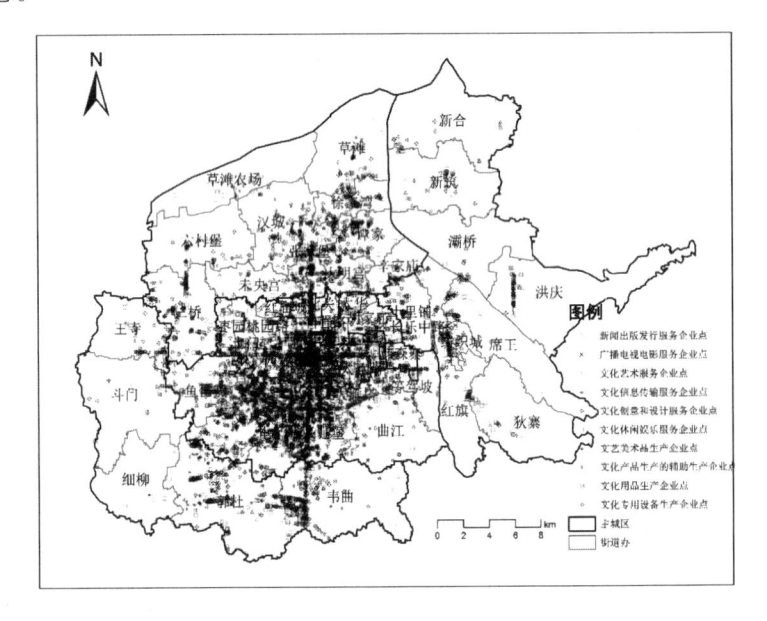

图6-6 西安市各业态文化企业分布

运用最近邻指数对各业态文化企业点分布态势进行检验，结果如表6-3所示。西安市十大业态文化产业企业点的最近邻指数值都小于0.5，且都通过1%显著性检验，表明西安市各业态文化产业企业点空间集聚特征非常显著。但各业态下最近邻指数不同，因此，各业态文化产业集聚程度不同。

表6-3 西安市各业态文化企业最近邻分析

产业业态	样本数	平均最近邻距离(m)	期望平均最近邻距离(m)	最近邻指数(NNI)	Z值检验	显著性水平
文化企业点	14285	39.48	136.26	0.29	−162.40	1%
新闻出版发行服务企业点	569	263.65	594.45	0.44	−25.39	1%
广播电视电影服务企业点	269	330.0	686.70	0.48	−16.30	1%
文化艺术服务企业点	1840	120.87	323.19	0.37	−51.37	1%
文化信息传输服务企业点	436	213.28	504.53	0.42	−23.06	1%
文化创意和设计服务企业点	3581	86.71	246.17	0.35	−74.15	1%
文化休闲娱乐服务企业点	3762	81.55	259.11	0.31	−80.40	1%
工艺美术品生产企业点	1631	95.63	326.02	0.29	−54.60	1%
文化产品生产的辅助生产企业点	1167	187.76	451.08	0.42	−38.15	1%

续表

产业业态	样本数	平均最近邻距离(m)	期望平均最近邻距离(m)	最近邻指数(NNI)	Z值检验	显著性水平
文化用品生产企业点	158	531.44	1146.97	0.46	-12.90	1%
文化专用设备生产企业点	872	202.34	476.73	0.42	-32.52	1%

(二)不同业态文化产业集聚热点探测分析

最近邻指数分析仅指出了文化产业各业态企业点在空间上呈现出集聚性,而不能分析出各产业业态的空间集聚的方向特征。因而需要对文化产业各业态企业点进一步进行最近邻层次聚类分析。最近邻层次聚类分析,不仅能够描述西安市文化企业点数据空间集聚状态,而且可以反映出各业态文化产业区位。通过对各业态文化企业点热点探测,得出的结果如下:

1. 新闻出版发行服务业热点区域

新闻出版发行服务企业主要分布如图6-7所示,企业数量较少,集中分布在莲湖区、碑林区、雁塔区。在对新闻出版发行服务企业进行最近邻层次聚类分析后,共生成一阶热点12个,二阶热点1个。一阶热点数量较少,但分布集中,二阶热点呈现团块状集聚。一阶热点区具体分布在陕西省新闻出版局附近,新城广场周围,西北大学太白校区周围,陕西省文化广厦附近,西北工业大学附近,西安体育学院周围,西安建筑科技大学周围,西安交通大学附近,西安电子科技大学附近,永松路、电子二路、朱雀大街南段与吉祥路间高校群周围,长安南路附近的陕西新闻综合广播电视台周围,朱雀大街南段、长安西路、长安南路与杨家村路间的西安大雁塔中心发行站周围。二阶热点区主要在碑林区与雁塔区,范围包括

第六章　西安市文化产业空间格局

北院门街道、南院门街道、柏树林街道、张家村街道、长安路街道、小寨路街道与文艺路街道。

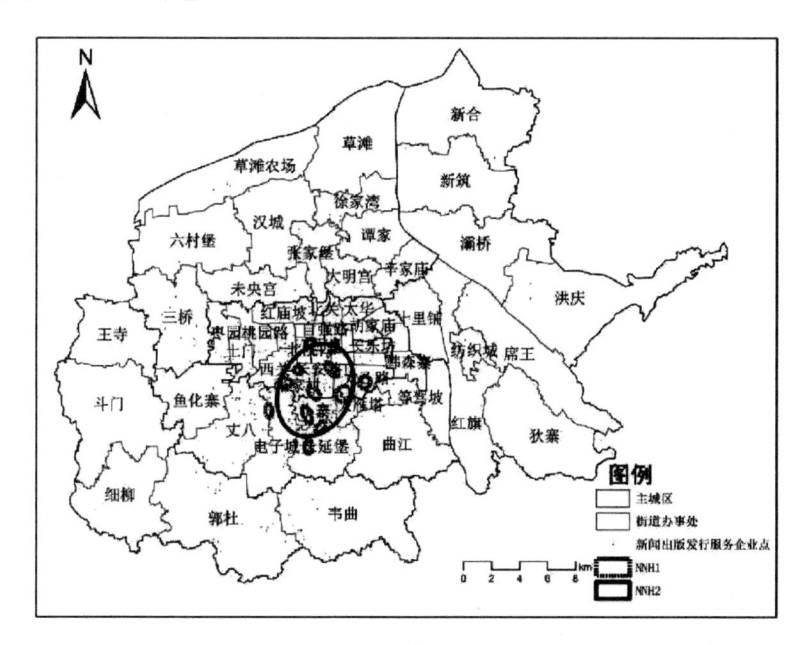

图6-7　西安市新闻出版发行服务企业最近邻层次聚类分析

2. 广播电视电影服务业热点区域

广播电视电影服务企业主要分布如图6-8所示,企业数量少且分布集中,主要分布在碑林区与雁塔区。在对广播电视电影服务业企业点进行最近邻层次聚类分析后,共生成一阶热点5个,二阶热点1个。一阶热点数量少,二阶热点依附地铁2号线呈条状集聚,主要分布在碑林区西部与雁塔区中部。其中,一阶热点具体分布在西大街、友谊西路、地铁2号线与甜水井街之间的区域,长安北路西安电视台及省体育场附近,雁塔西路、朱雀大街南段、明德二路与含光路南段之间的区域,长安南路与雁南一路西段交汇处的陕西电视台广告中心周围,明德二路、东仪路、长安西路与朱雀大街南段地区。二阶热点区主要在碑林区的南院门街道、张家村街道、长安路街道和雁塔区的小寨路街道、长延堡街道。

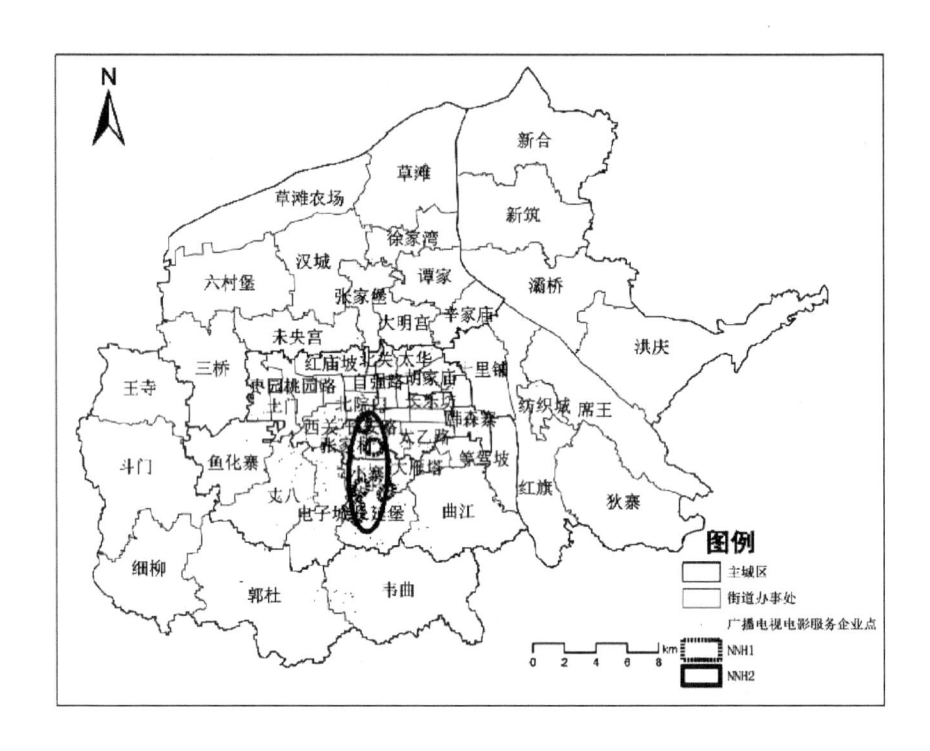

图 6-8　西安市广播电视电影服务企业最近邻层次聚类分析

3. 文化艺术服务业热点区域

文化艺术服务企业主要分布如图 6-9 所示,企业数量较多,分布范围较广,相对集中在莲湖区、碑林区、雁塔区及未央区的张家堡街道和长安区的郭杜街道、韦曲街道。在对文化艺术服务企业点最近邻层次聚类分析后,共得到一阶热点 37 个,二阶热点 4 个。一阶热点数量较多,呈现"大分散、小集中"特点,二阶热点以"一主三副"组团状集聚,主要分布在莲湖区、碑林区和雁塔区。其中,一阶热点具体分布在张家堡赛高街区周围,盛龙广场周围,陕西省艺术研究所周围,华强路附近,顺城北路西段平安里周围,莲湖公园西门附近,端履门附近,昆明路与丈八北路交汇处附近,丰庆路、桃园南路、丰登南路与丰登东路之间地区,丰庆路与环城西路南段交汇处的麦尔斯财富广场附近,西工大南苑周围,丈八北路与唐兴路的利君明天附近,唐延路与科技二路尚品格蓝周围,沣惠南路华晶广场附近,建国路与建国六巷处的雍村文化小区周围,柿园路与兴庆路交界处的兴庆花园小区周围,兴庆路与咸宁西路附近常青藤花园小区周围,友谊东路与太乙路交汇处,纺织城街道纺科路附近,顺城南路西段湘子庙街,朱雀大街北段红缨花园周围,朱雀大街北段朱雀东坊,含光路中段长安壹品周围,体育场北路、永宁路与草场坡附近,陕西历史博物馆周围,含光路南段附近,大兴善寺周围,雁塔文化新天地、电子西街附近,丈八东路唐园小区周围,东仪路时丰姜溪花都周围,西安植物园周围,韦曲毓秀园周围。二阶热点区具体分布在明光路、大明宫国家遗址公园与碑林博物馆之间区域,二环南路东段、金花南路、太乙路与柿园路之间区域,丈八北路、科技路与白沙路之间区域,环城南路西段、青松路、地铁2号线附近与太白北路之间区域。

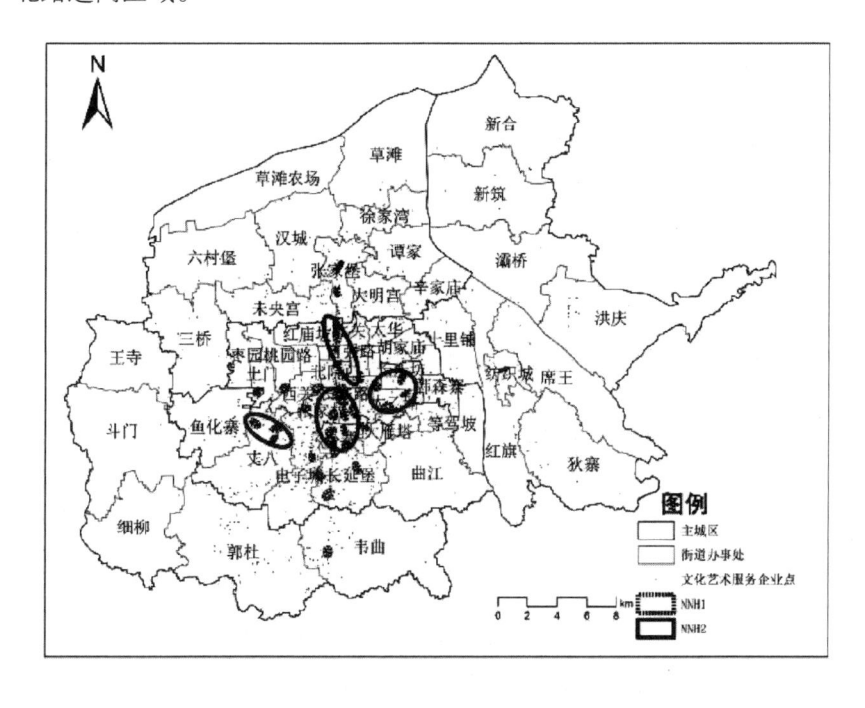

图6-9 西安市文化艺术服务企业最近邻层次聚类分析

文化集聚·文化产业·文化街区：重塑丝绸之路的新起点

4. 文化信息传输服务业热点区域

文化信息传输服务企业主要分布如图6-10所示，企业数量少，分布范围小且集中于碑林区的张家村街道与长安路街道，雁塔区的丈八街道、电子城街道、小寨路街道与大雁塔街道，长安区的郭杜街道。通过对文化信息传输服务业企业点进行最近邻层次聚类分析，共得到一阶热点9个，二阶热点2个。一阶热点少且集中，二阶热点呈两核集聚，主要分布在雁塔区的丈八街道与小寨路街道。一阶热点区具体分布在长安立交周围，长安中路汇嘉大厦周围，永松路太白小区周围，高新路、科技四路、科创路与太白南路之间区域，电子二路与电子西街交汇处及周边地区，高新六路、科技二路、科技四路与沣惠南路西安软件园，丈八北路西安广电园及周围地区，科技八路附近，瞪羚谷及周边地区。二阶热点区具体分布在太白南路、电子二路、翠华路与友谊路之间范围，太白南路、科技路与锦业路之间范围内。

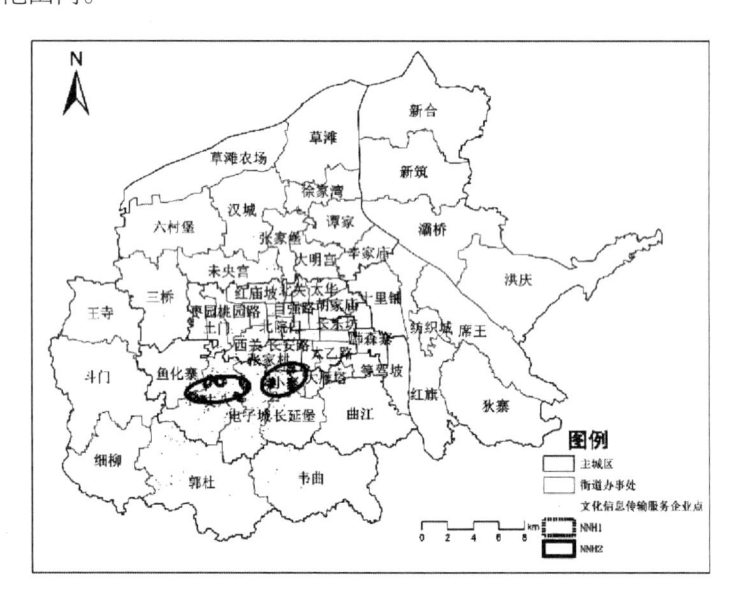

图6-10 西安市文化信息传输服务企业最近邻层次聚类分析

5. 文化创意和设计服务业热点区域

文化创意和设计服务企业分布范围较广,如图6-11所示。企业数量多,分布范围广,主要分布在新城区、莲湖区、碑林区、雁塔区及未央区的张家堡街道、三桥街道,灞桥区的十里铺街道与纺织城街道,长安区的郭杜街道与韦曲街道。通过对文化创意和设计服务业企业点最近邻层次聚类分析,共得到一阶热点72个,二阶热点9个,并形成1个三阶热点。一阶热点数量多,分布范围广且较为分散,二阶热点数量较多且较为分散,主要分布在莲湖区、碑林区与雁塔区。具体来看,一阶热点分布在中国建筑西北设计研究院周围,太华北路、凤城八路、北辰路与惠民商业街之间的区域,陕西职业交通学院周围,凤城一路中诚大厦附近,北二环名京商业中心附近,中联国际家居博览中心周围,文景路与龙首商业街交汇处,文景路城市新苑、自强西路附近,北马道巷附近,西大街正阳大厦附近,端履门附近,东大街东一路附近,解放路附近,西安新能源汽车研发中心周围,西安市电子技术应用研究所周围,含光门附近,永宁门附近振兴路,体育馆东路附近,咸宁西路与兴庆西路交汇处、火炬路附近,老钢厂设计创意产业园、太白北路附近,光大路附近,文艺南路附近,测绘西路附近,万科新地城附近,皇族雅苑别墅附近,含光路附近,新科大厦附近,摩登BOBO附近,新一代国际公寓附近,雁塔西路与长安南路交汇处附近,阳阳国际广场周围地区,名仕花园周围,兵工社区周围,晶城秀府周围,紫薇城市花园周围,电子花园周围,太白小区周围,西安文理学院周围,万科金城国际周围,枫林路附近,清华科技园周围,高新都市新枫叶周围,中华世纪城周围,五米魔方附近,天地源枫林意树周围,鸿基新城周围,西安外事学院北教学区周围,西三环与阿房一路交汇处附近,西港雅苑附近,陕西高新科技技师学院周围,西京学院周围。二阶热点分布在凤城南路、凤城四路、未央路与明光路之间区域,龙首商业街、未央路、玉祥门、星火立交之间的区域,西关正街、永松路、太白北路与劳动南路之间,西五路、太乙路、二环南路与文艺北路之间,文艺北路、顺城南路、含光路与小寨路之间,小寨、电子正街、西安石油大学与兰泰花园之间,科技路、白沙路、高新六路与西安工业科技学院之间的区域,太白小区、白沙路、丈八东路附近地带与电子正街附近地带之间的区域,南飞鸿熙悦都到丈八东路狭长地带。三阶热点覆盖了顺城北路、丈八东路、长安大学与西北大学桃园校区之间大部分区域。

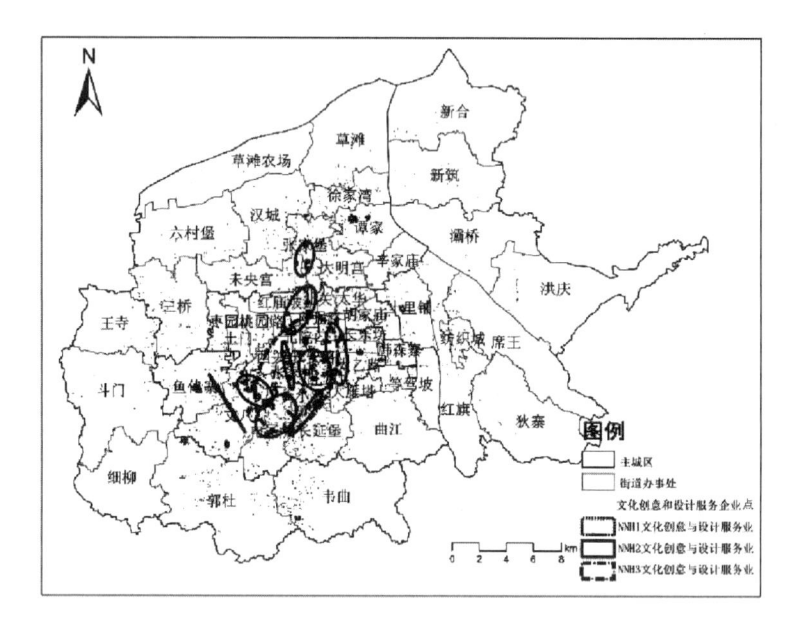

图6-11 西安市文化创意和设计服务企业最近邻层次聚类分析

6. 工艺美术品生产业热点区域

工艺美术品生产企业分布如图6-12所示。表现为企业数量多,且分散在莲湖区的北院门街道、西关街道与红庙坡街道,新城区的西一路街道,碑林区的南院门街道、柏树林街道、张家村街道与长安路街道,雁塔区的丈八路街道、小寨路街道、电子城街道与长延堡街道,长安区的韦曲街道与郭杜街道。在对工艺美术品生产企业点进行最近邻层次聚类分析后,共得到一阶热点26个,二阶热点1个。一阶热点数量较多且集中,二

第六章 西安市文化产业空间格局

阶热点呈椭圆状集聚,主要分布在碑林区和雁塔区。具体来看一阶热点分布在凤城七路新都汇周围,凤城四路中登城市花园周围,二环北路锦园新世纪周围,新城广场周围,西安群光广场周围,碑林博物馆周围,东大街万达广场周围,西安市民俗博物馆周围,丰庆路财富广场周围,唐人街校区周围,中财大厦周围,宝吉巷小区附近,交通商厦周围,翔园新居周围,朱雀社区周围,西安博物馆周围,陕西艺术职业学院周围,西北大学桃园小区周围,中天国际公寓周围,中金国际大厦周围,华晶商务广场周围,西安美术学院周围,大明宫雁塔购物广场周围,金地大厦周围,陕西省西安植物园周围。二阶热点具体分布在西华门大街、青松路、太白北路与文艺北路之间的区域内。

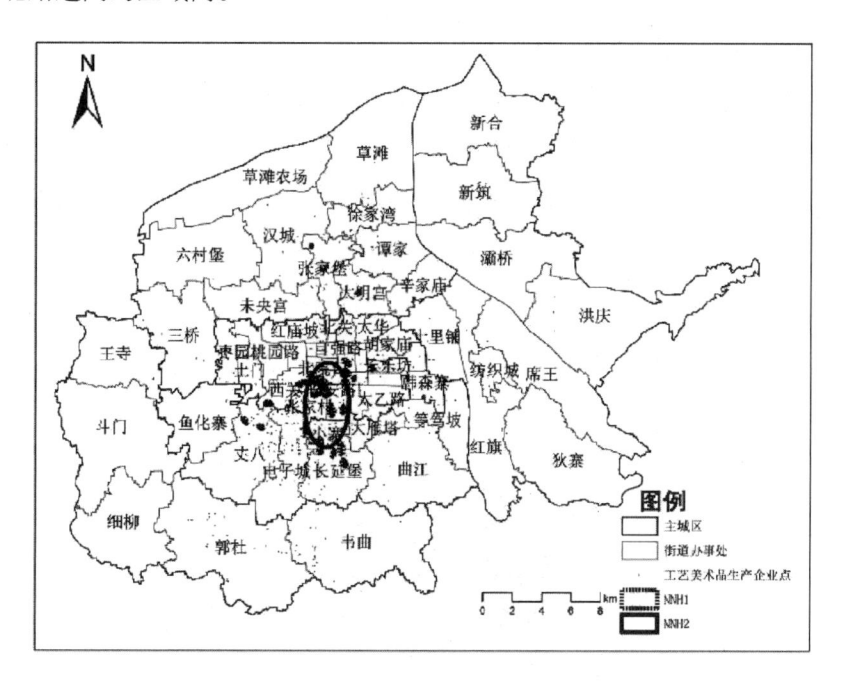

图 6-12 西安市工艺美术品生产企业最近邻层次聚类分析

7. 文化休闲娱乐服务业热点区域

文化休闲娱乐服务企业分布如图 6-13 所示,表现为企业数量多,分布范围广但较为集中,主要分布在莲湖区,新城区,碑林区,雁塔区,未央区的汉城街道、张家堡街道、大明宫街道与三桥街道,灞桥区的纺织城街道,长安区的郭杜街道与韦曲街道。通过对文化休闲娱乐服务业企业点最近邻层次聚类分析,共得到一阶热点77个,二阶热点6个,并形成了1个三阶热点。一阶热点数量多且相对集中,二阶热点数量较多,依附地铁2号线,主要分布在碑林区、雁塔区、莲湖区的西关街道、北关街道。具体来看,一阶热点分布在渭滨公园附近,中登城市花园周围,文景公园周围,文景立交周围,文景路与龙首北路交汇处,华强路附近,药王洞周围,革命公园周围,新城广场周围,长乐公园周围,兴庆公园周围,纺织公园周围,丰庆公园周围,丰庆路附近,无极公园周围,环城南路西段附近顺城南路地带,甜水井街、西大街、南广济街与顺城南路之间区域,南门广场附近,宏信国际花园周围,李家村万达广场附近,大唐西市附近,西部国际广场周围,西北大学周围,小雁塔附近,太白立交周围,省体育场周围,文艺南路、青龙寺周围,白杨寨新村周围,西安数字技术学院周围,东方国际米

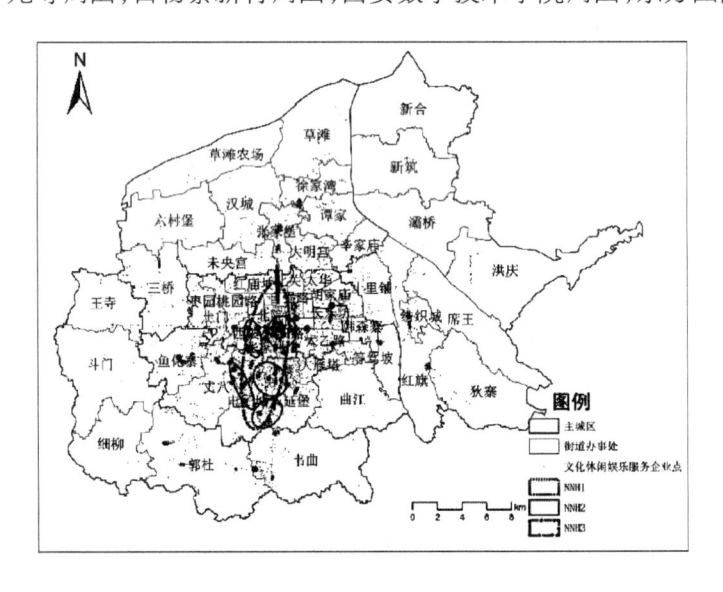

图6-13 西安市文化休闲娱乐服务企业最近邻层次聚类分析

兰城附近,优尚国际周围,鱼化公园周围,团结南路都市之窗周围,新世纪公园周围,唐洋国际附近,木塔寺生态遗址公园附近,西安文理学院周围,紫薇花园周围,西安美术学院周围,西安石油大学周围,西安烈士陵园周围,西安植物园周围,东仪路与丈八路交汇处附近地区,高新领域附近,万象春天周围,时丰姜溪花都周围,清凉山森林公园周围,乳驾庄新村周围,陕西师范大学长安校区周围。二阶热点具体分布在文景路附近狭长地带,钟楼广场、太白北路、文艺北路与陕西省体育场之间区域,西关正街、太白北路、大唐西市与科技路之间,太白南路、崇业路、明德二路与长安南路之间区域,丈八东路、朱雀大街南段、西部大道与万象春天之间区域,新世纪公园、木塔寺生态遗址公园、西部电子信息大厦与东仪路之间区域。三阶热点区覆盖了自强西路、地铁2号线、西部大道与高新路的椭圆形区域。

8. 文化产品生产的辅助生产业热点区域

文化产品生产的辅助生产企业分布如图6-14所示,表现为企业数量较多,主要分布在莲湖区、碑林区与雁塔区交汇处的街道。在对文化产品生产的辅助生产企业点进行最近邻层次聚类分析后,共得到一阶热点19个,二阶热点2个。一阶热点数量较多,分布范围较广,分散在莲湖区的北院门街道与青年路街道,碑林区的南院门街道、张家村街道与文艺路街道,雁塔区的丈八街道、电子城街道、小寨路街道与长延堡街道。二阶热点呈"一主一副"核集聚。具体来看,一阶热点分布在沣浐路后所寨商业街附近,丰禾路丰禾小区周围,芙蓉新天地周围,都市名苑周围,宏府大厦周围,东方星苑周围,柏树林附近地带,含光门盘道周围,李家村万达广场周围,西安体育学院周围,国际会展中心周围,世纪经典周围,朱雀大街与青松路交汇处,颐和宫周围,白沙路与太白南路之间的科创路附近,白沙路附近地段,尚品格蓝周围,唐星数码国际周围,阿伯丁商业中心。二阶热点分布在丰禾路、劳动路、东大街与兴庆宫公园之间的区域,中大国际、丈八东路、雁塔北路与白山路之间的椭圆形区域。

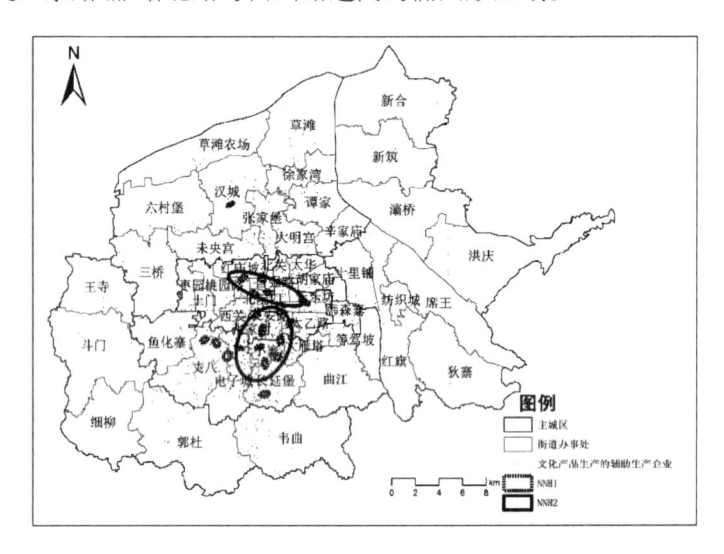

图 6-14　西安市文化产品生产的辅助生产企业最近邻层次聚类分析

9. 文化用品生产业热点区域

文化用品生产企业分布如图 6-15 所示,表现为企业数量少,分布相对集中在莲湖区的北院门街道、青年路街道与西关街道,新城区的西一路

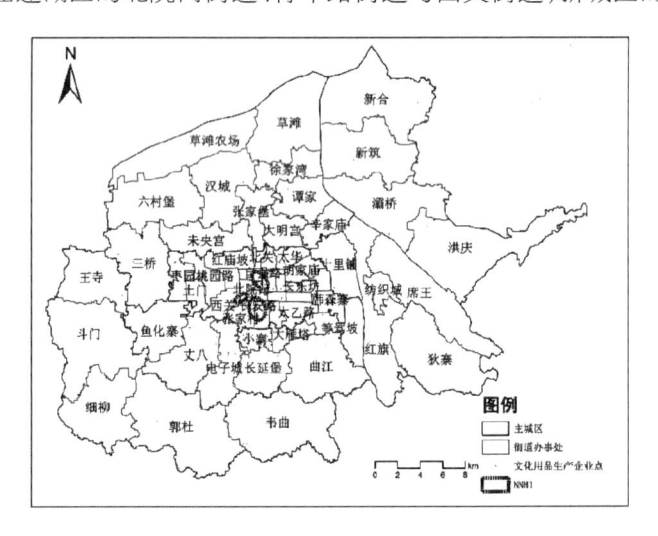

图 6-15　西安市文化用品生产企业最近邻层次聚类分析

街道,碑林区的南院门街道、长安路街道,雁塔区的电子城街道与小寨路街道。通过对文化用品生产企业点进行最近邻层次聚类分析,共得到一阶热点3个,主要分布在青年路街道、北院门街道与西一路街道交汇处,西关街道与南院门交界处,南院门街道、张家村街道与长安路街道交汇处。具体来看,一阶热点分布在顺城北路、东大街、南新街与莲湖公园附近,西大街、甜水井、环城南路与新街坊小区附近,西安广播电视大学、西北大学、省体育场与文艺路之间区域。

10. 文化专用设备生产业热点区域

文化专用设备生产企业点较多且分布较为分散,如图6-16所示,主要分布在未央区的徐家湾街道、谭家街道、大明宫街道、三桥街道,莲湖区的红庙坡街道、北院门街道、西关街道与土门街道,新城区的西一路街道,碑林区的长安路街道与太乙路街道,灞桥区的十里铺街道与纺织城街道,雁塔区的王寺街道、韦曲街道与郭杜街道。在对文化专用设备生产业企业点最近邻层次聚类分析后,共得到一阶热点10个,二阶热点1个。一

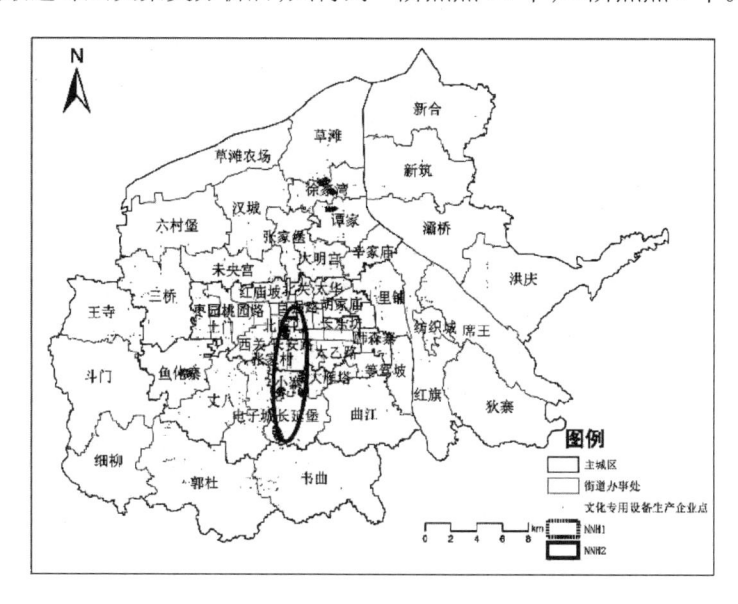

图6-16 西安市文化专用设备生产企业最近邻层次聚类分析

阶热点数量少且分散,二阶热点呈狭长条状集聚,主要分布在谭家街道、南院门街道、鱼化寨街道、长延堡街道与小寨路街道。具体来看,一阶热点区主要分布在北三环与太华北路交会处丽华照明周围,太华路与红旗路交会的秦北轻工业批发市场附近,惠民商业街团结购物广场附近,北大街莲湖一社区附近,四府街附近,鱼化寨街附近,陕西教育学院周围,西安邮电大学周围,永和新领地周围,阿伯丁商业中心周围。二阶热点覆盖雁环中路、地铁2号线北大街站、翠华路与太白立交之间的区域。

(三)不同业态文化产业空间集聚尺度分析

运用 Ripley's K 函数可以分析西安市不同业态类型文化产业在不同空间范围内的集聚特征,进而可以探究各业态文化产业企业点区位布局的空间尺度范围。根据研究结果可以看出,如图 6–17 所示,西安市十大业态类型文化产业企业点在 20km 的范围内,其空间分布的实际 $L(d)$ 观测值均大于期望值,且均大于置信区间上限,在 99% 的置信度下,全部通过了显著性检验。这表明,在观测距离范围内十大业态文化企业均表现出显著的集聚特征。从距离与 $L(d)$ 值的函数关系图可以看出,各业态文化产业的函数曲线走势具有相似性,但是每一业态类型的文化产业又有自己的变化特点。

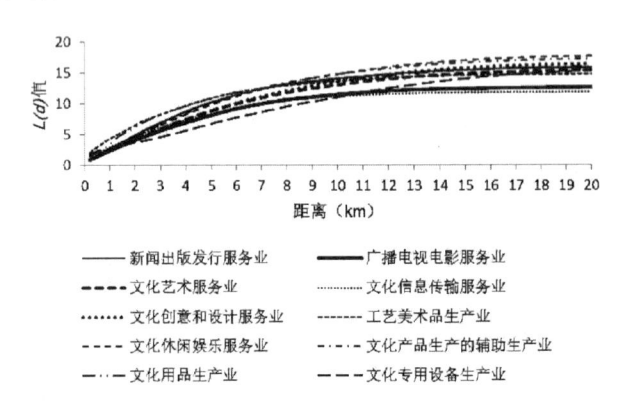

图 6–17 西安市各业态文化产业 Ripley's K 函数分析结果

第六章 西安市文化产业空间格局

第一,从新闻出版发行服务业 $L(d)$ 函数曲线分析,如图 6-18 所示,在整个观测距离 0~20km 范围内,实际 $L(d)$ 值在 0~15.6km 范围内均大于期望值与置信区间上限值,并在 99% 置信度下通过显著性检验,这说明在这个距离范围内新闻出版发行服务业具有显著的集聚特征。在 0~15.6km 范围内,实际观测值与期望值之间的差值大于 0,且在 6.4km 处取得最大值,表明新闻出版发行服务企业空间分布的集聚规模在 6.4km 处达到集聚峰值。

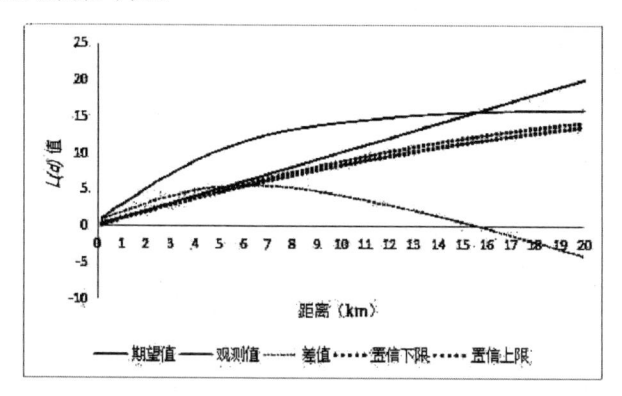

图 6-18 西安市新闻出版发行服务业 Ripley's K 函数分析结果

第二,从广播电视电影服务业 $L(d)$ 函数曲线分析,如图 6-19 所示,在整个观测距离 0~20km 范围内,实际 $L(d)$ 值在 0~12.2km 范围内均大于期望值与置信区间上限值,并在 99% 置信度下通过显著性检验,这

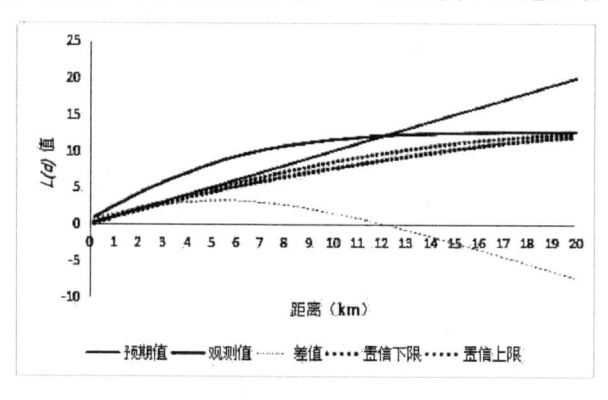

图 6-19 西安市广播电视电影服务业 Ripley's K 函数分析结果

说明在这个距离范围内广播电视电影服务业具有显著的集聚特征。在 0~12.2km 范围内，实际观测值与期望值之间的差值大于0，且在 5.6km 处取得最大值，表明广播电视电影服务企业空间分布的集聚规模在 5.6km 处出现集聚峰值。

第三，从文化艺术服务业 $L(d)$ 函数曲线分析，如图6-20所示，在整个观测距离 0~20km 范围内，实际 $L(d)$ 值在 0~15km 范围内均大于期望值与置信区间上限值，并在99%置信度下通过显著性检验，这说明在这个距离范围内文化艺术服务业具有显著的集聚特征。在 0~15km 范围内实际观测值与期望值之间的差值大于0，且在 6.4km 处取得最大值，表明文化艺术服务企业空间分布的集聚规模在 6.4km 处出现集聚峰值。

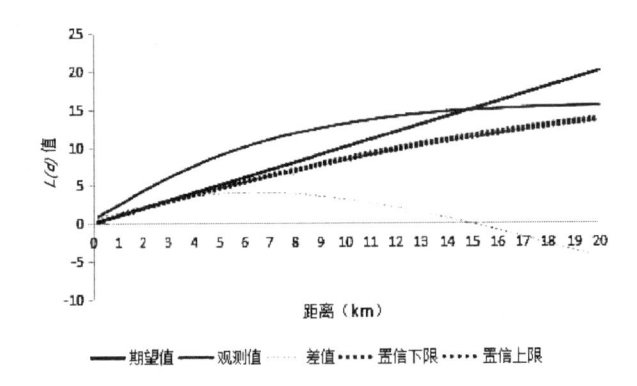

图6-20 西安市文化艺术服务业 Ripley's K 函数分析结果

第四，从文化信息传输服务业 $L(d)$ 函数曲线分析，如图6-21所示，在整个观测距离 0~20km 范围内，实际 $L(d)$ 值在 0~11.6km 范围内均大于期望值与置信区间上限值，并在99%置信度下通过显著性检验，这说明在这个距离范围内文化信息传输服务业具有显著的集聚特征。在 0~11.6km 范围内实际观测值与期望值之间的差值大于0，在 4.4km 处取得最大值，表明文化信息传输服务企业空间分布的集聚规模在 4.4km 处出现集聚峰值。

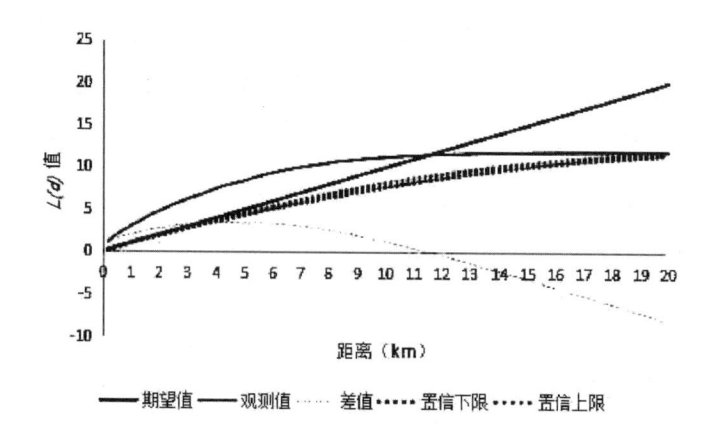

图 6-21　西安市文化信息传输服务业 Ripley's K 函数分析结果

第五,从文化创意与设计服务业 $L(d)$ 函数曲线分析,如图 6-22 所示,在整个观测距离 0～20km 范围内,实际 $L(d)$ 值在 0～16.2km 范围内均大于期望值与置信区间上限值,并在 99% 置信度下通过显著性检验,这说明在这个距离范围内文化创意与设计服务业具有显著的集聚特征。在 0～16.2km 范围内实际观测值与期望值之间的差值大于 0,在约 7km 处取得最大值,表明文化创意与设计服务企业空间分布的集聚规模在 7km 处出现集聚峰值。

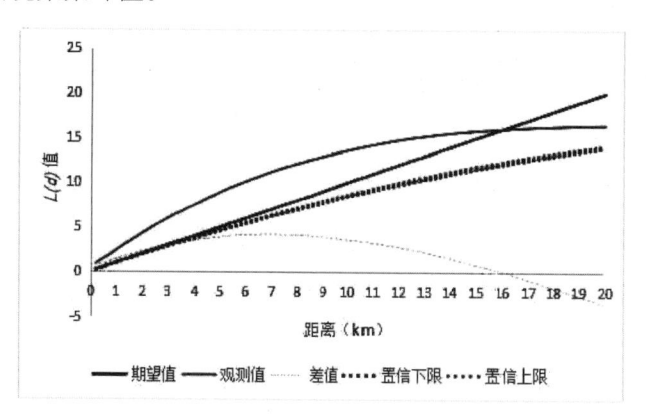

图 6-22　西安市文化创意与设计服务业 Ripley's K 函数分析结果

第六,从工艺美术品生产业 $L(d)$ 函数曲线分析,如图 6-23 所示,在整个观测距离 0~20km 范围内,实际 $L(d)$ 值在 0~14.8km 范围内均大于期望值与置信区间上限值,并在 99% 置信度下通过显著性检验,这说明在这个距离范围内工艺美术品生产业具有显著的集聚特征。在 0~14.8km 范围内实际观测值与期望值之间的差值大于 0,在约 5.2km 处取得最大值,表明工艺美术品生产业空间分布的集聚规模在 5.2km 处出现集聚峰值。

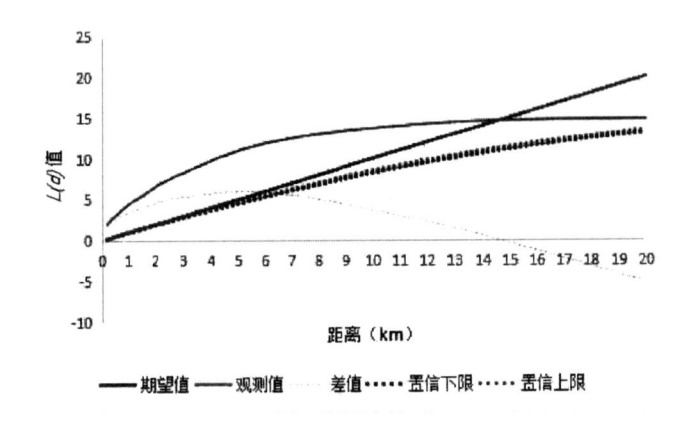

图 6-23　西安市工艺美术品生产业 Ripley's K 函数分析结果

第七,从文化休闲娱乐服务业 $L(d)$ 函数曲线分析,如图 6-24 所示,在整个观测距离 0~20km 范围内,实际 $L(d)$ 值在 0~17.6km 范围内均大于期望值与置信区间上限值,并在 99% 置信度下通过显著性检验,这说明在这个距离范围内文化休闲娱乐服务业具有显著的集聚特征。在 0~17.6km 范围内实际观测值与期望值之间的差值大于 0,在约 7.4km 处取得最大值,表明文化休闲娱乐服务业空间分布的集聚规模在 7.4km 处出现集聚峰值。

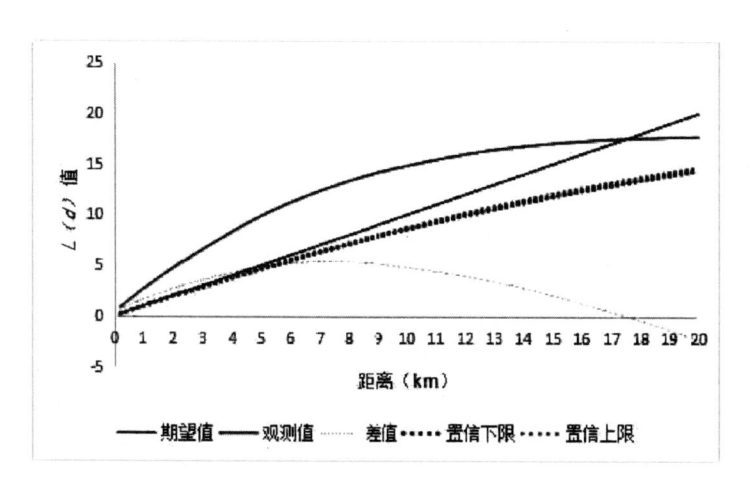

图 6-24 西安市文化休闲娱乐服务业 Ripley's K 函数分析结果

第八,从文化产品生产的辅助生产业 $L(d)$ 函数曲线分析,如图6-25所示,在整个观测距离 0~20km 范围内,实际 $L(d)$ 值在 0~17.2km 范围内均大于期望值与置信区间上限值,并在99%置信度下通过显著性检验,这说明在这个距离范围内化产品生产的辅助生产业具有显著的集聚特征。在 0~17.2km 范围内实际观测值与期望值之间的差值大于 0,在约 6.8km 处取得最大值,表明文化产品生产的辅助生产企业空间分布的集聚规模在 6.8km 处出现集聚峰值。

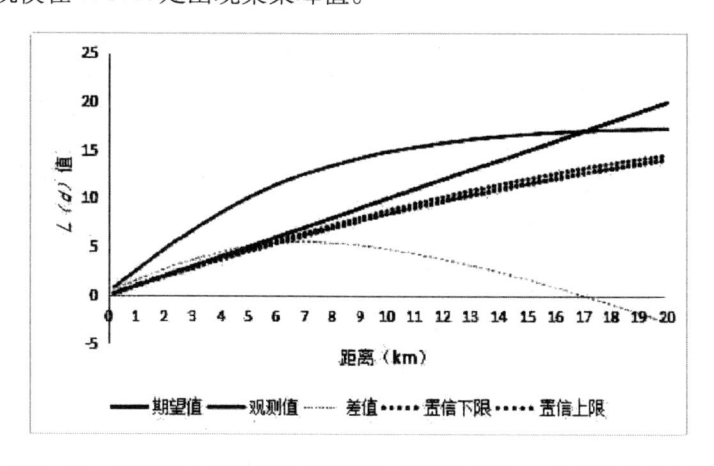

图 6-25 西安市文化产品生产的辅助生产业 Ripley's K 函数分析结果

第九,从文化用品生产业 $L(d)$ 函数曲线分析,如图 6-26 所示,在整个观测距离 0~20km 范围内,实际 $L(d)$ 值在 0~15.6km 范围内均大于期望值与置信区间上限值,并在 99% 置信度下通过显著性检验。这说明在这个距离范围内文化用品生产业具有显著的集聚特征。在 0~15.6km 范围内实际观测值与期望值之间的差值大于 0,在约 5km 处取得最大值,表明文化用品生产业空间分布的集聚规模在 5km 处出现集聚峰值。

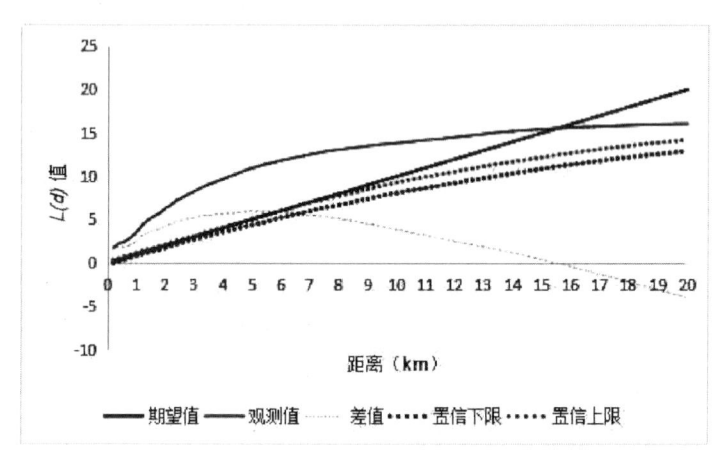

图 6-26 西安市文化用品生产业 Ripley's K 函数分析结果

第十,从文化专用设备生产业 $L(d)$ 函数曲线分析,如图 6-27 所示,在整个观测距离 0~20km 范围内,实际 $L(d)$ 值在 0~13.4km 范围内均大于期望值与置信区间上限值,并在 99% 置信度下通过显著性检验。这说明在这个距离范围内文化专用设备生产业具有显著的集聚特征。在 0~13.4km 范围内实际观测值与期望值之间的差值大于 0,在约 5.6km 处取得最大值,表明文化专用设备生产企业空间分布的集聚规模在 5.6km 处出现集聚峰值。

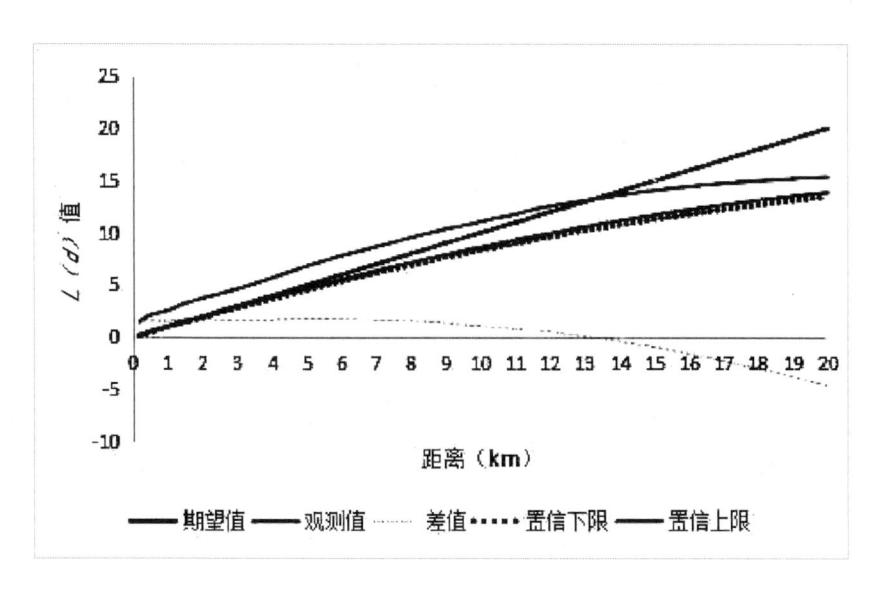

图 6-27　西安市文化专用设备生产业 Ripley's K 函数分析结果

尽管各业态文化企业点具有相似的集聚特征,但从各业态文化企业点分布函数 $L(d)$ 的结果可以看出,各业态企业点区位选择距离范围存在差异。根据对比各集聚峰值的距离,文化信息传输服务业出现集聚峰值的距离最小为 4.4km,文化休闲娱乐服务业出现集聚峰值的距离最大 7.4km,其余业态集聚峰值的距离处于两者之间。这表明文化休闲娱乐服务企业点在较大的空间范围内呈现集聚性,其企业点布局区位选择的空间范围最大,文化信息传输服务企业点在较小空间范围内才能呈现集聚特征,其可以选择的空间范围相对于其他业态类型的文化产业也最小。

第三节　西安市文化产业空间异质性及影响因素

从不同尺度下的空间单元出发,对比研究空间单元之间文化产业,可以得到从宏观到微观的文化产业空间变化的详细信息。从行政单元、空间单元出发,基于文化产业企业密度,可以分析文化产业空间的相对异质性特征。从不同格网尺度,打破行政单元,基于文化产业企业密度,可以分析文化产业空间变化特征。

一、基于行政单元的西安市文化产业空间相对异质性测度

(一)理论基础——数据的异质性测量

在研究分析一组数据时,可以根据数据分布的异质性来测度数据的散布情况。当研究数据性质不同时,需要把这组数据分为不同的类别。若考虑到这组数据可以划分为 K 个不同组别,K 个组别的数据值的个数可以用 $X_1, X_2, \cdots, X_K$ 表示,则每个组别的数据的相对频率为 $P_1, P_2, \cdots, P_K$。实际上,该组数据值的分布会处于无异质性与最大异质性这两种情况之间。在这种情况下,无异质性就是指该组数据性质相同,同为一个组别,也就是说该组数据出现的频数 P 值为1。而最大异质性是指该组数据均匀分布在 K 个组别中,每个小组中所包括的数据的频数相同,即对 K 个组别 $i = 1, 2, \cdots, k$,则相对应的频率 $P_i = \frac{1}{k}$。一般情况下,该组数据同为一组时异质性指标最小取0,而在数据均匀分布在 K 个组别时取得最大值。可以选取 $Gini$ 指标来测量异质性,其表达式为:

$$G = 1 - \sum_{i=1}^{k} P_i^2 \qquad (6-5)$$

公式(6-5)中,无异质性时,G 值最小取0,异质性最大时,G 值取 $1 - \frac{1}{k}$。对 G 进行标准化处理,得到相对异质性指标 G',其取值范围在 $[0,1]$,其表达式为:

$$G' = \frac{G}{1 - \frac{1}{k}} \qquad (6-6)$$

(二)文化产业空间相对异质性指标的构建

根据数据分布异质性理论,借鉴闫庆武人口空间分布异质性的测度方法,对文化产业分布的空间异质性测度指标进行构建。当文化企业点在各空间单元内均匀分布,即各空间单元内企业点密度相等,表现为完全无异质性时,空间异质性最小。当各空间单元的企业点数量相等,空间异质性最大,此时各单元的企业点密度差最大。当然,实际的空间单元的企业点密度是介于理论值之间。

假设一个研究区域 A 是由 k 个下级行政单元 A_i 构成,该研究区域文化企业点总数记为 $C_{ep总}$,面积记为 $S_总$,某一个次级行政单元 A_i 的文化企业点数记为 C_{epi},面积记为 S_i。

当文化企业点均匀分布在该研究区域范围内,文化企业点密度空间表现为完全无异质性。此时,某一个次级行政单元对应的文化企业点数量为:$C_{epi} = C_{ep总}/S_总 \times S_i$,次级行政单元文化企业点数量占整个研究区域范围内企业点总数的比重为:$P_i = S_i/S_总$,此时 P_i 可以表示次级行政单元 A_i 在文化企业密度空间无异质性时的企业密度空间概率;当文化企业点空间异质性最大时,某个次级单元企业点比重为:$P_i = \dfrac{1}{k}$。

在实际情况下,某下级行政单元的文化企业点比重为:$P_i = \dfrac{C_{ep_i}}{C_{ep总}}$。通过引入的前述的异质性测度的指标,可以得出文化产业空间的异质性指标为:

$$C_{cep} = 1 - \sum_{i=1}^{k} P_i^2 \qquad (6-7)$$

在研究区域文化企业点在空间分布均匀、无异质性时,$(G_{cep})_{min} = 1 - \sum_{i=1}^{k}(\dfrac{S_i}{S_总})^2$;文化企业点空间异质性最大时,$(G_{cep})_{max} = 1 - \sum_{i=1}^{k}(\dfrac{1}{k})^2$。

为了得到[0,1]的标准指标进而方便不同区域之间异质性的对比,可以得到文化产业密度空间分布的异质性的标准化指标:

$$G'_{cep} = \frac{G_{cep} - (G_{cep})_{min}}{(G_{cep})_{max} - (G_{cep})_{min}} \qquad (6-8)$$

将各项公式代入 G'_{cep}，最终文化产业密度空间相对异质性指标为：

$$G'_{cep} = \frac{\sum_{i=1}^{k}(\frac{S_i}{S_{总}})^2 - \sum_{i=1}^{k}(\frac{C_{ep_i}}{C_{ep_{总}}})^2}{\sum_{i=1}^{k}(\frac{S_i}{S_{总}})^2 - (\frac{1}{k})} \qquad (6-9)$$

（三）基于行政单元的西安市文化产业空间相对异质性特征分析

1. 从西安市整个研究范围来看

根据公式(6-5)，首先以西安市为一级单元，分别以7个市辖区、59个街道办为次级行政单元计算西安市文化产业空间异质性；然后以各市辖区为一级单元，分别以各市辖区包括的街道办为次级单元计算7个市辖区的文化产业空间相对异质性，计算结果如表6-4。

表6-4 西安市文化企业密度空间的异质性测度

区域	企业数/个	面积/km²	行政单元数/个	$\sum_{i=1}^{k}(\frac{C_{ep_i}}{C_{ep_{总}}})^2$	$\sum_{i=1}^{k}(\frac{S_i}{S_{总}})^2$	G_{cep}
莲湖区	1804	38.5	9	0.147493874	0.181048766	0.185336209
碑林区	3052	23.37	8	0.175645064	0.205139745	0.143738048
新城区	701	30.13	9	0.142348501	0.225369912	0.368378415
未央区	1830	264.41	11	0.10538178	0.137076055	0.231216713
灞桥区	741	324.5	9	0.133666716	0.167248548	0.200789704
雁塔区	5129	151.44	8	0.158732145	0.192031472	0.173407133
长安区	1028	217.88	5	0.214767559	0.398580978	0.461169572
西安市（区级）	14285	1050.23	7	0.217199162	0.224063536	0.030635837
西安市（街道办）	14285	1050.23	59	0.03209616	0.042474057	0.244334945

第六章 西安市文化产业空间格局

从表6-4可以看出,以7个市辖区为次级计算单元的西安市文化产业空间的相对异质性指标值仅为0.030635837,这表明西安市文化产业的空间分布在7个市辖区之间的差别不大。但是以59个街道办事处为次级计算单元的空间相对异质性指标值增大到0.244334945,这表明西安市文化产业的空间分布在各个街道办之间的变化程度较大。通过计算各市辖区以及各街道办文化企业点密度可知,市辖区中企业点密度最大的碑林区约为135个/km²,企业点密度最小的市辖区灞桥区约为2.4个/km²;在各街道办事处中企业点密度最大的长安路街道约为255个/km²,企业点密度最小的街道办事处——灞桥街道办事处约为0.3个 km²。市辖区中企业点密度最大者是最小者的56倍,而街道办企业点密度最大者是最小者的850倍。由此可以看出,西安市7个市辖区之间的文化产业企业点密度的差别程度远远小于59个街道办之间的差异程度,前者计算方式下文化产业空间相对异质性指标远小于后者。

对比西安市7个市辖区内部的文化产业空间相对异质性(图6-28),并对比西安市文化产业空间相对异质性的一般水平,把7个市辖区按相对异质性值分为异质性高的地区、异质性较高的地区、异质性较低的地区、异质性低的地区4种类型。异质性高的地区(0.350001~0.500000)包括新城区与长安区,该类地区内的相对异质性指标值比以街道办为行政单元的西安市文化产业空间相对异质性指标值0.244334945大。这表明在此两个市辖区内文化企业点分布的变化大。异质性较高的地区(0.230001~0.350000)只包括未央区,该类地区内部文化产业企业点密度差异并不是太大。异质性较小地区(0.150000~0.230000)包括莲湖区、灞桥区与雁塔区,该类型地区的相对异质性值小于西安市文化产业空间相对异质性值。异质性小的地区(0~0.150000)只包括碑林区,该类地区内各次级行政单元的企业点密度普遍高,所以其之间的差别也小。

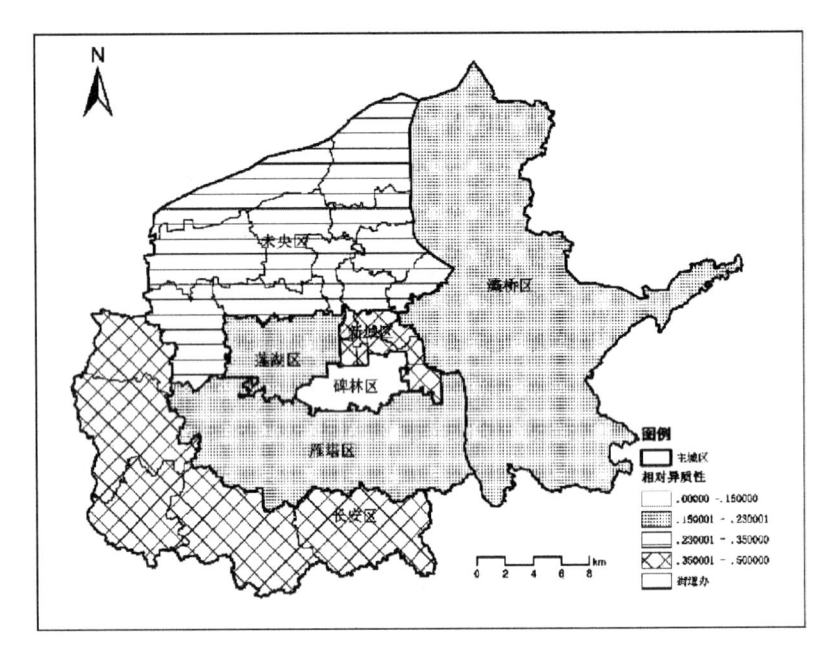

图6-28 西安市文化企业密度相对异质性

2. 从西安市各业态来看

运用公式(6-5),计算方法同上,以西安市为一级区域单元,分别以7个市辖区、59个街道办为次级行政单元计算西安市各业态文化产业空间相对异质性;以各市辖区为一级单元,分别以街道办为次级单元计算7个市辖区的各业态文化产业空间相对异质性,计算的结果如表6-5所示。

表6-5 西安市各业态文化企业密度空间的异质性测度

	新闻出版发行服务业	广播电视电影服务业	文化艺术服务业	文化信息传输服务业	文化创意与设计服务业	文化休闲娱乐服务业	工艺美术品生产业	文化产品生产的辅助生产业	文化用品生产业	文化专用设备生产业
莲湖区	0.43109	0.51279	0.29022	0.36849	0.03159	0.16592	0.50485	0.26329	0.26559	0.33256
碑林区	0.12637	0.25782	0.13261	0.41209	0.21774	0.14429	0.45237	0.05266	0.54506	0.46193
新城区	0.72110	0.36207	0.27673	0.85765	0.02327	0.38436	0.79578	0.20537	0.55439	0.36558
未央区	0.39950	0.46650	0.48802	0.67305	0.28835	0.34613	0.46292	0.16628	0.60329	0.50970
灞桥区	0.40428	0.64436	0.10185	0.86633	0.18351	0.32838	0.42509	0.37989	0.363117	0.25655

第六章　西安市文化产业空间格局

续表

	新闻出版发行服务业	广播电视电影服务业	文化艺术服务业	文化信息传输服务业	文化创意与设计服务业	文化休闲娱乐服务业	工艺美术品生产业	文化产品生产的辅助生产业	文化用品生产业	文化专用设备生产业
雁塔区	0.21196	0.29691	0.20764	0.53187	0.33225	0.10325	0.25184	0.18892	0.27185	0.03490
长安区	0.57327	0.57906	0.49226	0.64461	0.43781	0.45617	0.51559	0.43238	0.19049	0.46316
市辖区级	0.05384	0.16901	0.07486	0.58878	0.02868	0.09259	0.12005	0.09211	0.09753	0.18448
街道办级	0.33122	0.50129	0.35399	0.82798	0.35729	0.16635	0.56980	0.30636	0.47147	0.18665

从中可以看出，西安市十大业态文化产业空间相对指标值在 7 个市辖区之间的分布各不相同。莲湖区广播电视电影服务业值最高，文化产品生产的辅助生产业值最低。碑林区文化用品生产业值最高，文化创意与设计服务业值最低。新城区文化信息传输服务业值最高，文化创意与设计服务业产业值最低。未央区文化信息传输服务业业值最高，文化产品辅助生产业值最低。灞桥区文化信息传输服务业值最高，文化艺术服务业值最低。雁塔区文化信息传输服务业值最高，文化专用设备生产业值最低。长安区文化信息传输服务业值最高，文化用品生产业值最低。从市辖区来看，文化信息传输服务业值最高，文化创意与设计服务业值最低。从街道办来看，文化信息传输服务业值最高，文化休闲娱乐服务业值最低。

从十大文化产业业态来看，新闻出版发行服务业在新城区最高，碑林区最低，且各区值均大于西安市（区级）值，只有碑林区、雁塔区值小于西安市（街道办）值。广播电视电影服务业在灞桥区最高，碑林区最低，且各区值均大于西安市（区级）值，莲湖区、灞桥区、长安区值大于西安市（街道办）值。文化艺术服务业在长安区值最高，灞桥区最低，且各区值均大于西安市（区级）值，只有长安区与未央区值大于西安市（街道办）值。文化信息传输服务业在灞桥区值最高，莲湖区最低，莲湖区、碑林区、雁塔区值低于西安市（区级）值，新城区、灞桥区值大于西安市（街道办）值。文化创意与设计服务业在长安区值最高，新城区值最低，只有新城区值低于西安市（区级）值，长安区值大于西安市（街道办）值。文化休闲娱乐业在长安区值最高，雁塔区值最低，且各区值均大于西安市（区级）值，莲湖区、碑林区、雁塔区值小于西安市(街道办)值。工艺美术品生产业在新城区值最高,雁塔区值最低,且各区值均大于西安市(区级)值,只有新城区值大于西安市(街道办)值。文化产品辅助生产业在长安区值最大,碑林区值最小,只有碑林区值小于西安市(区级)值,长安区值、灞桥区值大于西安市(街道办)值。文化用品生产业在未央区值最高,长安区值最低,各区值均大于西安市(区级)值,碑林区、新城区、未央区值大于西安市(街道办)值。文化专用设备生产业在未央区值最高,雁塔区值最低,有且只有雁塔区值小于西安市(区级)与西安市(街道办)值。

最终对比以各市辖区为次级单元与以街道办事处为次级单元计算西安市各业态的文化产业空间相对异质性值,前者在文化产业各业态下的值均小于后者。这表明了文化产业各业态在西安市7个市辖区之间的差异程度小于59个街道办事处之间的差异程度。

二、基于格网尺度的西安市文化产业空间异质性特征分析

(一)研究方法

1. 公里格网尺度划分

公里格网主要是为了避免行政区划对研究区域的分割造成的数据分配失真。这种对区域划分的方法可以打破固有的行政区域界线,使以行政单元为载体的数据转化为以公里格网为载体的数据。公里格网数据在一定程度上提高了数据使用的准确度,能够充分体现出数据在行政单元内部的差异。相关文献大都选择以整数公里将研究区划分为若干空间单元,本书基于西安市研究区范围、行政单元面积、文化产业以及各业态文化企业点平均最近邻距离,选择 0.1 * 0.1km、0.5 * 0.5km、1 * 1km、1.5 * 1.5km、2 * 2km、2.5 * 2.5km、3 * 3km 七种空间尺度对研究区域范围进行格网划分。具体讲:在 ArcGIS10.2 中生成七种格网,并与研究区叠加,计算每个格网空间单元的各业态文化企业密度值。此后,研究中的

样本值为格网的文化企业密度值。

2. 半变异函数分析

变异函数是统计分析所特有的工具之一。在研究范围内变量 $Z(x)$ 在空间单元 x 与 $x+h$ 处值 $Z(x)$ 和 $Z(x+h)$ 差的方差的一半,就是变量 $Z(x)$ 的半变异函数,计算公式为:

$$r(h) = \frac{\sum_{i=1}^{N(h)}[(Z(x_i+h)]^2}{2N(h)} \quad (6-10)$$

公式(6-10)中 $r(h)$ 为半变异函数,$Z(x_i)$ 为 $Z(x)$ 在格网空间单元 x_i 的密度值;$Z(x_i+h)$ 是 $Z(x)$ 在 x_i 处距离偏移 h 的值[$i=1,2,\cdots,N(h)$];$N(h)$ 是分割距离为 h 时的格网空间单元总数。半变异函数揭示了在整个尺度上的空间变异格局。其中变程、基台值和块金值是半变异函数极为重要的参数,决定了函数的形状和结构。

3. 文化产业多样性指数

在景观生态学中,景观多样性指数是对景观的丰富度和复杂程度的反映,是最常用的表达景观空间异质性指数。为了量化西安市文化产业空间异质性,借鉴香农多样性指数,探究西安市各业态文化产业企业点多样性空间布局,其计算公式为:

$$H' = -\sum_{i=1}^{n} P_i \ln P_i \quad (6-11)$$

其中,H' 为多样性指数,n 是研究单元中文化企业类型;P_i 是 i 类文化企业密度在文化产业企业密度中所占的比重,就是在每个空间格网单元中 i 业态密度值占该单元产业密度的比重,指数越高,研究区域表现出空间异质性程度越强。

4. Kriging 空间插值分析

克里格(Kriging)空间插值法是利用原始数据和变异函数的结构特点,对未知样点进行线性无偏、最优估计的一种方法,其计算公式为:

$$Z(x_0) = \sum_{i=1}^{n} w_i Z(x_i) \quad (6-12)$$

式(6-12)中$Z(x_0)$为未知空间点的文化企业密度值;$Z(x_i)$为格网空间中心点文化企业密度值;w_i为第i个格网空间中心点对未知空间点的权重;n为已知空间格网中心点的个数。

(二)基于不同格网尺度的文化产业密度空间统计特征分析

根据表6-6所示,对比不同格网尺度下西安市文化企业密度的基本统计状况,在各格网尺度下文化企业密度极差值大,中值较小且大都为0,标准差与变异系数值相对较大,这表明在不同尺度下各格网空间单元文化企业密度值差异和变化程度较大。且随着尺度变大,西安市的格网空间单元的数量不断减少,每个统计单元文化企业密度平均值也不断减少。由于每个尺度下企业密度的最小值都为0,所以文化企业密度的极差值等于最大值。企业密度的最大值与极差值随着尺度的增大而减少,显然在0.1*0.1km格网尺度企业密度最大值5700个/km²减少到在3*3km格网尺度企业密度最大值181个/km²,企业点密度值的极端值就越难以得到反映。标准差与变异系数也随着格网尺度的增大而减少,格网尺度越大,文化企业密度值波动性越小,而中值反而稍有增加,也受到尺度变化的影响。表明随着格网尺度不断增大,文化企业密度值的变化程度越小。

表6-6 不同尺度下文化企业密度的统计特征

格网尺度/km	样本数	平均值 个/km²	最大值 个/km²	最小值 个/km²	极差	中值 个/km²	标准差	变异系数
0.1*0.1	98971	14.43	5700	0	5700	0	96.78	6.71
0.5*0.5	4158	13.76	964	0	964	0	45.62	3.32
1*1	1103	13.02	427	0	427	0	36.20	2.78
1.5*1.5	510	12.50	322	0	322	0.40	33.31	2.66
2*2	299	12.01	216	0	216	0.75	30.47	2.54
2.5*2.5	200	11.55	233	0	233	0.88	28.69	2.48
3*3	144	11.19	181	0	181	1.30	27.70	2.47

第六章 西安市文化产业空间格局

从西安市各业态文化企业密度值的变异系数值上看,如图6-29所示,随着格网尺度的减小,变异系数值总体减少,且从0.1*0.1km格网尺度到0.5*0.5km格网尺度的文化企业密度变异系数值减少的程度远大于0.5*0.5km格网尺度到3*3km格网尺度的变异系数值减少的程度。西安市文化创新与设计服务业在0.1*0.1km～3*3km格网尺度上企业密度变异系数值远远大于其他业态文化企业密度值变异系数值。这表明在0.1*0.1km～3*3km格网尺度上随着尺度的增大各业态文化产业企业变化程度不断变小,空间异质性程度变小,且文化创新与设计服务业企业空间异质性程度大于其他业态文化产业。

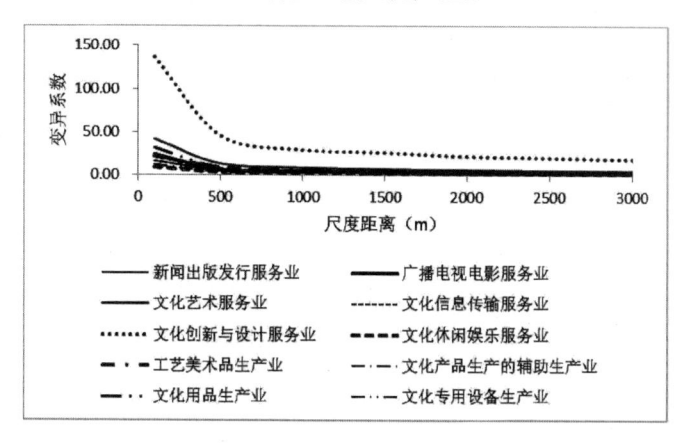

图6-29 西安市各业态文化企业密度空间变异系数

(三)基于不同格网尺度的文化产业密度空间变异特征分析

通过运用地统计软件GS+9.0对不同格网尺度下各业态文化企业密度数据进行半变异分析,根据不同公里格网尺度下划分的研究范围内的格网空间单元中企业密度值,采用半变异函数模型进行模拟,然后根据拟合度(R^2)与残差值(RSS)来判定模块中模型用于本研究数据的最优模拟模型,经过分析后得出的最优模拟模型与各项参数如表6-7所示。

表中各项参数中尺度是指格网尺度,样本点值也就是不同格网尺度下的格网空间的企业密度值。C_0 表示块金值,表示这个变量是由格网单元划分使企业密度值带来的随机性误差。$C+C_0$ 表示基台值,是企业密度值的空间异质性程度。C 表示偏基台值,是由各格网空间密度值的空间相关引起的异质性。$\frac{C}{(C+C_0)}$ 表示由相关关系引起的异质性在总空间异质性中的比例,这反映出文化企业密度值空间相关性的强弱。变程表示达到基台值时的距离,是指文化企业密度值具有相关性的距离范围。如果小于该值,表明文化企业密度值存在空间相关关系;如果大于该值,表明企业密度值之间无相关性,相互独立。R^2 表示拟合程度,RSS 表示残差值的大小,如若拟合度越大,残差值越小,表明该模型的拟合效果越好。

表6-7 不同尺度下西安市各业态文化企业密度的半方差函数模型

业态类型	尺度(km)	(C_0)	($C+C_0$)	$C/(C_0+C)$	变程(m)	R^2	RSS
新闻出版发行服务业	0.1*0.1	83.9140	102.6739	0.1827	3933.2	0.897	0.091
	0.5*0.5	5.39003	9.59441	0.4382	6249.3	0.896	0.239
	1*1	1.50017	4.6559	0.6778	7698.9	0.503	0.130
	1.5*1.5	0.43136	3.37371	0.8721	8169.1	0.735	0.075
	2*2	0.01002	2.92656	0.9966	8149.9	0.840	0.171
	2.5*2.5	0.00264	2.63505	0.9990	9006.6	0.930	0.134
	3*3	0.00235	2.35276	0.9991	9566.9	0.626	0.171
广播电视电影服务业	0.1*0.1	19.5687	23.57175	0.1698	4370.4	0.655	0.031
	0.5*0.5	2.28799	3.44211	0.3353	5415.7	0.519	0.155
	1*1	0.65139	1.45713	0.5530	7055.6	0.624	0.085
	1.5*1.5	0.68036	0.8811	0.2278	7871.6	0.506	0.051
	2*2	0.10733	0.74427	0.8558	8299.8	0.629	0.039
	2.5*2.5	0.00594	0.60027	0.9901	8353.2	0.639	0.075
	3*3	0.00526	0.53145	0.9901	9566.9	0.827	0.081

续表

业态类型	尺度(km)	(C_0)	($C+C_0$)	$C/(C_0+C)$	变程(m)	R^2	RSS
文化艺术服务业	0.1*0.1	267.301	442.105	0.3954	1187.2	0.849	0.168
	0.5*0.5	29.2521	48.2896	0.3942	1571.9	0.733	0.056
	1*1	10.3481	33.6255	0.6923	7651.0	0.599	0.101
	1.5*1.5	4.07728	25.23148	0.8384	8433.1	0.723	0.023
	2*2	1.06418	21.67252	0.9509	8375.7	0.784	0.131
	2.5*2.5	0.01871	18.8097	0.9990	9006.6	0.835	0.036
	3*3	0.01768	17.70499	0.9990	9863.1	0.909	0.043
文化信息传输服务业	0.1*0.1	106.136	119.66131	0.1130	3505.9	0.897	0.086
	0.5*0.5	6.38367	10.84511	0.4114	3887.5	0.703	0.026
	1*1	2.07871	5.250366	0.6041	4946.2	0.635	0.016
	1.5*1.5	0.68618	3.744251	0.8167	4963.3	0.644	0.104
	2*2	0.01104	3.040453	0.9964	4804.1	0.775	0.052
	2.5*2.5	0.00264	2.64624	0.9990	5732.1	0.611	0.024
	3*3	0.00210	2.101543	0.9990	6945.6	0.596	0.045
文化创新与设计服务业	0.1*0.1	290.106	1996.069	0.8547	721.3	0.541	0.018
	0.5*0.5	121.489	218.78688	0.4447	6155.8	0.636	0.113
	1*1	30.0413	104.75819	0.7132	7795.4	0.601	0.058
	1.5*1.5	18.5388	89.75343	0.7934	8212.6	0.685	0.048
	2*2	6.00372	69.96627	0.9142	8846.5	0.764	0.030
	2.5*2.5	2.00958	66.76993	0.9699	8710.1	0.713	0.021
	3*3	0.06144	61.50375	0.9990	9422.1	0.846	0.091

续表

业态类型	尺度(km)	(C_0)	($C+C_0$)	$C/(C_0+C)$	变程(m)	R^2	RSS
文化休闲娱乐服务业	0.1*0.1	1040.49	1205.8119	0.1371	4856.2	0.712	0.098
	0.5*0.5	94.3071	196.7874	0.5208	6789.3	0.724	0.100
	1*1	36.1749	123.69445	0.7075	8092.4	0.550	0.064
	1.5*1.5	16.7107	101.55214	0.8354	8523.0	0.705	0.024
	2*2	4.56631	84.49308	0.9460	8766.2	0.797	0.015
	2.5*2.5	0.07112	71.19885	0.9990	9711.1	0.857	0.061
	3*3	0.07045	70.52783	0.9990	10091	0.934	0.082
工艺美术品生产业	0.1*0.1	391.794	465.10345	0.1576	3642.9	0.889	0.162
	0.5*0.5	177.233	275.86842	0.3575	4836.9	0.624	0.132
	1*1	50.0794	110.49676	0.5468	5925.9	0.633	0.081
	1.5*1.5	24.1417	78.99715	0.6944	6168.2	0.743	0.056
	2*2	1.24975	48.93442	0.9745	6200.4	0.853	0.018
	2.5*2.5	0.48141	42.34967	0.9886	6553.3	0.614	0.178
	3*3	0.03809	38.12393	0.9990	7553.2	0.725	0.015
文化产品生产的辅助生产业	0.1*0.1	109.193	138.62252	0.2123	3608.2	0.554	0.107
	0.5*0.5	11.8770	23.10655	0.4860	6738.3	0.843	0.035
	1*1	3.34407	12.421481	0.7308	8606.1	0.565	0.105
	1.5*1.5	1.49449	10.192752	0.8534	8845.2	0.734	0.013
	2*2	0.25035	8.502008	0.9706	8766.2	0.810	0.064
	2.5*2.5	0.00778	7.779516	0.9990	9549.9	0.834	0.021
	3*3	0.00759	7.599656	0.9990	9788.2	0.770	0.028

续表

业态类型	尺度(km)	(C_0)	($C+C_0$)	$C/(C_0+C)$	变程(m)	R^2	RSS
文化用品生产业	0.1*0.1	16.6409	22.043276	0.2451	3505.9	0.891	0.042
	0.5*0.5	1.45153	2.14086	0.3220	4836.9	0.614	0.012
	1*1	0.38765	0.78185	0.5042	5963.0	0.624	0.016
	1.5*1.5	0.14948	0.526843	0.7163	6300.4	0.672	0.044
	2*2	0.05006	0.370709	0.8650	6916.9	0.589	0.027
	2.5*2.5	0.00778	7.779516	0.9990	9549.9	0.834	0.021
	3*3	0.00023	0.225612	0.9990	8468.3	0.634	0.077
文化专用设备生产业	0.1*0.1	362.980	822.8491	0.5589	882.1	0.897	0.067
	0.5*0.5	34.3459	43.967542	0.2188	3343.7	0.621	0.061
	1*1	7.77667	12.356036	0.3706	4532.9	0.731	0.029
	1.5*1.5	4.02716	7.435591	0.4584	5727.0	0.593	0.012
	2*2	2.55682	5.371692	0.5240	6730.4	0.629	0.018
	2.5*2.5	1.17828	3.830115	0.6924	6663.9	0.549	0.014
	3*3	0.00241	2.416853	0.9990	7106.3	0.833	0.045

从表6-7中可以明显看出,不同格网尺度下各类业态文化企业密度值半变异函数模拟均符合球面函数模型。文化企业点密度拟合的球面函数模型揭示了文化企业密度值在空间上呈现集聚状态,且在达到变程之前文化企业密度值对空间依赖的程度随着距离的增大而变小,最后趋于稳定。从具体参数来看,在各不相同条件下:

(1)新闻出版发行服务业密度空间自相关距离在4~9.6km之间。

在0~4km到9.6km距离范围内,该行业半变异函数值随距离的增大而不断变大,密度值空间分异程度不断增大,而空间自相关程度不断减小。在8~9.6km中,文化企业密度变异值在趋于稳定之前,随着距离增加而变大,距离增加到最大值约9.6km时,企业密度空间不相关。在不同格网尺度下,密度自相关的距离范围不同,从0.1*0.1km到1.5*1.5km格网尺度,密度空间自相关的距离范围逐渐增大,文化企业密度对其周围地区的影响范围从3933.2m到8619.1m。从1.5*1.5km到2*2km格网尺度自相关距离范围缩小了约20m。从2*2km到3*3km格网尺度,密度空间自相关的距离范围继续增大,影响范围从8149.9m增加到9566.9m,文化企业密度对变程之外的企业密度基本上没有影响。

(2)广播电视电影服务业密度空间自相关距离处于4.4~9.6km之间。

在0~4.4km到9.6km距离范围内,广播电视电影服务业半变异函数值随距离的增大而不断变大,密度值空间分异程度不断增大,而空间自相关程度不断减小。在7~9.6km中,文化企业密度变异值在趋于稳定之前,随着距离增加而变大,距离达到约9.6km时,企业密度空间不相关。在不同格网尺度下,密度自相关的距离范围不同,从0.1*0.1km到3*3km格网尺度,密度空间自相关的距离范围逐渐增大,广播电视电影服务业企业密度对其周围地区的影响范围从4370.4m到9566.9m。

(3)文化艺术服务业密度空间自相关距离处于1~10km之间。

在0~1km到10km距离范围内,文化艺术服务业半变异函数值随着距离的增大而不断变大,密度值空间分异程度不断增大,而空间自相关程度不断减小。在1.5~10km中,文化企业密度变异值在趋于稳定之前,随着距离增加而变大,距离达到10km时,企业密度空间不相关。在不同格网尺度下,密度自相关的距离范围不同,从0.1*0.1km到3*3km格网尺度,密度空间自相关的距离范围逐渐增大,文化艺术服务业企业密度对其周围地区的影响范围从1187.2m逐渐增加到9863.1m。

(4)文化信息传输服务业密度空间自相关距离处于3.5~7km之间。

在0~3.5km到7km距离范围内,文化信息传输服务业半变异函数值随着距离的变大而增大,密度值空间分异程度不断增大,而空间自相关程度不断减小。在3.5~7km时,文化企业密度变异值在趋于稳定之前,随着距离增加而变大,距离达到7km时,企业密度空间不相关。在不同格网尺度下,密度自相关的距离范围不同,从0.1*0.1km到1.5*1.5km格网尺度,密度空间自相关的距离范围逐渐增大,文化信息传输服务业企业密度对其周围地区的影响范围从3505.9m逐渐增加到4963.3m。从1.5*1.5km到2*2km格网尺度,密度空间自相关的距离范围略有减小,影响范围缩小了约150m。从2*2km到3*3km格网尺度,密度空间自相关的距离范围从4804.1m增加到6945.6m。

(5)文化创新与设计服务业密度空间自相关距离处于0.7~9.5km之间。

在0~0.7km到9.5km距离范围内,文化创新与设计服务业半变异函数值随距离的增大而不断变大,密度值空间分异程度不断增大,而空间自相关程度不断减小。在0.7~9.5km中,文化企业密度变异值在趋于稳定之前,随着距离增加而变大,距离达到约9.5km时,企业密度空间不相关。在不同格网尺度下,密度自相关的距离范围不同,从0.1*0.1km到2*2km格网尺度,密度空间自相关的距离范围逐渐增大,文化创新与设计服务业企业密度对其周围地区的影响范围从721.3m到8846.5m。从2*2km到2.5*2.5km格网尺度,密度空间自相关的距离范围缩小了约130m。从2.5*2.5km到3*3km格网尺度,密度空间自相关的距离范围从8710.1m增加到9422.1m。

(6)文化休闲娱乐服务业密度空间自相关距离处于4.8~11km之间。

在0~4.8km到11km距离范围内,文化休闲娱乐服务业半变异函数值随距离的增大而不断变大,密度值空间分异程度不断增大,而空间自相关程度不断减小。在4.8~11km中,文化企业密度变异值在趋于稳定之前,随着距离增加而变大,距离达到约11km时,企业密度空间不相关。在不同格网尺度下,密度自相关的距离范围不同,从0.1*0.1km到3*3km格网尺度,密度空间自相关的距离范围逐渐增大,文化休闲娱乐服务业企业密度对其周围地区的影响范围从4856.2m到10091m。

(7)工艺美术品生产业密度空间自相关距离处于3.6~7.6km之间。

在0~3.6km到7.6km距离范围内,工艺美术品生产业半变异函数值随距离的增大而不断变大,密度值空间分异程度不断增大,而空间自相关程度不断减小。在3.6~7.6km中,文化企业密度变异值在趋于稳定之前,随着距离增加而变大,距离达到约7.6km时,企业密度空间不相关。在不同格网尺度下,密度自相关的距离范围不同,从0.1*0.1km到3*3km格网尺度,密度空间自相关的距离范围逐渐增大,工艺美术品生产业企业密度对其周围地区的影响范围从3642.9m到7553.2m。

(8)文化产品生产的辅助生产业密度空间自相关距离处于3.6~9.8km之间。

在0~3.6km到9.8km距离范围内,文化产品生产的辅助生产业半变异函数值随距离的增大而不断变大,密度值空间分异程度不断增大,而空间自相关程度不断减小。在3.6~9.8km中,文化企业密度变异值在趋于稳定之前,随着距离增加而变大,距离达到约9.8km时,企业密度空间不相关。在不同格网尺度下,密度自相关的距离范围不同,从0.1*0.1km到1.5*1.5km格网尺度,密度空间自相关的距离范围逐渐增大,文化产品生产的辅助生产业企业密度对其周围地区的影响范围从3608.2m到8845.2m。从1.5*1.5km到2*2km格网尺度,密度空间自相关的距离范围缩小了约100m。从2*2km到3*3km格网尺度,密度空间自相关的距离范围逐渐增大,文化产品生产的辅助生产业企业密度对其周围地区的影响范围从8766.2m到9788.2m。

(9)文化用品生产业密度空间自相关距离处于3.5~9.6km之间。

在0~3.5km到9.6km距离范围内,文化用品生产业半变异函数值随距离的增大而不断变大,密度值空间分异程度不断增大,而空间自相关程度不断减小。在3.5~9.6km中,文化企业密度变异值在趋于稳定之前,随着距离增加而变大,距离达到约9.6km时,企业密度空间不相关。在不同格网尺度下,密度自相关的距离范围不同,从0.1*0.1km到2.5*2.5km格网尺度,密度空间自相关的距离范围逐渐增大,文化用品生产业企业密度对其周围地区的影响范围从3505.9m到9549.9m。从2.5*2.5km到3*3km格网尺度,密度空间自相关的距离范围缩小了约100m。

(10)文化专用设备生产业密度空间自相关距离处于0.8~7.2km之间。

在0~0.8km到7.2km距离范围内,文化专用设备生产业半变异函数值随距离的增大而不断变大,密度值空间分异程度不断增大,而空间自相关程度不断减小。在0.8~7.2km中,文化企业密度变异值在趋于稳定之前,随着距离增加而变大,距离达到约7.2km时,企业密度空间不相关。在不同格网尺度下,密度自相关的距离范围不同,从0.1*0.1km到2*2km格网尺度,密度空间自相关的距离范围逐渐增大,文化专用设备生产业企业密度对其周围地区的影响范围从882.1m到6730.4m。从2*2km到2.5*2.5km格网尺度,密度空间自相关的距离范围缩小了约100m。从2.5*2.5km到3*3km格网尺度,密度空间自相关的距离范围逐渐增大,文化专用设备生产业企业密度对其周围地区的影响范围从6663.9m到7106.3m。

$C(C+C_0)$值从不同格网尺度来看,新闻出版发行服务业、文化艺术服务业、文化信息传输服务业、工艺美术品生产业、文化产品生产的辅助生产业与文化用品生产业在0.1*0.1km~0.5*0.5km格网尺度下$C/(C+C_0)$值小于0.5,随机性因素的影响大于结构性因素。在1*1km~3*3km格网尺度下$C/(C+C_0)$值大于0.5,结构性因素大于随机性因素,且随着尺度增加结构性因素对企业密度值的影响逐渐增强。广播电视电影服务业在0.1*0.1km~0.5*0.5km及1.5*1.5km格网尺度下其值小于 0.5,在其他尺度下其值大于 0.5,且从 2 * 2km 格网尺度开始,结构性因素大于随机性因素,且随着尺度增加结构性因素对企业密度值的影响逐渐增强。文化创新与设计服务业在 0.5 * 0.5km 格网尺度下 $C/(C+C_0)$ 值小于 0.5,其他尺度下 $C/(C+C_0)$ 值大于 0.5,且从 1 * 1km 格网尺度开始结构性因素大于随机性因素,且随着尺度增加结构性因素对企业密度值的影响逐渐增强。文化休闲娱乐服务业在 0.1 * 0.1km 格网尺度下 $C/(C+C_0)$ 值小于 0.5,0.5 * 0.5km ~ 3 * 3km 格网尺度下 $C/(C+C_0)$ 值大于 0.5,且随着尺度增加结构性因素对企业密度值的影响逐渐增强。文化专用设备生产业在 0.5 * 0.5km ~ 1.5 * 1.5km 格网尺度下 $C/(C+C_0)$ 值小于 0.5,其他尺度下 $C/(C+C_0)$ 值大于 0.5,且在 2 * 2km ~ 3 * 3km 格网尺度下随着尺度增加结构性因素对企业密度值的影响逐渐增强。

(四)基于不同格网尺度文化产业多样性空间变异特征分析

在各格网尺度下,构建文化企业多样性指数,利用前述运用的半变异函数研究文化企业多样性空间变化的相同性以及文化企业多样性空间变异格局。同时,利用地统计软件 GS + 9.0 拟合出了文化企业多样性的理论模型以及各样参数,如表 6 - 8 所示,其参数的含义与前述部分相同。

表 6 - 8 不同尺度下西安市文化企业多样性的半方差函数模型

业态类型	尺度(km)	(C_0)	$(C+C_0)$	$C/(C_0+C)$	变程(m)	R^2	RSS
文化企业多样性指数	0.1 * 0.1	0.01210	0.016306	0.2579	4629.1	0.871	0.112
	0.5 * 0.5	0.10708	0.314498	0.6595	9674.4	0.632	0.036
	1 * 1	0.14943	0.566603	0.7363	13076	0.722	0.041
	1.5 * 1.5	0.20852	0.700075	0.7021	15433	0.668	0.047
	2 * 2	0.19100	0.764179	0.7501	17522	0.706	0.046
	2.5 * 2.5	0.24765	0.927351	0.7329	19449	0.717	0.053
	3 * 3	0.23669	0.669353	0.6464	22469	0.595	0.052

第六章 西安市文化产业空间格局

从表6-8可以得出,文化企业多样性指数空间自相关的距离范围在4.6~22.5km。在0~4.6km到22.5km距离范围内文化企业多样性指数的半变异函数值随着距离的增大而变大,多样性指数空间分异程度不断增大,而空间自相关程度不断减小。在4.6~22.5km中,文化企业多样性变异值在趋于稳定之前,随着距离增加而变大,距离达到约22.5km时,多样性指数空间不相关。在不同公里格网尺度下,研究范围内文化企业多样性指数空间自相关十分明显,从0.1*0.1km到3*3km格网尺度,文化企业多样性指数空间自相关范围从4629.1m增加到22469m。其变异程度在各尺度下有所不同,文化企业多样性指数随着距离增加,在0.1*0.1km~1*1km格网尺度之间不断增加,在1*1km~1.5*1.5km格网尺度下变异程度反而有所降低,在1.5*1.5km~2*2km格网尺度下变异程度相对在1*1km~1.5*1.5km格网尺度下反而增加,在2*2km~3*3km格网尺度下文化企业多样性指数空间变异程度不断减小。鉴于此分析,当格网尺度在1km时,文化企业多样性空间变异分析尺度最优。

研究文化企业多样性空间变异格局需要某种空间插值方法。在1*1km格网尺度下划分西安市空间单元,计算每个格网空间单元的文化企业多样性指数,把文化企业多样性指数值赋给格网空间单元的中心,并以每个格网单元中心作为取样点,采用普通克里金插值。利用ArcGIS10.2软件在半变异函数中选择普通克里金插值方法,在半变异模型及参数选择前述部分利用GS+9.0拟合的文化多样性指数值的模型及参数,得到了普通克里金插值的误差精准度评价表(6-9)以及文化企业多样性预测图(6-30)。

通过对文化企业多样性指数普通克里金球面模型插值误差精度的交叉验证,对此模型进行评价。从理论上讲,平均值越小,均方根误差与平均标准误差值越小且两者的值越接近,标准平均值误差的绝对值越接近

0,标准均方根误差越大且接近1,表明普通克里金插值结果越准确。

表6-9 Kriging 插值精度评价

尺度	平均值	均方根误差	平均标准误差	标准平均值误差	标准均方根误差
1*1km	-0.00023	0.37242	0.39739	-0.00076	0.94078

从表中可以看出,在1*1km格网尺度,平均值等于-0.00023;均方根误差等于0.37242,平均标准误差值等于0.39739,且两者之间的差值约等于0.02,接近于0;标准均方根误差等于0.94078且接近1。这五项参数值验证了本书选取的球面模型的精度均达到了要求,说明普通克里金插值球面函数模型是较为理想的研究文化企业多样性空间异质性的模型。

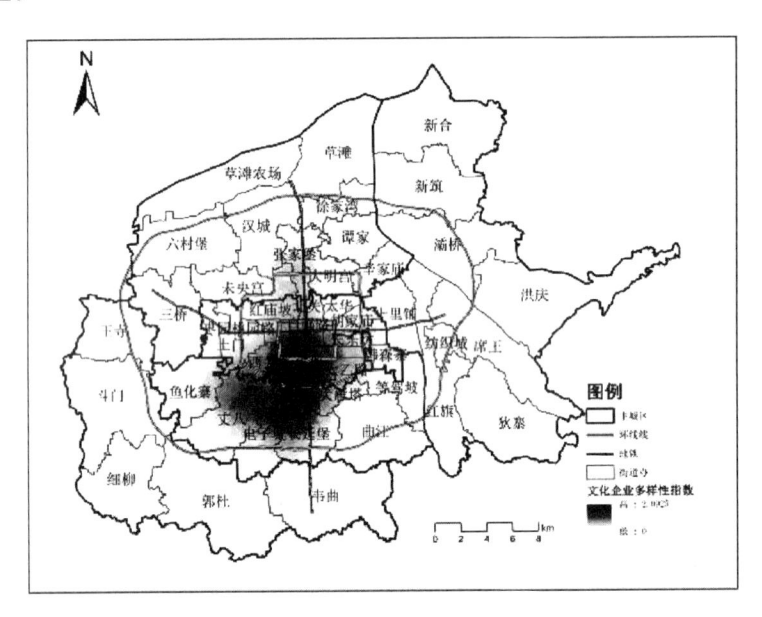

图6-30 西安市文化企业多样性空间分异

在1*1km格网尺度下,利用普通克里金插值得到西安市文化企业多样性空间分异图。从图6-30中可以看出,西安市文化企业多样性空间分异显著,文化企业多样性的地区出现在西安市碑林区与雁塔区,在两个地区形成了两个多样性中心:一个是以钟楼—南门为核心的区域,此处是西安市城市综合发展中心;一个是以小寨—丈八路为核心的区域,此处是西安市的商业中心与科技中心之一。依托地铁2号线与地铁1号线形成了以三桥、纺织城、徐家庄与韦曲为中心的文化多样性次级中心,以及以文化教育中心为依托的南部大学城文化多样性边缘中心地。

第七章 西安市文化产业的地域结构特征

第一节 文化产业发展与地域结构研究

一、理论基础

（一）地域结构理论

地域结构是指某一区域范围内自然、生态、经济、社会等结构的空间组合。早期的地域结构研究主要集中在农业领域和工业地域。随着生产力水平的不断提高，以及工业化、城市化、现代化的逐步推进，区域空间结构、城市地域结构、商业和服务业地域结构也引起了人们关注，并成为近现代地理学研究的热点问题。

农业地域结构是以地域或农业区为范围并与地域条件紧密联系的农业生产系统。主要表现为一定地域内农业各部门的比例关系、协调状况和空间布局，实质上，是一定地域内农业自然系统和农业经济系统的综合。杜能（J. H. von Thunen）的农业区位论，是最早的地域结构学说，也是最早关于地域结构模式的理论，主要探讨了农业生产方式的空间配置原则，形成了以城市为中心，由里向外依次为自由农业、林业、轮作式农业、谷草式农业、三圃式农业、畜牧业的同心圆农业结构，是以大城市为中心的土地利用方式的分圈层形态。

第七章　西安市文化产业的地域结构特征

工业地域结构是指工业区的空间特征及其组合状况和比例关系,是在开发利用各种资源、能源及充分利用地理位置的过程中逐步形成的。主要表现为工业布局的地理空间组合、企业集群布局,是工业地域内各种工业类型或企业分布的空间位置、结构特征、产业集聚程度等,是各个工业部门和企业在工业区内联合协作生产的结果。由于各工业区的形成受历史背景、社会经济发展水平、发展阶段等的制约,所以工业区地域结构特点有所不同,集聚的工业种类和规模也存在差异。依据工业地域类型的不同可将工业区划分为传统工业区和新工业区,其典型代表分别为鲁尔工业区和意大利新兴工业区。

商业地域结构是根据特定地域单元与整体空间系统的对比关系,以特定地域单元为基本单位对某商业要素空间或全部商业要素空间进行的一种模拟,重点在于商业地域类型的划分和商业地域结构的说明及解释。商业是经济繁荣发展的产物,是城市重要的产业类型之一,对城市经济发展十分重要,也是一种重要的地域组织形式。商业活动对区位的依赖性极强,研究商业地域系统,有利于城市商业布局合理化,提高商业企业的经济效益,更好地发挥商业在城市经济中的积极作用,有效的商业类型的划分对发挥城市功能至关重要。

城市地域结构是指在城市内部各功能区的地理位置及其分布特征和组合关系,它是城市功能组织在地域空间系列上的投影,是由集聚力、离散力和摩擦力三种力量共同作用的结果。城市功能区一般可分为居住区、商业区、工业区、行政区、文化区、旅游区和绿化区等。为了揭示城市发展的规律,各国学者特别是美国学者对城市地域结构做了种种理论概括,主要包括三种模型:一是同心圆模型,1929年由芝加哥大学社会学家伯吉斯(Ernest W. Burgess)提出,该模型共分为5个同心圆带,即中心商务区、过渡带、工人住宅带、中产阶级住宅带、通勤带;二是扇形模型,1939年由美国土地经济学家霍伊特(H. Hoyt)提出,高租金住宅区从市中心商业区开始,沿着方便的交通线向另一远处高租金住宅区延伸,最后彼此相连成一个扇形;三是多核模型,1945年由美国地理学家哈里斯(C. D. Harris)和乌尔曼(E. L. Ullman)提出,城市的多样化功能不断出现是其形成的原因,城市不断向外扩大范围,并出现拥有自己核心的新的郊区。

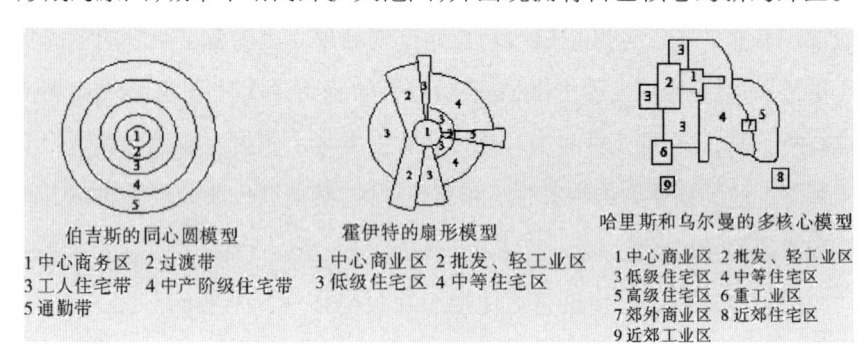

图7-1 城市内部地域结构模型

(二)产业功能区理论

产业功能区本质上是一种承载相关产业功能的地域空间载体,是在产业集群、产业集聚区的基础上发展起来的一种经济现象,是实现相关社会资源空间集聚、有效发挥某种特定城市功能的地域空间组织形式,是城市的重要组成部分,是构建科技创新网络并开展产业创新的高效载体。产业功能区的核心构成要素是由企业、机构及相关交流平台构成的网络,各类设施、专业人才、资本以及相关的服务基于这一网络而有效组织起来,共同形成具有明确产业功能和经济发展方向的空间单元。产业功能区是一种有利于提升产业综合竞争力的空间组织形式,是产业集聚发展的空间变现。产业功能区的核心特征是明确的发展定位。建设产业功能区需要分析产业与城市的关系、产业发展的宏观环境、功能区自身的产业发展基础和条件,明确产业功能区的定位,并根据产业功能要求优化产业布局,突破行政区划的束缚,强化地域之间的产业分工和互动联系,将产业发展相关的各种要素进行协调,确定和筛选功能区的重点产业、主导产业、潜力产业及其相关支持政策和措施。

二、数据来源与处理

（一）数据来源

本书的研究数据主要来源于两个渠道，一是官方网站，二是统计年鉴。其中，文化产业增加值数据、人口经济数据等主要来源于政府网站和公告、《陕西省统计年鉴2015》；文化产业企业点数据主要通过《西安大黄页》、百度地图开放平台（API）、虚拟地球仪软件Google Earth等综合获取西安市文化产业企业点坐标信息，采集的信息主要包括企业的单位名称、主营行业、经纬度坐标等。

（二）数据处理

本书根据文化活动的相近性，采用《文化及相关产业分类（2012）》第三个层次的分类方法，将文化产业分为50个中类。结合西安市文化产业发展的实际及文化产业的优劣条件，界定本书共包含38个文化产业中类。以西安市59个街道单元为载体，分别将38个文化产业中类的经纬度坐标导入ArcGIS9.3中，利用其数据分析平台和空间分析法，由空间坐标找到其所在街道，并计算出每个中类企业个数在59个街道单元的分配。经过初步判断分析，共采集14771个企业点为分析样本，并通过企业名称抽样网页查询、企业点位置查询等途径对样本点的可信度进行可靠性测验，排除研究区外的企业点，共确定14285个企业点数据，有效率达96.71%。通过整理，运用SPSS19.0进行因子和聚类统计分析。选用文化产业企业点个数作为因子分析的样本变量，并计算出每个中类企业个数在59个街道单元的分配，构建以59个街道单元为行，38个文化产业中类为列的数据矩阵，作为因子分析的基础数据源。

第二节　西安市文化产业的地域结构特征研究

城市地域结构研究和产业地域结构研究由来已久,而城市文化产业地域结构方面的关注很少,它在城市内部的结构特征是什么,模式有哪些,是本书研究的重点。本书在收集《西安大黄页》和百度地图开放平台(API)获取文化产业企业点坐标信息的基础上,综合运用SPSS19.0和ArcGIS9.3两个软件,对文化产业38个中类进行因子分析和聚类分析等,并对西安市文化产业地域结构的特征及其模式进行探究,为具体细致地刻画文化产业在地域上的分布状况提供了有效借鉴。

一、因子分析

(一)因子分析的过程与结果

利用SPSS19.0软件,对标准化后的38个变量数据进行KMO以及Bartlett检验,其中,KMO值为0.679,较为适合,Bartlett的球形检验为0.00,小于0.01,存在显著的相关性,说明适合进行因子分析。

利用因子分析法对西安市59个街道38个文化产业中类进行主因子提取和分析,共得出两种情况:不旋转和旋转。在不旋转条件下,软件系统基于特征值大小,自动提取大于1的8个主因子,前8个因子的特征值之和占总方差的84.615%,也就是说前8个主因子能够解释全部变量信息的84.615%,效果较好。但由于第一因子贡献率达到16.815%,典型代表变量太强,有必要进行因子旋转。通过几种方法的反复尝试,发现采用Var-imax正交旋转方法,效果不理想。进一步进行斜交旋转,对几种斜交方法分别进行实验,发现采用Equamax方法结果最为理想。同时,为了使变量进一步集中,指定系统提取6个因子,经过25次迭代使转轴过程收敛,得到因子结构较为合理的分析结果(表7-1)。6个主因子特征值均大于2,方差累积贡献率达到78.056%,解释全部变量信息的近80%,能够较好地反映西安市文化产业的地域结构特征。

表7-1 西安市文化产业各行业因子分析特征值及其贡献率(%)

主因子	未旋转			斜交旋转		
	特征值	方差贡献	累计方差贡献	特征值	方差贡献	累计方差贡献
1	16.815	44.249	44.249	7.416	19.515	19.515
2	4.544	11.959	56.208	6.752	17.769	37.284
3	2.729	7.183	63.390	5.533	14.560	51.843
4	2.012	5.294	68.685	4.369	11.498	63.341
5	1.870	4.920	73.605	2.800	7.369	70.710
6	1.692	4.452	78.056	2.792	7.346	78.056
7	1.413	3.719	81.775			
8	1.079	2.839	84.615			

(二)主因子分析

主因子载荷矩阵主要依据主因子的特点,用来确定相关主因子的类型,反映出变量与主因子之间的相关关系。以主因子载荷矩阵中较大相关系数对应的文化产业类型为基础,综合考虑各行业自身特点、开业年份、产业规模、空间分布状况、经营业务、所有制类型等多方面的特征对各主因子命名,以求最大程度反映各主因子的信息(表7-2)。

表7-2 西安市文化产业6个主因子旋转成分矩阵

文化产业行业	主因子1	主因子2	主因子3	主因子4	主因子5	主因子6
版权服务	0.937	0.146	0.152	-0.023	0.028	0.048
文化软件服务	0.887	0.091	0.082	-0.096	0.205	-0.088
增值电影服务	0.858	0.341	0.195	-0.008	0.085	0.081
互联网信息服务	0.840	0.347	0.239	0.014	0.073	0.096
建筑设计服务	0.810	0.248	0.283	0.284	-0.002	0.147

续表

文化产业行业	主因子1	主因子2	主因子3	主因子4	主因子5	主因子6
专业设计服务	0.777	0.355	0.359	0.242	0.077	0.160
印刷复制服务	0.650	0.457	0.351	0.239	0.276	0.200
办公用品的制造	0.572	-0.100	-0.068	0.506	-0.015	-0.116
游艺器材及娱乐用品制造	0.532	-0.012	-0.076	0.181	0.081	0.024
文化艺术培训服务	0.489	0.412	0.292	0.309	-0.112	0.272
会展服务	0.230	0.849	0.151	0.157	0.146	0.020
景区游览服务	0.301	0.781	0.111	0.170	-0.035	0.043
电影和影视录音服务	0.212	0.743	0.420	0.397	0.053	0.084
新闻服务	-0.142	0.733	0.258	0.170	0.093	-0.016
文化遗产保护	0.023	0.674	0.314	0.261	0.136	0.339
文艺创作与表演	0.477	0.634	0.414	0.286	0.036	0.215
图书馆与档案馆	0.220	0.618	0.189	0.080	-0.035	0.541
娱乐休闲服务	0.369	0.593	0.544	0.287	0.018	0.141
发行服务	0.299	0.587	0.364	0.255	0.325	0.166
摄影扩印服务	0.302	0.554	0.455	0.402	0.155	0.313
广播电影专用设备的批发	0.391	0.544	-0.067	0.127	0.260	0.278
工艺美术品的制造	-0.100	0.060	0.916	0.093	0.061	-0.058
文化用纸的制造	-0.077	-0.121	0.729	0.383	0.172	0.067
工艺美术品的销售	0.191	0.407	0.682	0.282	0.333	0.208
出版服务	0.307	0.219	0.678	0.074	0.486	0.005
文化贸易代理与拍卖服务	0.459	0.117	0.644	0.170	0.034	0.068
其他文化辅助生产	-0.095	0.234	0.636	0.396	0.226	0.253
其他文化艺术服务	0.340	0.433	0.480	0.435	-0.047	0.394
群众文化	-0.064	-0.149	0.082	0.852	0.314	-0.070
文化研究与社团服务	0.113	0.290	0.327	0.726	0.128	0.219

第七章　西安市文化产业的地域结构特征

续表

文化产业行业	主因子1	主因子2	主因子3	主因子4	主因子5	主因子6
文具乐器照相器材的销售	-0.162	0.200	0.334	0.711	0.251	0.157
广告服务	0.492	0.294	0.401	0.561	0.004	0.238
广播电视服务	-0.180	0.460	-0.053	0.516	0.268	-0.186
印刷专用设备的制造	0.035	-0.011	0.060	0.001	0.944	0.086
文化用油墨颜料的制造	-0.027	-0.116	-0.008	0.191	0.885	-0.065
文化经纪代理服务	-0.117	-0.026	0.095	-0.094	0.041	0.848
园林陈设服务	-0.080	-0.079	0.018	0.229	0.162	0.721
舞台照明设备的批发	0.000	-0.038	-0.105	-0.064	-0.066	0.460

第1主因子　文化传输与设计服务类。特征值为7.416,解释变量总方差的贡献率达19.515%,组成行业较多,主要反映了版权服务、文化软件服务、增值电影服务、互联网信息服务、建筑设计服务、专业设计服务、印刷复制服务,办公用品的制造、游艺器材及娱乐用品制造、文化艺术培训服务等10个变量信息。从行业门类和内容看,这10个文化产业中类主要涉及与文化产业相关的信息传输、文化创意和设计等内容,因此,可以将这10类归纳为文化传输与设计服务类。将各街道各主因子得分按照大小分成五个等级,图7-2为第1主因子得分空间分布图,可知第1主因子得分各等级个数差别较大,分别为1、1、14、40、3。主因子得分处于较高等级的街道数量较少,位于第一等级的只有一个,即雁塔区的丈八街道,得分为18.634;得分处于第二等级的为雁塔区的电子城街道,主因子得分为5.226。总的来说,第一主因子得分分极化现象严重,等级差异较大,得分普遍较低,低值区分布普遍,一、二等级主要集中分布在城市近郊的雁塔区,59个街道在第一主因子上的得分普遍较低,高值区集中分

布在城市近郊的雁塔区的丈八和电子城街道。此外,在环城路沿线穿过的区域形成了第三级分布区。

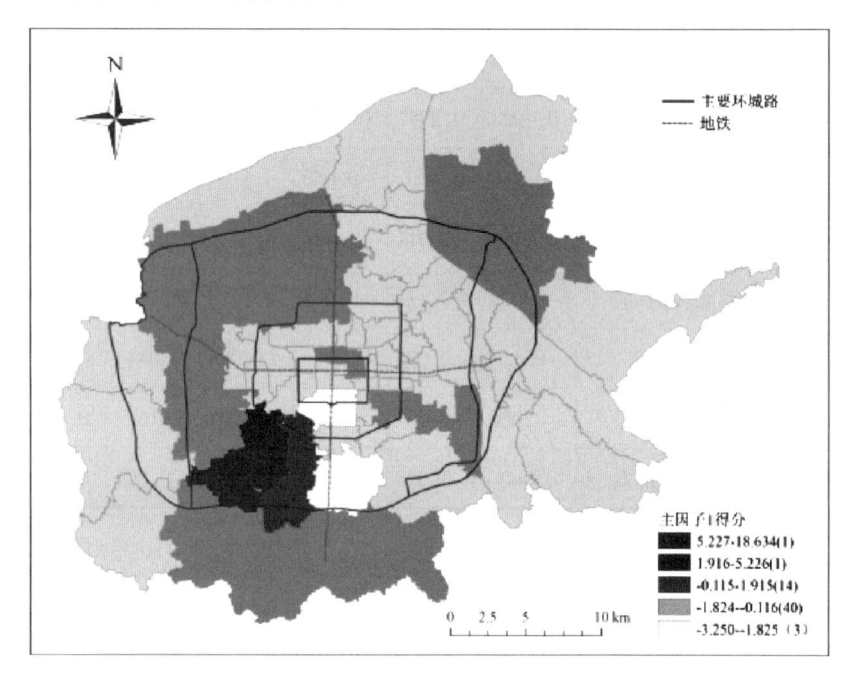

图7-2 西安市文化产业第1主因子得分空间分布图

第2主因子 文化休闲娱乐与艺术服务类。特征值为6.752,解释变量方差贡献率达17.769%,组成行业较多,主要反映了会展服务、景区游览服务、电影和影视录音服务、新闻服务、文化遗产保护、文艺创作与表演、图书馆与档案馆、娱乐休闲服务、发行服务、摄影扩印服务及广播电影专用设备的批发等11个变量的信息。从行业门类和内容看,这11个文化产业中类主要涉及文化休闲娱乐、文化艺术、广播电视电影等服务,因此,可以将这11类归纳为文化休闲娱乐和艺术服务类。将各街道按照各主因子得分大小分成五个等级,由图7-3可知,第2主因子得分各等级个数差别依然很大,分别为1、11、16、29、2。处于第一等级的只有1个街道,即雁塔区的长延堡街道(16.279),得分最高;得分处于第二等级的有

11个街道,分别为雁塔区的小寨、丈八、电子城、大雁塔和鱼化寨街道,长安区的郭杜和韦曲街道,碑林区的太乙路和南院门街道,莲湖区的西关和红庙坡街道。整体来看,各街道在第2主因子上的得分普遍较高,即得分较高的街道多,高值区分布集中连片,第一、二等级主要分布在近郊区和远郊区的南部及城中心莲湖区的西关和红庙坡两个街道,另外还分布在西安市的南郊地区,雁塔区为第二主因子的高值集中区。

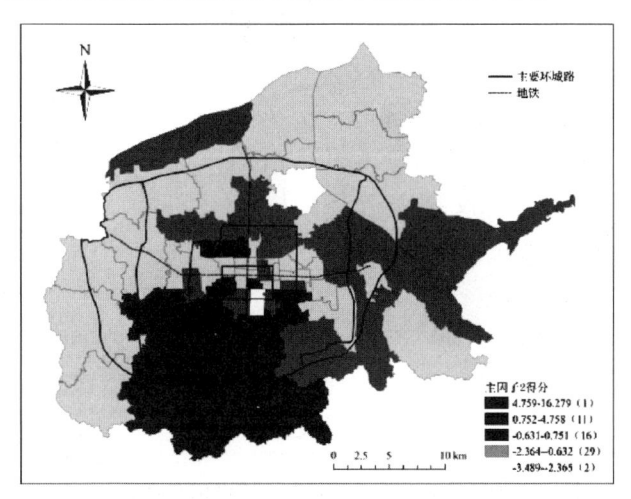

图7-3 西安市文化产业第2主因子得分空间分布图

第3主因子 文化产品的生产与制造类。特征值为5.533,解释变量方差贡献率达14.560%,由7个变量组成,主要反映了工艺美术品的制造、文化用纸的制造、工艺美术品的销售、出版服务、文化贸易代理与拍卖服务、其他文化辅助生产及其他文化艺术服务等信息。从行业门类和内容看,这7个文化产业中类主要涉及工艺美术品的生产与销售、文化用纸的制造、出版服务、文化辅助生产、文化贸易代理与拍卖服务等,因此,可以将这7类归纳为文化产品的生产与制造类。将各街道按照各主因子得分大小分成五个等级,据图7-4可见,第3主因子得分各等级个数分别为1、5、14、25、14。处于第一等级的只有1个街道,即碑林区的张家村街道(15.320),得分最高;得分处于第二等级的有5个街道,分别为碑林区的长安路和柏树林街道、雁塔区的电子城和丈八街道、莲湖区的西关街道。整体来看,第3主因子得分的高值区主要分布在西安南部,沿柏树林、西关、长安路、张家村、电子城和丈八街道组成的狭长区域,即主要集中在中心城区和近郊区域。

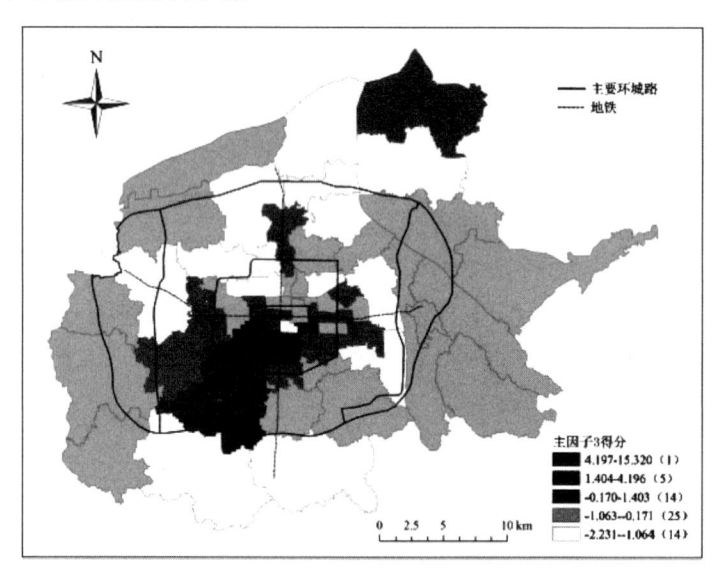

图7-4　西安市文化产业第3主因子得分空间分布图

第4主因子　文化艺术传播类。特征值为4.369,解释变量方差贡献率达11.498%,共由5个因子组成,包括群众文化、文化研究与社团服务、文具乐器照相器材的销售、广告服务、广播电视服务5个因子。从行业门类和内容看,这5个行业主要涉及群众文化、文化研究与社团服务、文具乐器照相器材的销售、广告服务等与艺术服务和传播相关的内容,因此可以将这5个行业归纳为文化艺术服务与传播类。由图7-5可知,第4主因子得分各等级个数分别为1、2、10、17、29。总的来说,在第4主因子上得分较高的街道偏少,处于第一等级的只有1个街道,即碑林区的长安路街道(13.551),得分最高;得分处于第二等级的有2个街道,分别为雁塔区的电子城街道和未央区的三桥街道。整体上看,得分处于第一、二等级

第七章　西安市文化产业的地域结构特征

的街道数量较少且分布较为分散。

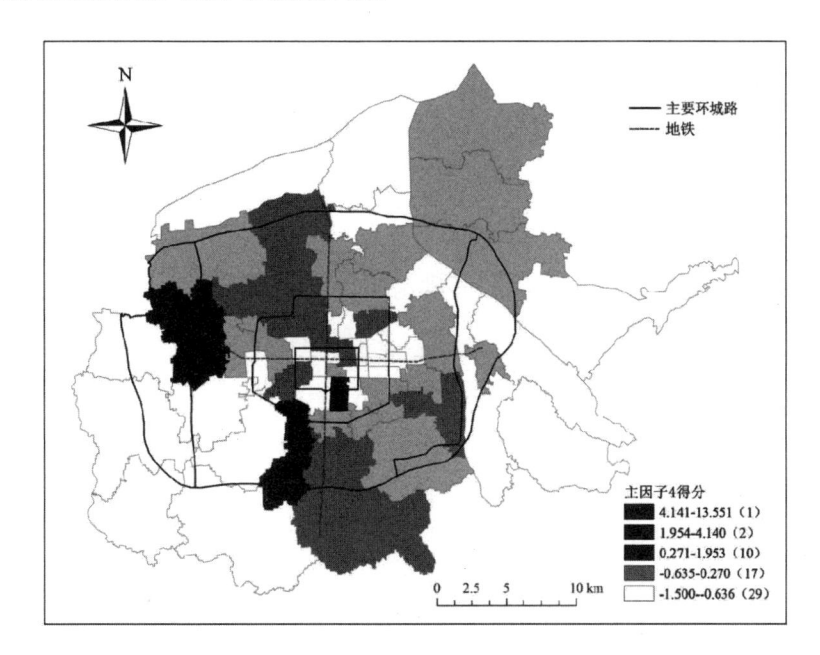

图 7-5　西安市文化产业第 4 主因子得分空间分布图

第 5 主因子　印刷相关设备的制造与销售类。特征值为 2.800,解释变量方差贡献率达 7.369%。主要反映了印刷专用设备的制造、文化用油墨颜料的制造 2 个变量的信息,结合企业的具体从业内容将此类命名为印刷相关设备的制造与销售类。依据第 5 主因子得分,五个等级个数分别为 1、7、9、39、3。得分属于第一等级的为莲湖区的北院门街道(11.771),得分位居首位,且与第二等级得分差异较大;第二等级共 5 个,分别为碑林区的长安路和南院门街道、雁塔区的小寨、丈八和等驾坡街道、莲湖区的桃园路及长安区的王寺街道。整体来看,第 5 主因子得分的高值区分布较为分散,主要分布于城中心和近郊区的莲湖、雁塔和碑林的零星街道。其中,地铁 1 号线和环城路的交汇处穿过等驾坡街道,交通便利,形成了印刷相关设备的制造与销售类的较高值分布区。

第6主因子 文化经纪代理、陈设艺术类。特征值为2.792,解释变量方差贡献率达7.346%。主要反映了文化经纪代理服务、园林陈设服务、舞台照明设备的批发3个变量的信息,其中,舞台照明设备的批发主要由舞台装饰灯组成,且与前两个变量高度相关,因此将这3个变量归纳为文化经纪代理、陈设艺术类。由图7-6可知,第6主因子得分各等级个数分别为4、6、12、32、5。得分处于第一、二等级的街道单元共有10个。其中,属于第一等级的有4个,分别为雁塔区的小寨街道,得分最高,为7.066;其次为未央区的谭家和草滩街道、雁塔区的电子城街道;属于第二等级的有6个街道,分别为未央区的徐家湾和大明宫街道、碑林区的长乐坊和太乙宫街道、长安区的郭杜街道以及灞桥区的纺织城街道。从整体上看,第6主因子得分较高的街道单元个数较多,形成由草滩、徐家湾、谭家、大明宫、长乐坊、太乙路、小寨、电子城、郭杜等街道组成的南北弧形分布区,呈现两块集中分布区域:由小寨和电子城、郭杜街道组成的南郊集中区;由谭家、草滩和徐家湾组成的北郊集中区。

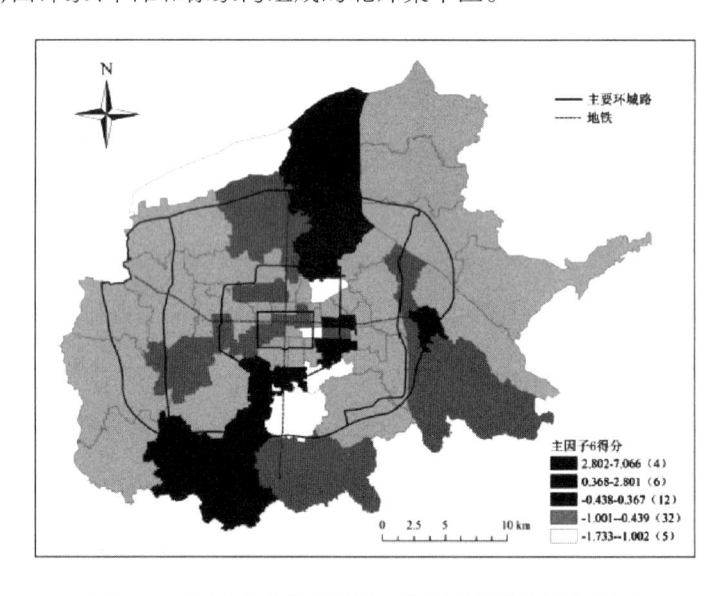

图7-6 西安市文化产业第6主因子得分空间分布图

第七章 西安市文化产业的地域结构特征

二、西安市文化产业地域结构分析

（一）聚类分析

把上面得到的6个主因子在各街区单元的得分作为基本数据矩阵，运用聚类分析技术对西安市文化产业地域类型区进行划分。选用系统聚类法，以离差平方和法（ward法）计算类与类之间的距离，度量标准区间选择"平方 Euclidean 距离"。对西安市59个街道单元6个主因子得分进行系统聚类，经测试，由于部分街道单元的主因子得分远远高于其他街道，形成了显著的"孤立点"地区，直接聚类的结果并不理想，因此，在聚类之前首先应筛选出这些显著的"孤立点"街道（表7-3）。对剩余52个街道单元进行系统聚类分析，并画出树状聚类图（图7-7），经过反复测试和检验，最后把西安市59个街道单元文化产业划分为7种类型。

表7-3 西安市文化产业显著"孤立点"街道单元各主因子得分

街道单元	第1主因子	第2主因子	第3主因子	第4主因子	第5主因子	第6主因子
丈八街道	18.634	1.636	1.905	-1.282	0.89	-0.901
电子城街道	5.226	1.416	2.696	4.14	-2.525	3.65
长延堡街道	-3.25	16.279	-0.61	0.816	0.141	-1.733
张家村街道	-2.526	-0.512	15.32	-1.5	-0.312	-0.533
长安路街道	-1.825	-2.365	2.017	13.551	1.34	-0.754
北院门街道	-0.116	-0.977	0.304	-0.873	11.771	-0.054
小寨街道	-1.147	4.758	1.403	0.051	1.465	7.066

根据因子分析的结果把聚类分析的结果分为5、6、7三种类别，为使聚类分析结果更为合理，本书利用 means 方法，得到三种分类结果各自的平均数，并检验各个类别在所有变量上的差异，若差异显著，则认为分类结果是可靠的。最后通过"单因素（Anova）"检验平均数的差异，得到平均数的显著水平 sig 的结果，除了一个指标，其他指标都达到了显著的水

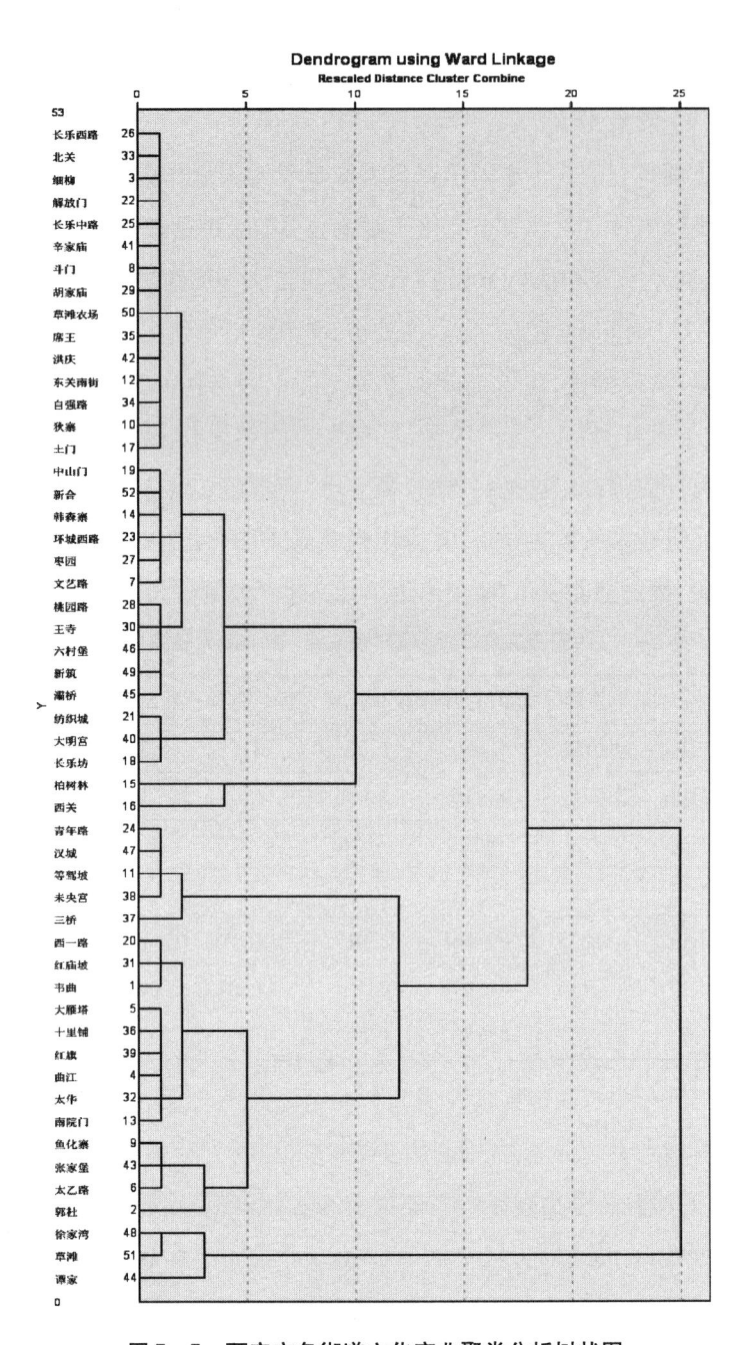

图7-7 西安市各街道文化产业聚类分析树状图

平,说明把西安市52个街道单元文化产业聚类成五大类这种分类是比较有效的,再加上7个显著的"孤立点"地区,最终本书把西安市59个街道单元文化产业分成七大类型区。

(二)文化产业地域结构类型区划分

将西安市52个街道单元6个主因子得分矩阵进行聚类分析,经过反复试验最后从平均值及平方和均值两个方面衡量每个主因子上得分和所属各类型,结合前文对于文化产业各行业特征的认识命名各类型区。首先根据文化产业聚类树状图等将52个街道单元分成五大类(见表7-4),再加上7个显著"孤立点"街道单元,最终把西安市59个街道单元分成七大类(见表7-5),并绘制各地域类型区的空间分布图(图7-8)。

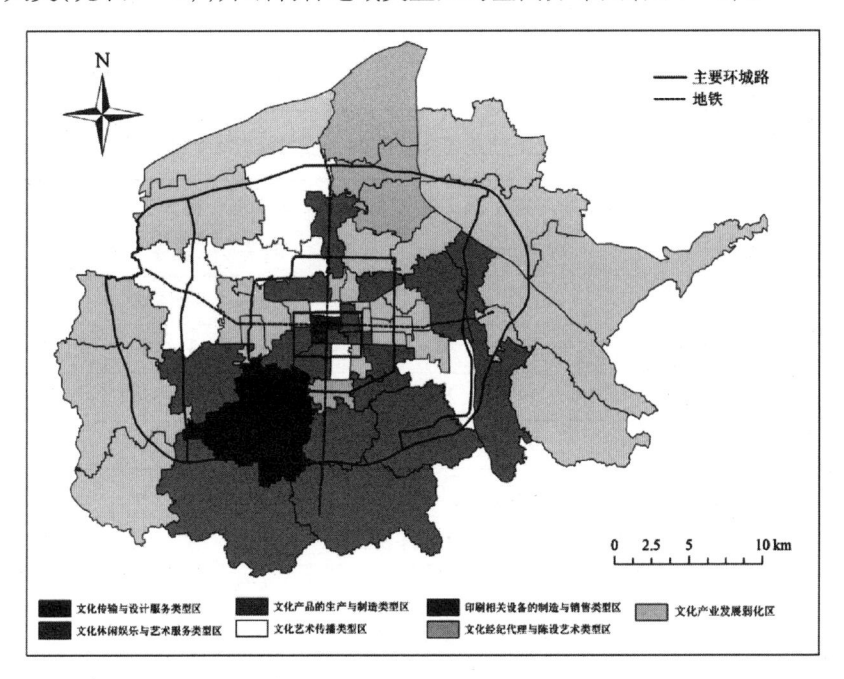

图7-8 西安市文化产业地域类型区划分

表7-4 西安市文化产业各类型区的特征判断(52个街道)

类别	街道个数	指标	第1主因子	第2主因子	第3主因子	第4主因子	第5主因子	第6主因子
Ⅰ	13	平均值	0.003	1.224	-0.851	0.141	-0.201	-0.192
		平方和均值	0.686	2.703	1.029	0.579	0.261	0.515
Ⅱ	2	平均值	-0.740	0.232	3.568	-0.381	-0.503	-0.632
		平方和均值	0.738	3.252	13.122	1.205	0.398	0.606
Ⅲ	5	平均值	1.139	-1.273	-1.534	1.577	-0.349	-0.598
		平方和均值	1.563	1.832	2.610	3.361	0.487	0.385
Ⅳ	3	平均值	-0.746	-2.154	-1.279	-0.982	-0.271	4.507
		平方和均值	0.642	5.567	1.663	1.061	0.096	22.292
Ⅴ	29	平均值	-0.587	-0.820	-0.262	-0.721	-0.228	-0.466
		平方和均值	0.478	0.862	0.385	0.599	0.196	0.597

表7-5 西安市文化产业各类型区的特征判断(59个街道)

类别	街道个数	指标	第1主因子	第2主因子	第3主因子	第4主因子	第5主因子	第6主因子
Ⅰ	2	平均值	11.930	1.526	2.301	1.429	-0.818	1.375
		平方和均值	187.269	2.341	5.449	9.392	3.584	7.067
Ⅱ	14	平均值	-0.229	2.299	-0.834	0.190	-0.176	-0.302
		平方和均值	1.392	21.439	0.982	0.586	0.244	0.692
Ⅲ	3	平均值	-1.335	-0.016	7.485	-0.754	-0.439	-0.599
		平方和均值	2.619	2.256	86.982	1.553	0.298	0.499
Ⅳ	6	平均值	0.645	-1.455	-0.942	3.573	-0.067	-0.624
		平方和均值	1.857	2.459	2.853	33.406	0.705	0.416
Ⅴ	1	平均值	-0.116	-0.977	0.304	-0.873	11.771	-0.054
		平方和均值	0.013	0.995	0.092	0.762	138.556	0.003

续表

类别	街道个数	指标	第1主因子	第2主因子	第3主因子	第4主因子	第5主因子	第6主因子
Ⅵ	4	平均值	-0.847	-0.426	-0.609	-0.724	0.163	5.147
		平方和均值	0.810	9.835	1.739	0.796	0.609	29.201
Ⅶ	29	平均值	-0.587	-0.820	-0.262	-0.721	-0.228	-0.466
		平方和均值	0.478	0.862	0.385	0.599	0.196	0.597

文化传输与设计服务类型区。根据文化产业各类型区的特征判断,并结合表7-3、表7-5及图7-2至图7-6可知,59个街道单元中丈八和电子城街道这2个显著"孤立点"在第1主因子上的得分的平均值及平方和均值均最大(见表7-5),形成了文化传输与设计服务的集中区,属于此类型区,即第Ⅰ大类,是包含版权服务、文化软件服务、增值电影服务、互联网信息服务、建筑设计服务、专业设计服务、印刷复制服务等的集中区。由图7-8可知,文化传输与设计服务类型区主要集中分布在雁塔区丈八和电子城2个街道单元。

文化休闲娱乐与艺术服务类型区。根据文化产业各类型区的特征判断,此类型在第2主因子上的得分的平均值及平方和均值均最大(见表7-5),属于此类型区,即第Ⅱ大类,包括会展服务、景区游览服务、电影和影视录音服务、新闻服务、文化遗产保护、文艺创作与表演、图书馆与档案馆、娱乐休闲服务、发行服务及摄影扩印服务等11个变量的信息,是文化休闲娱乐和艺术服务集中区。加上1个显著"孤立点"街道单元——长延堡街道,共包括14个街道单元(见表7-5)。由图7-8可知,文化传输与设计服务类型区空间上分布较为广泛,西安市的中心区、近郊区和远郊区均有分布,而南郊及近郊区的内沿是此类型区的集中分布区。

文化产品的生产与制造类型区。根据文化产业各类型区的特征判断,此类在第3主因子上的得分的平均值及平方和均值均最大(见表7-5),其余均较小,因此属于此类型区,即第Ⅲ大类,是包含工艺美术品的生产与销售、文化用纸的制造、出版服务、文化贸易代理与拍卖服务、其他文化辅助生产等7个文化产业中类在内的文化产品的生产与制造集中区。加上1个显著"孤立点"街道单元——张家村街道单元,共包括3个街道单元(见表7-5)。由图7-8可知,文化产品的生产与制造类型区空间分布较为集中,主要分布在中心城区的南部。

文化艺术传播类型区。根据文化产业各类型区的特征判断,此类在第4主因子上的得分的平均值及平方和均值均最大(见表7-5),属于此类型区,即第Ⅳ大类,是包含群众文化、文化研究与社团服务、文具乐器照相器材的销售、广告服务等与文化艺术服务传播相关的文化艺术传播的集中区。加上1个显著"孤立点"街道——长安路街道,共包括6个街道单元(见表7-5)。由图7-8可知,此类型区空间分布上整体呈现分散格局,主要分布在近郊区的内沿;分散较集中,主要集中在北郊三桥、未央宫、汉城3个街道单元。

印刷相关设备的制造与销售类型区。根据文化产业各类型区的特征判断,52个街道单元在第5主因子上得分的平均值及平方和均值均不突出(见表7-5),因此该类型区只有1个显著"孤立点"街道——莲湖区的北院门街道(见表7-5),为第Ⅴ大类,是包含印刷专用设备的制造、文化用油墨颜料的制造2个变量信息的印刷相关设备的制造与销售类的集中区。由于此类型包含的企业较少,由图7-8可知,印刷相关设备的制造与销售类型区空间分布孤立于北院门街道。

文化经纪代理、陈设艺术类型区。根据文化产业各类型区的特征判断,此类在第6主因子上得分的平均值和平方和均值均最大(见表7-5),属于第Ⅵ大类。文化经纪代理、陈设艺术类型区,是包含文化经纪代理服务、园林陈设服务、舞台照明设备的批发3个变量的信息在内的文化经纪代理、陈设艺术的集中区。加上1个显著"孤立点"街道——小寨街道,共包括4个街道单元(见表7-5)。由图7-8可知,此类型空间分布上较为集中,主要集中在莲湖区东北部的草滩、徐家湾、谭家3个街道单元,以及一个"孤立点"——雁塔区的小寨街道。

文化产业发展的弱化类型区。根据文化产业各类型区的特征判断，该类型区在6个主因子上的得分均为负值，平均值及平方和均值均不突出，共包括29个街道单元（见表7-5）。结合西安市文化产业38个中类在59个街道单元的分布情况可知，属于该类型区的29个街道单元文化产业企业数量均较少，属于文化产业发展的弱化类型区，即第Ⅶ大类。由图7-8可知，此类型区空间分布最广，面积最大，街道单元最多，主要分布在远郊区的西部、近郊区外沿的广大地区以及城市中心城区的部分街道。

三、文化产业地域结构特征与模式

结合西安市文化产业6个主因子得分空间分布图（图7-2至图7-6）及文化产业地域类型区划分（图7-8），在总结西安市文化产业地域结构特征的基础上，提炼出西安市文化产业地域结构模式图（图7-9）。

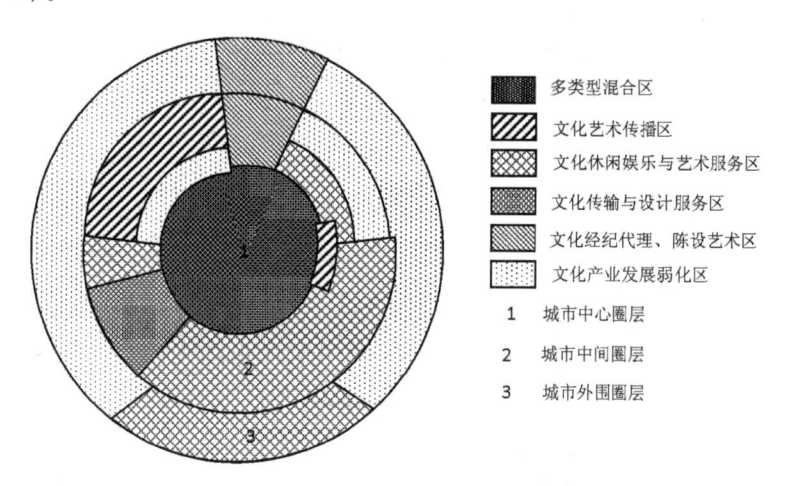

图7-9 西安市文化产业地域结构模式图

（1）城市中心区为文化产业多类型混合区。西安市城市中心文化产业地域种类较多，文化艺术传播、文化产品的生产与制造、印刷相关设备的制造与销售、文化产业发展的弱化区等类型彼此交错分布,且各类面积不大,形成了城市中心区文化产业多类型混合区。城市中心区集中分布着会展服务、电影和影视录音服务、新闻服务、文艺创作与保护、图书馆与档案馆、摄影扩印服务及发行服务、工艺美术品的生产与销售、出版服务、文化贸易代理与拍卖服务、群众文化、文化研究与社团服务、文具乐器照相器材的销售、广告服务、印刷专用设备制造与销售等行业门类,多为传统文化产业门类,以国有企事业单位为主,其服务对象为其所隶属的政府机关,故文化产业空间布局以靠近服务对象为基本原则,体现出计划经济对文化产业空间布局的深刻影响。此外,由于城市中心区交通便利等,所以中心区地价较高,许多私企无法支付高昂的地租,导致城市中心区部分街道文化企业数量较少,发展相对滞后,形成了中心城区部分街道文化产业发展弱化现象。因此,城市中心区形成文化产业多类型混合区是传统计划经济和地租经济共同作用的结果。

(2)近郊区内沿文化企业地域类型同质性较强,分布着五种地域类型区,除了文化休闲娱乐与艺术服务类型区、文化艺术传播类型区面积较大之外,其余三类面积较小,成为空间分布的异质区。①以会展服务、景区游览服务、电影和影视录音服务、文化遗产保护、娱乐休闲服务、摄影扩印服务等行业门类为主的文化休闲娱乐与艺术服务类型区,该类在此圈层分布范围最广,南郊为此类型区的集中分布区;②以群众文化、文化研究与社团服务、文具乐器照相器材的销售、广告服务等行业门类为主的文化艺术传播类型区,该类型区集中分布于北郊近郊区的内沿,及西郊灞桥区的一个独立异质点;③以文化软件服务、增值电影服务、互联网信息服务、建筑设计服务、专业设计服务、版权服务等行业门类为主的文化传输与设计服务类型区,该类型区分布范围较小,为独立的异质类型区,集中分布在雁塔区的2个街道;④由文化经纪代理服务、园林陈设服务、舞台照明设备的批发组成的文化经纪代理、陈设艺术类型区,该类分布在南郊的小寨街道和北郊内沿的谭家街道等,属于空间分布的异质区;⑤文化

第七章 西安市文化产业的地域结构特征

产业发展滞后的弱化类型区,东郊灞桥区由于文化产业企业数量较少,文化产业发展缓慢,形成了文化产业发展的弱化类型区。由文化产业行业门类来看,该圈层中以文化休闲娱乐、网络文化、设计服务等新兴文化产业为主,服务对象多以当地居民为主,因此多分布在城市近郊区人口分布密集区。

(3)近郊区外缘和远郊地区部分街道广大地域除文化经纪代理、陈设艺术类型区这一孤立异质区外,其余均为文化产业发展弱化区和文化休闲娱乐与艺术服务类型区的集中分布区。由于受该圈层人口、交通和文化产业企业自身特点的影响,导致其文化产业发展滞后,成为文化产业发展的弱化区,南郊主要受旅游和大学城的影响形成了文化休闲娱乐与艺术服务类型区。

第三节 西安市文化产业地域结构的形成机制

文化产业地域结构形成机制是支撑和改善这种作用机理的各种社会经济关系、内外组织环境、政治制度等所构成的综合系统。文化产业地域结构形成是一个复杂的、长期的、多层面的社会经济空间变化的动态过程,受政治、经济、社会、文化等经济与非经济因素影响。城市产业空间结构的变动、产业地域结构的形成是市场经济机制与政府管制共同作用的结果。综合上述对西安市文化产业地域结构特征和模式的分析,笔者认为西安市文化产业地域结构是转型时期政府与市场两种手段、宏观和微观两个层面,通过外生作用和内生作用"自上而下"及"自下而上"两大动力机制发挥作用的结果。本书从外生和内生两方面综合研究西安市文化产业地域结构形成的动力机制。

一、内生动力机制

（一）产业自身属性驱动力

国家依据文化产业活动的自身特点把文化产业分为10大类。就西安市而言，由于受其独特的社会历史、经济发展背景和宏观政策等因素的影响，文化产业在长期的发展中存在较大的地域差异和自身特点。本书利用因子分析和聚类分析法把西安市文化产业划分为7大类，分别为：文化传输与设计服务类，文化休闲娱乐与艺术服务类，文化产品的生产与制造类，文化艺术传播类，印刷相关设备的制造与销售类，文化经纪代理、陈设艺术类，文化产业发展的弱化类。

根据文化产业的属性进一步把文化产业划分为资源导向型、市场导向型、技术导向型三种不同类型。资源导向型文化产业类型的布局依托于区域内（历史）文化资源、人才资源和优惠的政策资源等，具有很强的资源依附性特点，如文化休闲娱乐与艺术服务类的文化产业对历史和自然旅游资源、新闻站点、文化遗产保护地、娱乐休闲场所、图书馆与档案馆等的依赖就体现了这一点，对文化产业地域结构的形成具有基础作用。市场导向型文化产业类型的布局依托于地域人口分布而带来的文化消费需求，人口分布受到地租水平、交通通达性、配套设施、周围环境等的制约，因此市场导向型产业受多方面的制约。文化产业的兴起和发展是经济社会发展到一定阶段的产物，是随着居民收入和消费水平的不断提高、为满足人们的精神需求而产生的，文化产业消费需求的增长、居民文化购买能力的提高都会推动文化产业的发展。近几年为满足居民丰富多彩的文化消费需求，一些新兴的文化产业类型也随之出现，如由图书报刊零售、电影院、歌剧院、群众文化活动等的空间分布而带来的文化产业结构的形成是市场需求的结果。技术导向型文化产业类型的布局依托于周围

第七章 西安市文化产业的地域结构特征

高等院校和先进的科学技术,形成了高等院校附近文化产业集聚区,如以版权服务、文化软件服务、增值电影服务、互联网信息服务、建筑设计服务、专业设计服务、印刷复制服务为主的文化设计与传输服务类多集中分布在高等院校周围,是技术导向型文化产业布局的特点。

(二)资源禀赋驱动力

文化产业地域结构的形成受资源禀赋的制约较大,不同类型文化产业资源地域分异明显是西安市文化产业地域结构形成中最为基础的条件。资源禀赋能力体现在区域内(历史)文化资源、自然文化资源、高素质人才资源、优惠政策等方面的丰富程度,本书主要是讲各类文化企业点的数量。西安市文化产业类型多样,教育、科学技术和文化资源丰富,为文化产业地域结构的形成提供了强大的支撑作用。西安市59个街道单元文化产业企业的数量和侧重点明显不同。从整体上来看,南部文化产业资源禀赋条件高于北部,文化产业地域结构南部较北部功能类型多,而且完善;城市中心三个区文化产业多类型交错分布,文化产业资源分布密集,成为文化产业多类型混合区;南郊的雁塔区和长安,会展服务、景区游览服务、电影和影视录音服务、新闻服务、文化遗产保护、文艺创作与表演、娱乐休闲服务、图书馆与档案馆等文化休闲娱乐与艺术服务类型产业资源丰富,加上靠近大学城,有便利的文艺创作的人才资源,因而形成了文化休闲娱乐与艺术服务类型集中区;西安市近郊区外缘和远郊地区部分街道的广大地域文化产业资源相对匮乏,空间分布较为分散,因而形成了文化产业发展的弱化区。

(三)科技创新驱动力

以罗默和卢卡斯为代表的新增长理论认为,知识和科学技术是经济增长的主要因素,知识和科技的进步均依赖于创新发生作用。西安市在充分发挥(历史)文化资源和优惠政策的基础上,积极推动文化与科技融合,促进全市经济结构调整和发展方式转变,文化产业在创意产业等新兴产业的带动下快速发展。科技创新可以为文化产业企业提供许多新的机遇,进而调整企业内部组织结构和空间布局,使其成为西安市文化产业地域结构形成的持续驱动力。现代文化产业的科技含量不断增加,文化产业内容不断丰富,不同类型的文化产业之间及同种产业内部的竞争很大程度上依托于文化产业的独特性、差异性和吸引力,这就要求文化产业企业通过增加技术含量,提高自主创新能力,满足"求异""求新"的要求。国家对文化产业的技术创新非常重视,《文化及相关产业分类(2012)》中新增"文化创意和设计服务"这一类,2014年3月出台的《关于推进文化创意和设计服务与相关产业融合发展的若干意见》,成为又一文化产业发展最重要的指导性文件,体现了国家对文化产业原创性、技术创新性的关注。技术创新驱动力为文化产业地域结构的形成和发展提供了新的动力。文化传输、文化创意和设计服务类型区的出现是技术创新的结果,也为文化产业的发展注入了新的活力,并从整体上提高文化产业的竞争力,使西安市文化产业地域结构趋向多样化,优化了文化产业地域结构。同时,在文化产业的发展中以文化创新为突破口,重视文化产业的品牌意识、技术创新意识,形成一批新型的文化产业类型,使文化产业地域结构趋向功能多样化、体系化。

二、外生动力机制

(一)区位选择驱动力

产业空间分布是企业主体对可能区位进行一系列比较而择优布局的结果,经典区位理论偏重经济因素,企业区位选择比较注重通过降低成本来提高收益。其中,经济因素对企业区位影响突出,并通过一些次级因素体现出来,如地租水平、交通通达性、配套设施等。国家宏观的经济转型

第七章 西安市文化产业的地域结构特征

为文化产业兴起提供了市场条件,微观的企业区位选择遵循"成本与效益"的权衡,企业的区位选择需要综合衡量市场需求与政府干预下企业成本与效益的变化情况,此外,文化产业布局与传统第一、二产业相比一个重要的特点是更倾向于分布在能够激发创意的地方,如文化底蕴深厚的古城区、人才技术密集的高校周围。

文化产业企业的区位选择行为,具体影响了文化产业的空间集聚与扩散,从微观上塑造了西安市文化产业地域结构的基本特征与模式。通过查阅大量的与文化产业相关文献资料和实地考察可知,企业的区位选择行为主要是通过地价与租金、交通便捷度、基础设施、产业关联性、区位知名度等方面发挥作用,并通过地租水平体现出来。这些因素共同作用并影响文化企业决策者的区位选择行为,最终形成西安市文化产业地域结构现状。西安市城市中心区由于交通便利、知名度较高、基础设施完善、产业关联性较强等原因,导致企业需要支付高昂的地租,这就形成了中心区多以会展服务、电影和影视录音服务、新闻服务、图书馆与档案馆、摄影扩印服务及发行服务、出版服务、文化研究与社团服务、广告服务等国有企事业单位为主的行业门类,体现出计划经济对文化产业空间布局的深刻影响。

(二)地域需求驱动力

某种产业在特定的区域产生和发展一般伴随着某种市场需求,它是拉动产业发展的主要力量。当很大的需求空间未满足时,就会刺激相应的生产要素组织生产,来填补这部分需求空间;当生产要素在空间上达到一定量时,就形成产业集聚。文化产业的空间选择与布局是以市场的变动和需求为导向的,文化产业的快速发展和在国民经济中越来越重要的地位刺激了地域需求,从根本上影响了文化产业地域结构的形成和发展。文化产业地域需求驱动力主要表现在以下两个方面:

首先,由于人民生活水平显著提高,由追求解决温饱问题向提高精神需要转变,人们对文化需求的增长速度已经明显超过对物质需求的增长速度,居民文化需求结构发生巨大变化,即由单一品种转向多样化品种;由基本研究化需求层次转向享受文化需求和发展文化需求层次;从类型上看,由知识类型为主的需求转向知识型、闲暇型、娱乐型需求并举等。2014年西安市城镇常住居民人均可支配收入为33188元,全年社会消费品零售总额为3405.38亿元,比上年增长10.4%,文化消费逐年增加。

其次,文化企业点的分布、地域结构的形成与地域内人口分布密切相关,文化产业趋向于分布在人口密集的中心城区或交通便利的道路沿线,如图7-10所示。由西安市人口密度分布图可知,人口密度基本遵循由中心向外围递减的空间分布规律,文化产业企业点密度与人口密度存在一定的相关性,人口密度较高的街道单元,文化产业企业点密度较高。分析原因可知,各街道文化产业企业点个数与街道的人口、面积、距离中心远近、经济发展水平等有着密切的联系。

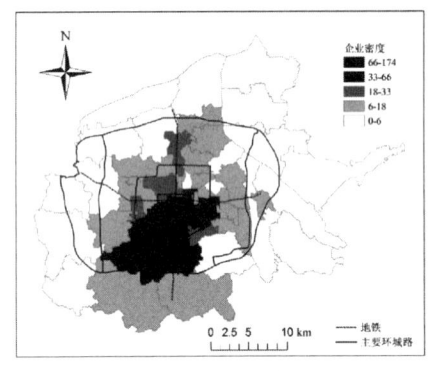

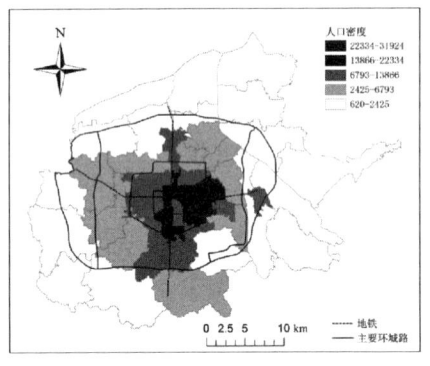

图7-10 西安市文化产业企业点密度及人口密度分布图

此外,文化产业作为一种新兴、无污染的产业,越来越成为国民经济新的增长点、经济结构战略性调整的重要支点和转变经济发展方式的重要着力点。文化产业是西安市五大支柱型产业之一,在国民经济中占有

第七章　西安市文化产业的地域结构特征

重要地位,受到各级政府的普遍重视,旨在大力发挥文化产业对经济的拉动作用。总之,西安市文化产业发展建立在经济高速发展、人口密集分布、政策推动等因素的基础之上,地域需求驱动力正是在这些因素综合作用下对西安市文化产业地域结构的形成发挥作用。

(三)政策驱动力

我国计划经济体制向市场经济体制的转变为产业的发展提供了根本制度保障,然而市场机制存在许多缺陷,需要政府制定一系列的政策弥补和修正市场机制的局限性,开放的市场环境和健全的市场机制是文化产业地域结构形成的关键条件。国家层面的土地有偿使用制度是文化产业地域结构形成的关键性影响因素;城市发展战略方针和产业政策、产业规划的出台,促使工业向服务业、文化产业、信息技术产业等的转变,同时带来了城市用地布局和城市功能结构的变化;西安市城市规划与建设对文化产业企业区位选择和文化产业整体地域结构的形成产生了直接影响;随着城市建设发展和城市功能变化,城市 CBD 的逐步形成及规划布局,成为提升城市功能的重要方面和影响城市空间结构的核心变量。

党的十六大以来的文化体制改革对文化产业发展至关重要,其有力地促进了我国文化生产的发展。它对公益性文化事业和经营性文化产业进行了区分,在提高市场竞争力,激发内部活力,完善文化产业政策,加强文化与科技、旅游、金融、贸易融合等方面起到了较大的带动作用。中国在由文化事业向文化产业转变的特殊历程中,政府干预对文化企业区位选择至关重要,有利的文化产业发展政策影响企业预期成本和收益,从而影响文化企业的区位选择。文化产业政策是各级政府为了实现社会经济目标,弥补市场机制缺陷而制定的带有特定导向性的文化生产、流通、消费等的规章条款。健全并完善文化产业政策,对于改善文化产业投资环境,促进文化产业健康持续发展具有重要作用,也在一定程度上体现出一个城市或地区文化产业的发展水平。文化产业政策的制定对西安市文化产业地域结构的形成提供了制度保障。文化产业政策的制定对文化产业发展具有推动作用,西安市制定了一系列的方针政策来保证文化产业的健康发展。自2003年西安被国家确定为全国首批九个文化产业体制改革综合试点地区之一以来,政府出台了一系列措施和政策促进文化产业的发展,2006年《西安市加快文化产业实施方案》、2006年《西安市文化产业发展专项资金管理暂行办法》、2007年《关于深化文化体制改革和加快发展文化产业的实施意见》《关于推进文化科技创新、建设国家级文化和科技融合示范基地的意见》等,这些都从政策上促进了当地文化产业地域结构的形成。

总之,西安市文化产业地域结构的形成是转型期政府与市场两种手段、宏观和微观两个层面,通过外生作用和内生作用"自上而下"和"自下而上"两大动力机制共同发挥作用的结果,其形成的动力机制如图7-11所示。

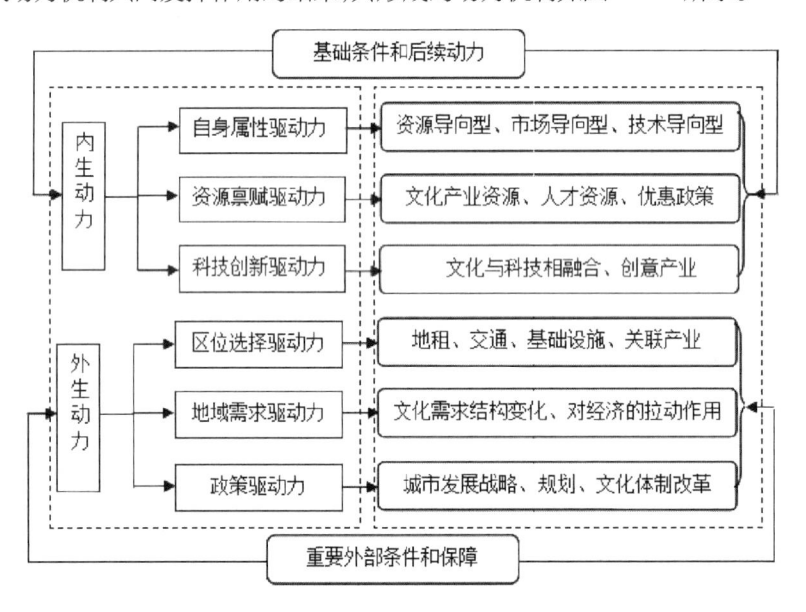

图7-11 西安市文化产业地域结构形成的动力机制

下 篇 文化街区

第八章 文化街区的历史脉络

第一节 理论研究综述

一、街区的概念

"街区"这一概念来源于西方,兴起于20世纪中期,是一种将居住与商业功能和模式集中融合的新颖的社区规划概念,代表了欧美城市发展的一种较为成熟的模式,也被称为"BLOCK"。BLOCK是Business、Life allow、Open、Crowd,Kind五个英文单词或词组的缩写,其意思分别是商业、休闲、开放、人群和亲和。这五个单词或词组也从某一方面证实了街区概念的内涵。"BLOCK"理念起源于美国,现在街区式生活已经成为大多欧美发达国家的主流人居模式。其中最具代表性的有牛津街(英国伦敦)、米兰时尚街区(意大利)、环球CITYWALK(美国)、香榭丽舍大街(法国巴黎)以及博克大街(澳大利亚墨尔本)等。

目前学术界对街区的研究主要集中在历史文化街区和特色商业文化街区两种典型街区类型上。

(一)历史文化街区

在1933年8月召开的雅典国际现代建筑学会通过的《雅典宪章》中,"历史街区"概念被首次提出。当时给出的概念为:"具有历史价值的建筑和街区"。其后,1987年在国际古遗址理事会上通过的《华盛顿宪章》,对历史文化街区的概念进行了进一步深化,即历史文化街区不仅包括城镇中的历史区域,也包括其周围的自然、人造的环境。我国在由国务院1986年颁布的《第二批国家级历史文化名城通知》中,对历史文化街区的定义进行了首次界定,即"文物古迹比较集中,或能较完整地体现出某一历史时期传统风貌的民族、地方特色的街区、建筑群等"。随着社会的发展,历史文化街区的概念也随之变化,在2008年国务院公布的《历史文化名城名镇名村保护条例》中,历史文化街区被定义为:"经省、自治区、直辖市人民政府核定公布的保存文物特别丰富、历史建筑集中成片、能够较完整和真实地体现传统格局和历史风貌,并具有一定规模的区域。"综观国内外各个时期对历史文化街区的概念,不难看出,历史性是其所具备的最基本内涵。

(二)城市特色商业街区

学术界对商业街区的概念界定也不尽相同。我国学者早期经常使用"商业街"这一概念来定义城市商业街区。中国城市商业网点建设管理联合会认为,商业街是满足人们全面、专业和社会需求的一种手段,是一种商业服务设施,且是按法律规定,以带状街建筑形式为主体,统一管理,并具有一定规模的区域性商业集群。戴志忠将商业街的概念定义为商店、餐饮店等服务性为主的商铺,按一定结构比例排列的街道。李飞认为,步行商业街一般是指由街道和街道两边商店共同组成的,以步行为主要交通组织的商业街区。卢文平认为,商业街是指限定机动车辆,以步行者的步行为主,商业经营为主要街区功能的城市街道。本书借鉴洪增林在《街区经济研究》一书中对商业街的定义,认为商业街是满足人们对生活和生产的综合、专业、社会的需求,以具有商业功能的一定规模的建筑群为载体,由相应数量的商业和服务设施按照街道空间的结构布局,以生产、经营商家为主体,实行专业化管理,形成了业务和销售规模,在区域内具有较强影响力的开放式商业群体。由此可见,城市特色商业街区的实质是能够满足人们基本需求的商业服务设施。

二、文化街区的概念

文化街区的概念最早是伴随着西方城市再生运动被提出来的。目前被西方学者普遍接受的文化街区的定义是"大都市中文化和艺术活动聚集的地理空间,区域内有大量用于经营文化和艺术活动的建筑,有营造艺术特性的明确目标和适宜空间,有适宜文化和艺术活动的环境"。此外,国外对文化街区的定义中具有代表性的还有:Wynne 认为文化街区是特定地理区域含有最高浓度的城市文化和娱乐设施;韩国文化机构(KCPI)将文化街区定义为在有限地理区域或步行距离内,有明显聚集的文化消费和生产活动的区域。

国内对文化街区的概念与内涵的认识主要受西方影响。虽然目前国内对文化街区的定义尚未形成明晰的界定,但是这一概念已广泛地应用于城市地理学和规划学领域。本书将文化街区定义为:"在有限地理区域或步行距离内,城市中文化活动和艺术行为聚集的地理空间,在此区域中的建筑应是大多用于艺术和文化活动的经营,并且周围环境也同样适宜艺术和文化活动,能够满足参与者的文化需求。"

三、文化街区的分类

文化具有多元性,文化街区作为城市文化的重要空间表现形式,其类型同样具有多元性的特征。因此,文化街区的分类也具有多种分类依据和方法。

(一)国外街区的分类

1. 根据生成方式分类

从生成方式的角度,西方学术界将文化街区分为催生型和自发型两种,其代表人物是 Jim Shorthose。Jim Shorthose 在其代表性论文《文化街区发展的催生型和自发型模式》(*The engineered and the vernacular in cultural quarter development*)中,基于对英国莱切斯特和诺丁汉两地的实例分析,认为莱切斯特作为催生型文化街区具有专业性、政策导向性的基本特征,而诺丁汉作为自发型文化街区则具有非正式性、自助性的基本特征。

2. 根据活动内容分类

John Mccarthy 在综合西方学者观点的基础上,从文化街区活动内容入手,将其分为生产导向型和消费导向型两种类型:生产导向型是以文化生产活动,如艺术原创、艺术设计、数字技术等为主的街区;消费导向型是以文化消费活动,如艺术欣赏、休闲娱乐、文化旅游等为主的街区。在 Scott Allen J 看来,文化生产的空间集聚大致源于文化生产对大量有技巧劳动力、生产组织网络、信息以及制度等的特殊要求,其形成是由于当地小生产者网络更愿意加入那些被大型文化机构和文化设施所形成的巨大消费网络中,从而在与那些标志性文化项目的合作和互补中,提升消费水平。如英国谢菲尔德文化产业园区以及上海 M50 艺术区,这类文化街区以文化生产为主要活动内容,注重对人才网络和艺术氛围的打造,并尽量采取各种措施吸引艺术家入驻,克服街区发展对艺术家的"挤出效益"。

生产导向型文化街区的形成将使文化生产者在文化资源、创新网络以及创意氛围等诸多方面共享共赢。如英国盖特谢德码头文化街区,这类文化街区以文化消费活动为主要内容,注重对商业配套设施以及文化氛围的打造,经常依赖于大型标志性文化项目而形成消费网络,亦强调夜色经济对消费的促进作用。

此外,还有些文化街区的活动内容较为多元,复合了生活和消费两种类型,具有复合型的特点。如法国的博尔顿勒芒文化街区,其文化规划即强调文化的多个维度——文化资本、文化学习、文化服务大众、文化经济以及文化销售。从文化规划的主题来看,勒芒文化街区所涵盖的主题复合多元,其内容不仅包括了文化生产和消费活动,而且涉及了文化活动的社会意义等诸多方面,故称复合型文化街区。

(二)国内街区的分类

1. 根据形成时间分类

依据文化街区的形成时间,以及街区形成过程中的历史因素,将文化街区划分为历史文化街区和现代文化街区,是目前较为简明和普遍的划分方法。

历史文化街区是指具有一定文化遗产、历史传承,并能表现出一定历史时期特色的传统街区。厚重的历史文化内涵是这一类街区的个性和品牌特征,即具有丰富的文化内涵,并保持城市文脉,尚存城市历史发展过程中的建筑群,蕴含着丰富的历史文化信息。规划此类街区的关键点是如何在延续历史文脉的同时,优化街区结构和重建城市公共环境。

建设现代文化街区是城市更新的一种重要模式。现代城市的特色资源是一个不断丰富和整合的动态过程。只有在延续传统文脉的基础上大胆创新,引入现代优质资源,才有可持续发展性。结合现代城市生活的需求,开发具有现代先进文化特色、展现现代都市风情、时尚优美的新型街区将是未来城市特色街区开发的主流。

2. 根据街区功能分类

根据不同文化街区的功能,可以将文化街区分为展示型街区、休闲型街区和创意型街区三大类型。展示型街区,是指能够体现城市传统历史、传播地方文化精髓或展示现代文明的建筑体集聚的街市空间,能够突出城市文化特色。此类文化街区对旅游者有巨大的吸引力,具有鲜明的文化展示功能以及旅游功能、附属商贸等功能。休闲型街区,是指以娱乐休闲为主的、服务设施高度聚集的对区域产生一定影响力的街市空间。这种类型的街区除了能够吸引旅游者,也同时服务于城市本地居民,休闲、娱乐元素是街区的主体构成,因此具有文化娱乐服务、商贸、餐饮、旅游等多种功能。创意型街区,是指前沿文创产业业态聚集的新形态、新生态、新文化的街市空间。该街区参与者面较狭窄,以艺术工作者、年轻设计师为主,该类型街区对区域的创意环境有较高要求,为的是创造良好的创作氛围,提升区域的创作活力和竞争力。此类街区以创意产业吸引参观者,具有文化创意功能和文化娱乐功能。

3. 根据街区的主要特质分类

陆林等在关于城市文化街区的研究中,根据街区的主要特质,将文化街区分为历史文化街区、城市中心商务文化街区、主题文化街区和特色文化街区四类。历史文化街区,是指在城市或村镇历史文化上占有重要地位,代表这一地区发展脉络和集中反映该地区经济、社会和文化等方面价值的建筑群及其周围的环境。城市中心商务文化街区,又称中心商业区,是1923年美国社会学家伯吉斯在研究芝加哥市城市空间结构时提出的概念。主题文化街区最主要的特点是街区经营商品的主题突出,商品专一,如国内大多数城市的美食街及青岛的啤酒街、北京的中关村、南京的珠江路、杭州的丝绸街等都可以称为主题街区。特色文化街区是指因特殊的文化而形成的街区,如美国好莱坞的星光大道;由于特殊的人群集聚而形成的特色文化街区,如在义乌从事小商品贸易的外国商人的集聚街区;还有城市中的少数民族聚集区,如昆明的民族村以及分布在世界各地

第八章　文化街区的历史脉络

的唐人街等。

第二节　实证研究综述

一、历史文化街区

（一）国外研究

国外关于历史文化街区的研究多集中在对历史文化街区的保护和复兴上。Steven Tiesdell 认为在历史文化街区的复兴过程中，如何正确体现其自身的历史价值至关重要，在发展的同时更要注意包括人居环境、经济发展、旅游吸引力以及交通设施等一系列相关问题；Shira Brand 以意大利卢卡市塞尔奇奥河公园的规划设计为例，展现了意大利城市文化遗产修复的新思路，即在不破坏历史区域原有风貌的基础上，加入时代元素，旨在通过历史文化元素来凸显城市文化独特的多样性，实现街区魅力的永久保存。国外对历史文化街区的相关研究由于历史因素，对街区保护的研究以有关灾后重建居多，主要从建筑学的视角来对街区现状以及未来发展进行规划设计。也有学者对历史文化街区的旅游开发进行研究，研究内容主要是探讨如何在街区内部共同实现文化价值与经济价值，打造能够吸引旅游者的新型旅游休闲文化街区，并对如何解决发展与保护两者之间的矛盾问题给予了高度关注。

（二）国内研究

我国的历史文化资源丰富，以历史文化街区为研究对象的研究成果也十分丰硕，研究主题主要包括以下三个层面。

一是历史文化街区的保护与复兴。于东波、黄祖群、王春晖以长春市一汽历史街区为研究对象，指出在历史街区的保护规划中，必须优先考虑自身价值与现状,提出从强化空间景观规划、建立保护测评体系、实施社区居民参与、注重街区容量等方面综合、科学地为历史街区提供保护;李东、王泽烨以哈尔滨花园街区为例,探讨了城市历史文化街区的多重价值评价体系,提出在对历史街区进行开发的过程中,实现其自身的文化价值与挖掘深层次的经济价值同等重要;曹迎春从物质环境保护、城市规划和管理以及社会经济三方面对保定古城历史街区的现状、存在问题进行分析,并制定了未来的保护目标与策略,即通过统一规划与设计整合历史街区资源;于红霞、栾晓辉从历史、美学、文化、社会、环境、建筑、经济以及文脉价值八个方面评价了历史文化街区的街区价值,并建构了相应的价值评价体系,同时提出了历史文化街区的可持续发展策略,以期为未来青岛历史文化街区的保护与发展奠定理论基础;杨涛针对国内在历史文化街区保护和发展中存在的问题进行了总结与探讨,结合抚州文昌里街区保护规划实施现状,提出了人文复兴与可持续保护两手抓的总体策略。还有学者探讨了历史文化街区保护与经济发展问题、保护方式方法以及保护的资金来源等。

二是历史文化街区的规划设计。王成芳、孙一民以江门市历史街区保护更新规划为例,运用 ArcGIS 软件和空间句法相结合的方法剖析历史文化街区路网结构和用地布局,旨在构建历史街区更新保护规划的技术方法以及流程;许业和、董卫利用 GIS 技术建立历史街区数据库,并提出将街区空间分为建筑、院落、地块、街巷四个层次,最终提出历史街区设计新思路;周俭、陈亚斌引入类型学思路研究上海方浜中路街区,探寻街区空间设计新思路与方法;胡明星、阳建强以安徽省安庆市倒扒狮历史街区为例,将地理信息系统技术运用到历史文化街区的规划设计中,建立起历史文化街区的多源数据库平台;臧慧、庞聪深入研究了城市历史街区的建筑形式、院落以及街道空间,在不改变原始风貌的基础上,重新构建了历史街区的建筑使用功能,将以居住为主的街区空间向特色文化商业体转化。国内学者的研究重心主要在历史文化街区更新保护规划中的技术以及方法思路上。

三是历史文化街区的旅游开发。刘颂、王雪君总结归纳了上海市旅游文化街区发展的三种模式,并认为上海都市文化旅游的发展重点是旅游文化街区的兴起,在打造成功旅游文化街区的过程中,突出每条街区不同特色的同时,还要根据不同对象制定旅游产品,打造精品旅游文化街;宋长海、楼嘉军以上海休闲旅游特色街区为研究对象,对其空间结构进行实证研究,探索其空间分布现状规律,试图解读街区形成的多元化原因,并将城市CED指向性、现代服务业的发展及城市空间扩张总结为上海休闲旅游特色街扩张的主要原因,旨在为街区的未来发展提供依据;刘家明、刘莹以福州市三坊七巷旅游街区为例,从旅游体验的视角出发,提出包含审美怀旧、文化教育、休闲娱乐、遁世逃避、社交生活和情感升华在内的6E体验模型及各体验要素营造方法,并将其运用于街区的旅游复兴之中,实现了历史街区旅游功能的分区,有益于历史街区新面貌的营造;刘家明、陶伟、郭英之以山西平遥古城为研究对象,分析了古城中居民的生活现状及其存在的问题,构建了基于建筑特点和文化环境的评价体系,用以评价其旅游价值;周玮、黄震方、郭文等人引入瑟思顿态度比较评价模型,用来测度旅游者对南京夫子庙历史文化街区的景观偏好,发现旅游者的游后感知与参观时间呈现正相关关系,游后感知差异存在光环区、亚光环区和灰度区三个区段。国内学者在历史文化街区的旅游开发研究中实证研究较多,多以具体街区为例分析如何对历史文化街区进行旅游开发,包括旅游产品的开发、旅游者在街区中的参与体验等。

二、城市特色商业街区

（一）国外研究

西方地理学者和规划学者主要是从中、微观层面对城市特色商业街区的选址原因、空间分布特征等方面进行研究。日本学者提出城市商业街区的功能要与人们日益提高的生活质量相联系，还提出了振兴商业街、实现商业街功能革命的"豪布斯卡（HOPSCA）"原则，即 Hotel、Office、Parking、Shopping、Convention、Apartment；也有学者探讨城市特色商业街区的内涵，并将其与常规商业街进行对比，认为城市特色商业街是常规商业街在形态、功能、空间上的进一步延伸与拓展。

（二）国内研究

鉴于商业行为的不可或缺性，商业街区的诞生和发展是伴随着城市发展而不断演进的，其本身具有一定的历史典型性。纵观世界上的城市发展，城市商业街区的建设与发展与当地商业繁荣程度密切相关，其历史发展过程皆呈现"萌芽—发展—兴盛—衰落—复兴"几大阶段。由于城市特色商业街区的发展历史较为悠久，国内学者从事相关研究的成果较多，方向也相对复杂。赵西军、何燕、宋金平等人以西安城市专业化商业街为例，分析了商业街的组织形式、空间形态及其分布特征，并利用ArcGIS软件对城市专业化商业街的空间分布机理进行探讨，进而得出商业街分布与交通、地价、历史沿革和大型结点之间的关系；唐代剑、王琼英认为城市特色商业街的形成主要分为特色形成、规模扩张、空间扩散三个层次，并详细分析了各个层次形成的主要影响因素，开创了独立于商业街区之外的研究理论，为城市特色商业街的理论研究与规划设计打下了基础；张歆梅认为城市商业街是城市经济的重要组成部分，由于不同学科的学者都有其相关的研究成果，所以对城市特色商业街区的研究进行归纳总结，讨论得出以商贸、街区规划设计、城市旅游为最集中的三个区域，在此基础上提出了未来中国城市商业街区发展趋向；吴俊探讨了城市特色商

第八章 文化街区的历史脉络

业街区的内涵与分类,创新性地从城市发展的角度看城市特色商业街区的主要功能,并全面分析了城市特色商业街区的功能演化路径,认为街区功能复合化发展将成为我国特色商业街区的发展新趋势;吕祯婷、焦华富将研究对象锁定为城市游憩商业区(RBD),认为其作为一种城市新功能区,已经逐渐成为本地居民和外来游客休闲、娱乐、旅游、购物等活动的重要场所,文中构建了城市 RBD 的识别模型,并以芜湖市为研究区域,探寻芜湖市城市游憩商业区范围,分析其形成过程及空间结构特征和形成要素;陈志钢、保继刚以广西阳朔县为例,引入形状指数、土地利用动态等相关指标评价阳朔县城市游憩商业区,分析其形成的影响因素;丁绍莲以欧美商业步行街相关文献为研究基础,得出欧美商业步行街形成因素,旨在为我国商业步行街未来发展作指导,并为今后的规划设计奠定理论基础。综上所述,城市特色商业街区的研究方向主要包括商业街区的空间分布形态、影响因素、形成机制及其功能演化等。

第九章 西安市文化街区发展与空间格局

第一节 西安市文化街区的发展背景与现状

一、西安市文化街区的发展背景

(一)历史背景

西安是我国七大古都之一,也是世界四大古都之一。自公元前11世纪起,先后有13个朝代在此建立都城,周秦汉唐等王朝的建都为西安积淀了辉煌灿烂的历史文化资源。

1. 古都文明

西周在此建立丰、镐二京,开启了西安作为国家首都的先河。此后,秦朝最先将都城修建于渭水之北,后又扩张至今西安地区,形成了"渭水贯都"的巨大规模。秦都咸阳,可以说是西安都城发展链条上极其重要的一环,在中国古代都城的发展史上也具有不容忽视的地位。西汉时,在秦咸阳城的基础上建立了汉长安城,城市规模初现。至公元583年,隋文帝在此建立隋朝新城,名为大兴城,为唐长安城的建设奠定了基础。到唐代,长安城已经成为当时全国最大的城市,周长可达36千米,面积84平方千米。同时唐长安城也是当时最大的国际都市,是各个国家之间,尤其是古陆上丝绸之路各国经济与文化的交流中心,可谓"天下中心"。唐代

第九章　西安市文化街区发展与空间格局

长安城的城市规划与建设水平达到了非常高的水平,其城市布局的严谨和城市规模的宏大均深刻地影响着后来中国都城的建设,也为今天西安城区内街道的格局奠定了基础。后来,在经历了五代、后唐、宋代、金代、元代各个时期的建都以及修改地名之后,在明代将此地命名为西安府,自此即有了"西安"之称。

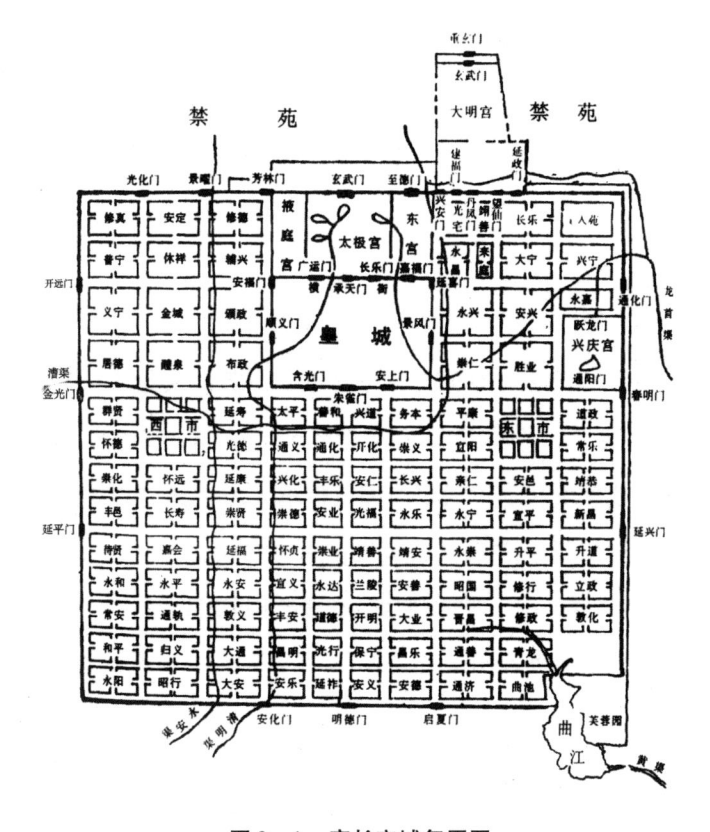

图9-1　唐长安城复原图

2. 物质与非物质文化遗存

厚重的历史积淀赋予了西安极为丰富的文化资源,形成了大量高水平、高质量的物质文化遗产和非物质文化遗产,堪称天然的中国历史文化博物馆。

西安市的物质文化资源包括都城遗址、宫殿遗址、帝王陵园、历史重要事件遗址、城市历史格局、宗教文化活动、历史文化街区、自然生态环境及历史文化环境、近现代建筑、非物质文化遗产、古树名木,以及古镇、古街、古园林和古村落等多种类型。

西安非物质文化遗产的来源更为广泛,以民俗文化为主,包括戏曲(西安鼓乐、蓝田普化水会音乐)、美术、工艺(汉长安的制陶作坊、铸币作坊)、民俗(民间社火、楹联习俗)、地方名品、名牌、名店等。老孙家泡馍、同盛祥等传统饮食,北院门等传统商业街,以及华夏正财神赵公明故里、烽火戏诸侯、蓝桥相会等历史地名及典故同样也反映了西安市的民俗文化特色。

截至2011年,西安市已公布了3批市级非物质文化遗产名录,共97个项目(见表9-1),其中西安鼓乐入选联合国教科文组织公布的人类非物质文化遗产名录,7个入选国家级名录,65个入选省级名录。还命名了134名市级非物质文化遗产代表性项目传承人,6名入选国家级代表性传承人名录,其中51名入选省级代表性传承人名录。

表9-1 西安非物质文化遗产市级项目名录

项目	第一批市级项目	第二批市级项目	第三批市级项目
民间文学	牛郎织女传说	—	曲江寒窑传说、南五台观音传说、长安仓颉造字传说
民间音乐	西安鼓乐、蓝田普化水会音乐、阎良特技唢呐	高陵洞箫艺术、厚畛子山歌	殿镇八卦锣鼓、户县北乡锣鼓
民间舞蹈	十面锣鼓、周至牛斗虎、阎良牛拉鼗鼓、渭旗锣鼓	周至竹马、雨金舞龙社火、西里和尚杜翠柳、药惠竹马	七曲高跷、周至龙灯、栎阳背芯子

续表

项目	第一批市级项目	第二批市级项目	第三批市级项目
传统戏剧	户县曲子	周至大玉木偶、高陵曲子、周至皮影戏	—
曲艺	临潼孙家皮影、周至道情、关中道情	长安道情、熨斗村曲子	华胥上许道情
杂技与竞技	—	—	路氏白猿通背拳、陈氏太极拳小架、甘水坊高空耍狮
民间美术	高陵扎花、哑柏刺绣	周至剪纸、户县民间布艺老虎、户县李氏木刻工艺、阎良新兴剪纸	莲湖精巧面塑、张氏棉絮画、户县面塑、栎阳木刻
传统手工技艺	西安饭庄陕菜和陕西风味小吃制作、秦镇米皮制作、德发长饺子、西安同盛祥牛羊肉泡馍制作	长安老油坊榨油技艺、户县龙窝酒酿造技艺、寺坡村添碟子、周林海雕塑	白鹿塬打铁技艺、风箱制作、起良村造纸、三多堂纸扎、周至皮影雕刻
传统医药	高陵韩氏正骨制药技艺	马明仁膏药	李氏正骨散
民俗	栎阳马踏青、王曲庙会、骊山女娲风俗、周至二曲礼仪、户县社火	青山索圣母庙会、大白杨社火、西安都城隍庙民俗、楼观台祭祀	钟馗信仰民俗

(二)现代发展背景

中华人民共和国成立以来,西安市依托优越的区位条件、雄厚的工业经济基础,以及众多科研院所的创新能力,在我国区域经济发展,特别是在西北地区的区域发展中起着重要的作用。尤其是1999年西部大开发战略和2013年"一带一路"倡议实施以来,西安市更是以国际化的眼光和格局,着力重塑具有西安文化特色的国际化大都市。

1. 东联西进的政策高地与雄厚的经济实力

作为西北地区第一大城市,西安市在全国区域发展布局上具有承东启西、东联西进的区域优势。1992年7月,西安被国务院批准为内陆开放城市,成为新亚欧大陆桥中国段陇海兰新线上最大的中心城市。2011年国务院《全国主体功能区规划》将西安确定为"全国历史文化基地",着力将西安打造为国际化大都市。在国家"一带一路"倡议的推动下,作为丝绸之路起点的西安在经济上也具备了更多外向型特征。2014年西安市生产总值(GDP)为5474.77亿元,比2013年增长9.9%,位居西北地区首位。财政总收入1019.56亿元,比2013年增长12.9%,经济发展增长迅速。

2. 有西安特色的历史文化古城的城市规划导向

随着社会经济的发展,西安市城市规划理念开始越来越重视城市文化脉络的传承和发展,对城市性质的设计逐渐从以机械制造与纺织为主的工业城市向科研、教育、旅游为主的、具有特色的文化城市转变(见表9-2)。尤其是在西安市第四次城市规划文本中明确提出,要加强对历史文化名城的保护工作,将老城区独具特色的历史文化内涵充分展现出来,打造具有西安特色的历史文化古城。其中西安旧城改造计划中的"皇城复兴计划"更是对西安市文化街区的发展产生了巨大的促进作用。

表9-2 西安市四次城市规划(1954—2020)

规划年限	预计人口(万)	占地面积(km^2)	规划城市性质	特点与亮点
1954—1972	120	131	保留老城格局,利用旧城,参考唐城,以轻型精密机械制造和纺织为主的工业城市	确定了棋盘式结构,引进广场体系,注意到文物古迹保护

续表

规划年限	预计人口(万)	占地面积(km²)	规划城市性质	特点与亮点
1980—2000	162	180	保持古城风貌,以轻纺、机械工业为主,科学、文教、旅游事业发达的社会主义现代化城市	体现了对历史文化名城的保护,确定把保护、恢复历史文化遗址、风景名胜和古建筑同发展现代城市功能结合起来
1995—2010	310	275	我国重要的科研、高等教育及高新技术产业基地,北方中西部地区和陇海兰新地带规模最大的中心城市	强调了保护古城,城市规划以古城保护和城市现代化建设的结合、城市品位和环境质量的提高为基础
2008—2020	1070.78	865	国家重要的科研、教育和工业基地,我国西部地区重要的中心城市,国家历史文化名城,并将逐步建设成为具有历史文化特色的现代城市	以唐长安城为主,形成城市的"九宫格局";保护与开发利用结合;实行"新旧分治",保护老城;第一次提出大环境即山水环境的保护问题

3.文化产业蓬勃发展

近年来西安市文化产业产值稳步提高,文化产业呈现出良好的发展势头,成为西安经济增长最快、最具活力的部分,支柱产业的地位开始显现。西安市文化产业竞争力排名也在西北地区拥有绝对优势(见表9-3)。

表 9-3　2013 年文化城市竞争力排名前 10 名

城市	文化城市竞争力指数	排名	城市	文化城市竞争力指数	排名
香港	1.000	1	杭州	0.629	6
上海	0.945	2	武汉	0.625	7
北京	0.862	3	苏州	0.625	8
广州	0.713	4	西安	0.611	9
澳门	0.643	5	南京	0.595	10

资料来源：中国社会科学院城市与竞争力指数数据库。

西安市通过建设文化产业园区和基地，出台了一系列扶持政策，培育和扶持文化企业发展，不断壮大文化产业。目前已经形成了以文化旅游为重点的曲江国家级文化产业示范区，以文化创意产业为重点的高新区，以印刷包装产业为重点的经开区，以古城区旅游为核心的城墙景区，以秦唐文化旅游为主的临潼国家级旅游景区和以宗教生态旅游为核心的秦岭北麓旅游区。

4. 城市综合创新实力强

科技实力作为城市经济发展的内生力量，在现代城市发展过程中发挥着愈来愈重要的作用。西安作为我国在内陆地区的战略要地，经过多年的建设和积累，包括"一五""二五""三线建设"以及西部大开发等项目的实施，其区域科技、创新能力一直处在全国的重要地位，是我国西部地区城市综合创新实力的高地。西安市科技人力资源雄厚，科研机构众多，研究设备精良，是我国重要的高等教育和科研基地。目前拥有各类高等院校 70 余所，其中进入国家"211"工程高校 8 所，进入国家"985"工程院校 3 所，拥有博士点 300 余个，硕士点 800 余个，民办教育机构 50 多所，科研人员达 80 万人。同时，立足于科研创新实力的产业化高科技产业园区也在迅猛发展。其中，西安高新技术产业开发区自 1991 年被国务院批准为国家级高新区以来，主要经济指标增长迅猛，综合指标位于全国 53 个高新区前 5 位，是国家高新技术产业标准化示范区。

第九章 西安市文化街区发展与空间格局

二、西安市文化街区发展现状

(一)主要文化街区基本状况

目前,西安市立足于主城各区的特色优势,依据自身独特的文化定位和功能定位,充分挖掘本区的文化资源,形成了"街区带文化,文化兴街区"的良性互动。各城区通过新建、改造、更新等方式,打造出了多个具有现代人文气息、深厚历史文化底蕴的文化街区,产生了巨大的社会效应,带动了经济发展,成为西安城市旅游的新地标。为了对西安市文化街区的发展模式有更全面的认识,因此依据前文所给定的文化街区定义,结合西安市文化街区发展现状,列举出了西安市具有代表性的文化街区(见表9-4)。

表9-4 西安市主城区主要文化街区基本情况

街区名称	改造时间	发展成因	开发方式	主导业态	属地
七贤庄历史文化街区	1984	历史文化保护	保护开发和改造更新	文物保护、旅游休闲	新城区
书院门旅游文化街区	1991	历史文化保护、文化产业集聚	保护开发和改造更新	名人字画、印章印谱、文房四宝	碑林区
北院门回坊文化风情街	1992	历史文化保护	保护开发和改造更新	回族特色餐饮、工艺品	莲湖区
城墙南门历史文化街区	1996	历史文化保护	保护开发和改造更新	文物保护、旅游休闲	碑林区
德福巷休闲街区	1998	文化产业集聚	保护开发和改造更新	茶馆、咖啡馆、酒吧业	碑林区
永兴坊非遗美食文化街区	2007	城市发展需要、文化特色体现	原址新建	美食体验、民俗休闲、观光旅游	新城区

续表

街区名称	改造时间	发展成因	开发方式	主导业态	属地
金康路茶文化街	2008	文化产业集聚、文化特色体现	改造更新	茶文化体验	新城区
大唐不夜城休闲街区	2009	城市发展需要、现代生活需求	新建	旅游、休闲、娱乐、商务	雁塔区
大唐通易坊休闲街区	2009	城市发展需要、文化特色体现	新建	茶馆、咖啡馆、酒吧、休闲娱乐	雁塔区
大唐西市商旅文化街区	2010	城市发展需要、文化特色体现	原址重建	文物保护、文化展示、商旅开发	莲湖区
曲江—影爱情文化街区	2011	城市发展需要、文化特色体现、现代生活需求	新建	婚礼体验、策划、摄影、电影	雁塔区
民乐园文化艺术街区	2012	城市发展需要、文化艺术集聚	新建	艺术品展示、鉴定、拍卖	新城区
半坡国际艺术区	2012	城市发展需要、文化艺术集聚	改造更新	当代艺术文化、建筑空间、休闲观光	灞桥区

续表

街区名称	改造时间	发展成因	开发方式	主导业态	属地
大华·1935文化创意街区	2013	城市发展需要、工业文化遗产保护、文化特色体现	改造更新	近代文化展示、住宿餐饮美食、购物	新城区

从表9-4中可以看出,西安市文化街区的形成原因主要有四种,包括历史文化保护、文化产业集聚、城市发展需要以及工业文化遗产保护。开发方式主要有保护开发和改造更新、新建以及原址重建,其中,早期以保护开发和改造更新为主,后期以新建和原址重建为主。不同文化主题形成的文化街区拥有不同的主导业态,包括文物保护、旅游休闲、文化展示、餐饮购物等方面。

(二)西安市文化街区的主要类型

根据上述西安市文化街区的发展成因、开发方式和主导业态等,将西安市文化街区分为以下四类。

1. 历史文化街区

历史文化街区是西安市文化街区发展的原初模式,是西安城市发展初期较为典型的文化街区类型。此类街区的建设和开发多是基于历史古迹,开发时以历史古城、遗迹保护为主线,目的在于保护和恢复历史街区和人文遗存。其构建独具古城风貌,特点是运用修复改建、原址新建等开发方式,对城市历史环境进行重建与修复,包括以单位形式存在的历史建筑以及历史文化区,对于城市和社会文化的认同具有重要作用。此类街区的发展与复兴主要依靠政府主导,在政策的辅助下实施。城墙南门历史文化街区、北院门回坊文化风情街等皆属于历史文化街区。

2. 城市特色商业文化街区

此类街区是城市文化街区发展的新模式,主要以文化及相关产业的集聚为主。其形成原因是文化及相关产业的集聚,形成了在城市经济与社会发展方面存在一定影响力的街市空间。此类街区的发展特点是其实质上是专业化的文化产品交易市场,相对应的开发方式主要有改造更新、整合提升等。西安城市特色商业文化街区的形成主要有两种形式:一是政策主导型产业集聚,是政府根据城市功能的需要,进行的区域统一规划,在此种背景下形成的街区,内部基础设施都较完善,但产业结构相对单一,例如永兴坊非遗美食文化街区;二是区位诱导型产业集聚,是指街区的形成主要是由于区位原因在消费市场、人才引进、文化资源等方面具有优势条件,因此在街区发展初期形成自发的集聚效应,并在具备一定的规模后,经过政府的引导逐渐带来更大的效益,金康路茶文化街、民乐园文化街等街区发展过程皆符合此类模式。还有一些历史文化街区本质上也属于此类街区,例如书院门旅游文化街区,其形成原因主要是书画艺术等文化产业集聚,但由于其形成历史较为悠久,在一定意义上也有历史文化街区的特征属性。

3. 综合型现代城市文化街区

此类街区在功能上兼具观赏、休闲、娱乐、餐饮、教育等多方面特征,是当代城市居民文化需求提升的产物。现代城市居民不仅仅只满足于单方面的物质需求,同时也要求精神、感官上的高品质体验,因此催生了大批综合型现代城市文化街区。西安市综合型现代城市文化街区的特点是以休闲娱乐为主、以休闲娱乐为基本功能。在此基础上形成了为城市居民与外来旅游者提供休闲娱乐场所和服务产品街区空间的文化街区。此类街区都具有较强的主题特色,即街区的业态组成,包括单一性和综合性两种形式,具体业态多为文化产业相关产品零售以及餐馆、酒吧、茶座等休闲设施,例如大唐西市商旅文化街区、大唐不夜城休闲街区等。

4.创意文化街区

此类街区是城市文化街区发展的新兴力量,是为了帮助产业转型、完善城市功能配套而建立起来的独特的文化艺术空间,其发展模式是将工业空间转变为文化街区,利用城市废旧的工厂,引入创意产业,为其发展注入新的活力。这种模式既可以更加有效地利用城市的旧工业空间,还可以建立独特的文化艺术空间,实现艺术与建筑空间、文化产业与历史文脉的完美融合。其目的是完善城市功能配套,发展特色产业,实现老空间的价值增值。半坡国际艺术区和大华·1935文化创意街区即是以西安老工厂为基础建立的。

(三)西安市文化街区发展演变历程

西安市文化街区的发展演变主要可以划分为三个阶段:

第一阶段,20世纪90年代到2005年,此阶段文化街区类别以历史文化街区为主。主要标志是第二次城市总体规划的制定,其中明确指出对西安市老城区实行以保护与建设相结合的方针,对历史街区进行修复,代表性街区有城墙南门历史文化街区、书院门旅游文化街区等。街区特点为:街区大都保持历史原貌,虽然数量略少,但其质量较高,皆是西安市极具历史特色的街区,文化展示型街区占多数。形成原因是历史文物文化保护的需要。开发方式以保护开发为主。分布地点位于碑林区与莲湖区,集中在城墙之内。以为旅游者服务为主。同时,由于未经过系统的开发和管理,街区内配套的基础设施缺乏,空间辐射范围较小,且内部空间结构较为简单。

第二阶段,2005年到2010年年底,此阶段文化街区类别以城市特色商业文化街区和综合型现代城市文化街区为主。重要标志是"皇城复兴计划"的开始。2005年开始,西安市将文化产业列入全市五大主导产业,各城区大力打造文化产业板块,代表性街区有金康路茶文化特色街区、大唐西市商旅文化街区等。其形成原因是城市发展需要。开发方式主要有原址新建、改造更新和新建三种。街区分布上文化街区的空间分布密度、广度都有了显著的提高。产业业态结构上不仅具有旅游服务功能,还更多地加入了娱乐休闲服务,在满足旅游者的同时也考虑了本地居民的文化需要。

第三阶段,2011年至今,此阶段西安市文化街区呈现多种街区形式共存的态势,且涌现出了一批高品质的创意文化街区。主要标志是西安"十二五"规划开始后,明确提出将文化街区的建设融入城市旅游业的开发中,代表性街区有大华·1935文化创意品牌街区、半坡国际艺术区等。其形成得益于创意产业的发展。开发方式主要是新建或改造更新。分布特征上,文化街区在空间分布密度提高的同时,空间辐射范围也得到了扩展,包括碑林区、莲湖区、新城区、雁塔区以及灞桥区。内部结构上,文化街区发展为由主街道和从旁支路组合而成的街区区域。并且,街区内的产业构成向复合化演变,将街区文化内涵与旅游业、商业融合,形成独特的街区式旅游商业综合体模式。

第二节 西安市文化街区的空间格局与影响因素

一、西安市文化街区的空间格局

文化街区的形成与发展除了依靠自身丰厚的文化内涵外,街区参与者——人也是关键,文化街区除了在为参与者提供精神上的文化熏陶之外,还要满足人的其他需求,为其提供充分的选择,达到增强街区吸引力的目的。因此,本章界定的研究范围为西安建成区内发展较为迅速、文化产业实力较强的59个街道(图9-2)。

第九章 西安市文化街区发展与空间格局

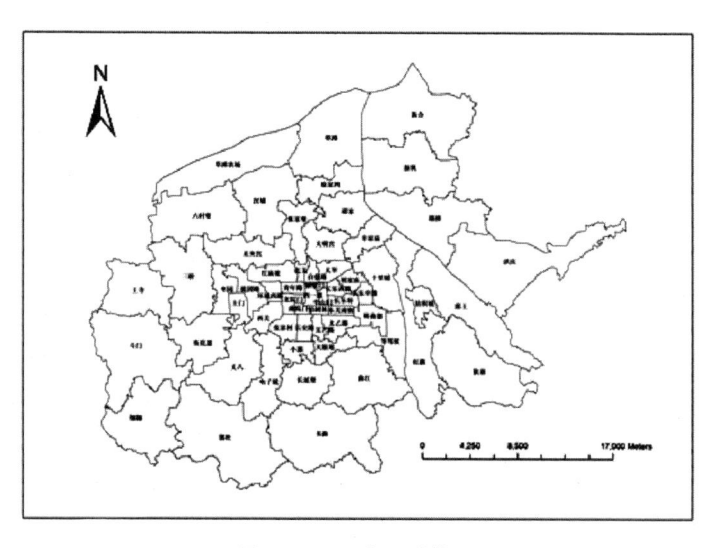

图9-2 研究区域范围

根据本书对文化街区的界定——在有限地理区域或步行距离内,城市中文化活动和艺术行为聚集的地理空间,在研究区域内找出符合条件的14个文化街区,将西安市主要文化街区的地理坐标通过ArcGIS9.3工具导入底图之中,得到西安市主要文化街区空间分布图(图9-3)。由图可知,西安市文化街区的空间分布主要有以下特征。

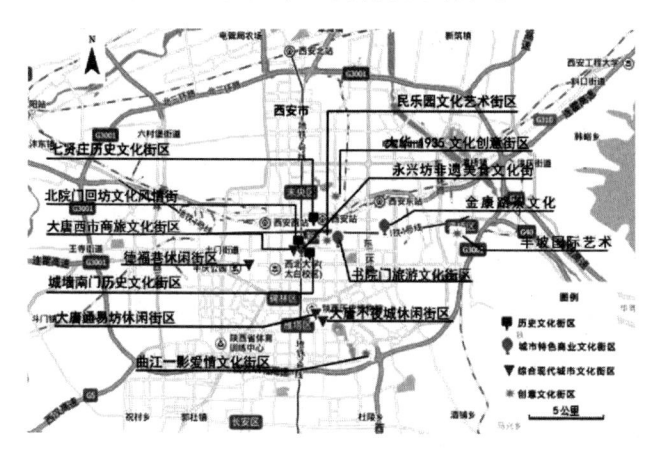

图9-3 西安市主要文化街区空间分布图

西安市文化街区的空间分布具备以下三个特征：

首先,"一个核心、沿线发展",即呈现出以明城墙区域为核心,向周边区域扩散式发展的模式。在以明城墙为边界的区域内,文化街区的发展主要呈现蔓延式的扩散,由点成线,由线扩面的发展态势明显。随着时间的推移,文化街区开始向外围发展。

其次,位于城市主要交通干线附近,这里的主要交通干线指的是研究区域内的绕城高速以及地铁线路,可以看出交通干线对文化街区的空间组织构成产生了很大的影响。

再次,多分布于碑林区、莲湖区和雁塔区,这与西安市历史文化资源的分布和城市规划中对各区的功能定位差异有关。

根据本书对文化街区的分类,将研究所用的14个街区进行分类分析后,得出不同类型文化街区的空间组织特征。其中,历史文化街区主要集中在明城墙范围内,外围区域少有分布,且城墙区域内,文化街区的分布偏向南部集中,主要是由历史文化资源的分布差异造成;城市特色商业文化街区富含的商业性质,使其分布范围较广,且对交通条件要求较高;综合型现代文化街区的分布缺少规律性,分布广泛,但在大雁塔周围有形成集聚区的态势;创意文化街区由于受创意产业分布的约束,数量较少,尚没有形成聚群效应。

西安市文化街区的空间分布呈现以明城墙内老城区为核心不断向外扩散式发展的趋势,加之近年文化街区发展迅猛,向外扩散的态势更加强烈。未来西安市文化街区发展趋势将是保护遗留的历史文化街区,促进城市特色商业文化街区的发展,同时大力促进综合型现代城市文化街区的建立。空间组织特征也将从分布不均匀向各区域文化街区均蓬勃发展转变。

二、西安市文化街区的空间分布影响因素

目前对城市文化街区空间格局的影响因素的相关研究较少,但关于

第九章　西安市文化街区发展与空间格局

与文化街区性质较为相似的商业街区却有一些研究成果。王兴中对城市商业空间进行研究后得出,道路交通、顾客人本因素等是影响城市零售业布局的基本要素。城市地理学认为,对于城市不同类别的商业空间分布来说,地价的距离衰减规律具有明显的控制作用。同时,有的学者从人口、轨道交通、居民行为等不同方面研究城市商业空间的分布现象。结合西安市文化街区的具体情况,本小节从历史、规划、交通和人口等方面对影响其空间分布的因素展开分析。

(一)历史因素

西安市的文化历史街区主要分布在明城墙以内,这主要是因为城市历史文化街区形成所必需的条件是深厚的文化内涵和长期的文化积淀,而以钟楼为中心的明城墙以内区域正是古都西安历史文化的核心区域。根据文物普查资料,西安建城至今约3100年,共有国家级文物保护单位34处,省级72处,市县级176处,而明城墙以内重点文物保护单位总计38处,其中国家级13处(见表9-5),省级8处(见表9-6),市级17处(见表9-7)。

表9-5　西安老城区重点文物保护单位——国家级(13处)

序号	名称	类别	建设年代	地点
1	西安清真大寺	古建筑	唐	化觉巷
2	西安城墙	古建筑	明	西安市区
3	西安钟楼	古建筑	明	西安市中心
4	西安鼓楼	古建筑	明	西安市中心
5	隋大兴唐长安城遗址	古遗址	隋	莲湖公园
6	张学良将军公馆	革命旧址	近代	建国路金家巷
7	西安事变指挥部	革命旧址	近代	省政府院内
8	新城黄楼	革命旧址	近代	省政府院内北侧
9	西京招待所	革命旧址	近代	西四路东段

续表

序号	名称	类别	建设年代	地点
10	杨虎城将军纪念馆	革命旧址	近代	青年路中段
11	高桂滋公馆	革命旧址	近代	建国路金家巷
12	八路军办事处旧址纪念馆	革命旧址	现代	七贤庄
13	西安碑林	石刻	北宋	三学街

表9-6 西安老城区重点文物保护单位——省级(8处)

序号	名称	类别	建设年代	地点
1	大学习巷清真寺	古建筑	唐	大学习巷
2	东岳庙	古建筑	北宋	东门内吕仁里小学
3	宝庆寺塔	古建筑	隋	书院门西端
4	西安城隍庙	古建筑	明	西大街
5	小皮院清真寺	古建筑	北宋	小皮院巷
6	关中书院	古建筑	明	书院门西安师范学校
7	董仲舒墓	古墓葬	唐	下马陵街东北侧
8	卧龙寺石刻造像	石刻	北宋	柏树林街卧龙寺

表9-7 西安老城区重点文物保护单位——市级(17处)

序号	名称	类别	建设年代	地点
1	广仁寺	古建筑	清	西北一路152号
2	易俗社剧场	近现代建筑	近代	西一路易俗社
3	革命亭	近现代建筑	近代	革命公园
4	明秦王府城墙遗存	古遗址	明	新城广场
5	大皮院清真寺	古建筑	明	大皮院街
6	雷神庙万阁楼	古建筑	明	八一街小学

续表

序号	名称	类别	建设年代	地点
7	奎星阁	古建筑	明	咸宁学巷
8	北院门144号民居	古建筑	明	北苑街144号
9	芦荡巷39号、40号姚家民居	传统民居	清	芦荡巷
10	五星街天主教堂	古建筑	清	五星街17号
11	南院门中山图书馆	近现代建筑	近代	南院门市委礼堂
12	高培支旧居	传统民居	近代	柏树林兴隆巷42号
13	人民大厦	现代建筑	现代	东新街
14	人民剧院	现代建筑	现代	北大街
15	陕西建筑工程总公司楼	现代建筑	现代	北门里
16	西安市委礼堂	现代建筑	现代	南院门市委大院
17	西五台	古建筑	唐	香米园东巷

西安市现存的历史文化街区大都在历史上有迹可循，在当时的历史时期也曾经是非常重要的城市功能街区。如北院门历史文化街区（回民街），可追溯至唐代，其所在一带位于唐长安的皇城范围内，是百官衙署所在地。据咸宁、长安两县《继志》记载：西安行宫，即前巡抚署，在钟楼北宣平坊，谓之北院（即今日市政府所在地）。北院门是西安回族人聚居地区，这段历史也可追溯至唐代，当时是由波斯和大食商人修建清真寺并在其周围居住而形成的。所以说，西安市的许多文化街区都是由历史上的文化街区演变而来，其空间布局与城市历史空间格局大有联系，这也充分体现了西安的文化古都特色。

（二）规划因素

西安市文化产业的发展和布局受到产业规划、城市规划和城市功能格局规划的多重影响。首先，在产业规划上，西安市政府为了保证文化产业的健康发展，从2003年国家提出文化强国战略开始，就陆续制定和颁布了一系列发展政策来保证文化产业的发展。包括西安市的四次城市总

文化集聚·文化产业·文化街区：重塑丝绸之路的新起点

体规划，它们的共同点是将历史文化名城的保护放在首位。与此同时，西安市五年计划也将文化街区的保护、复兴与发展建设放在极其重要的位置。在西安市《国民经济和社会发展第十一个五年规划纲要》中第四篇《城市建设》一章中明确提出，坚持"古新分治"，加强对历史文化遗产的保护与利用，恢复历史名城应有的文化气息和空间形象，启动"皇城复兴计划"，改善老城区的人居环境。在西安市"十二五"规划第六章中，城市旅游的建设提升着眼于城市景区化、社区特色化、街区内涵化、视觉景观化、环境整洁化，重点打造"八色社区和环城一带"。所谓八色社区，即"红色"古城革命文化旅游社区建设、"白色"回坊特色文化旅游社区建设、"青色"书院门历史文化旅游社区建设、"棕色"德福巷休闲文化旅游社区建设、"橙色"曲江时尚活力旅游社区建设、"金色"大唐西市怀古商贸旅游社区建设、"粉色"纺织城文化创意旅游社区建设、"紫色"长乐路商贸购物旅游社区建设；环城一带就是环城（墙）旅游带的打造。

其次，在城市功能格局规划上，由于文化产业在西安市经济体系中所占地位越来越重要，旅游业也成为西安市主导产业之一，而文化街区就是一种能够将文化产业和旅游业有机融合在一起的新型模式，所以文化街区的建立对区域经济发展水平有较大的提升作用。从西安市文化街区分布图中可以看出，碑林区、莲湖区、雁塔区的文化街区数量较多，与西安市政府对城市功能区的总体规划与设计相一致。《西安市2004—2020城市总体规划》指出要降低中心区密度，保护古城区历史风貌，规划古城区内发展以商贸、旅游为主。西安市政府对文化街区的发展寄予厚望。西安市"十三五"规划，也对文化街区的发展有着具体的规划设计，在拟实施的八大工程中明确提出大力实施旅游文化产业发展工程，包括重点建设中国（西安）航空文化旅游度假区、汉长安城文化景区、西安中央文化商务区（二期）、西安丝绸之路国际会展中心（一期）、丝绸之路国际博览园、丝绸之路风情街、丝绸之路博物馆城、网上丝绸之路、丝绸之路文化创新工程、三学街历史文化街区、大华文化商业体验新地标等。

第九章　西安市文化街区发展与空间格局

(三)交通因素

从图9-3中可以看出,西安市文化街区大多靠近西安市市中心和城市主要交通干线。从区域的集聚水平来看,老城区处于文化街区发展的优势区域,其主要原因除市中心的良好区位外,还有就是便捷的交通会带来大量人口流动。从上文对西安市文化街区的分类可以看出,西安市文化街区主要可以分为历史文化街区、城市特色商业文化街区、综合型现代城市文化街区和创意文化街区四种类型。无论是休闲还是商业活动都离不开交通或信息的通畅,在人们选择文化街区进行观赏、休闲娱乐的过程中,交通通达性起着至关重要的作用,是消费者进行文化相关产品消费考虑的主要因素。文化街区的娱乐休闲功能,作为城市居民日常文化娱乐消费的一种,又因为服务性消费的无形性,其消费必须依靠该服务产生的地方,所以交通条件成为文化街区选址和人群出行的重要影响因素。

本章选用衡量交通通达性最主要的指标——道路密度,来研究西安市城市交通网络的通达性。道路密度作为道路交通网络的基本属性,是评价某一区域交通网络优劣的基本指标之一。道路密度的计算方法是区域内道路总长度与该区域面积之比,其计算公式为:

$$A = \frac{\sum_{i=1}^{n}(l_i \times w_i)}{S} \qquad (9-1)$$

式中:l_i为各段道路长度;w_i为各道路通行权重;S为研究区域面积;A为研究区域内的道路密度。

一般来讲,道路密度越大,表明此区域内路网越密集,通达性越好。笔者运用ArcGIS9.3软件对西安市城市道路交通网络密度进行分析,并得出如下结论:

如图9-4所示,西安市道路交通网络密度较高的区域主要包括:一是以青年路街道、解放门街道、西一路街道、南院门街道、北院门街道以及柏树林街道为主的区域,即明城墙内;二是以长安路街道、小寨街道和大雁塔街道为核心的区域;三是位于研究区域西南方向上的丈八街道、电子城街道和郭杜街道的部分区域;四是以纺织城街道为中心的灞桥区的部分区域。对比西安市主要文化街区空间分布图与西安市道路交通网络密度分析图可知,西安市主要文化街区皆位于城市主要交通干线附近,且位置大多处在交通网络密集的区域。其主要原因是服务性是文化街区最主要的内涵性质,便捷的交通对其形成与发展的意义不言而喻。无论是街区活动的参与者——当地居民或游客,抑或是街区内提供服务的人都不可避免地对街区的交通条件有着一定的要求。

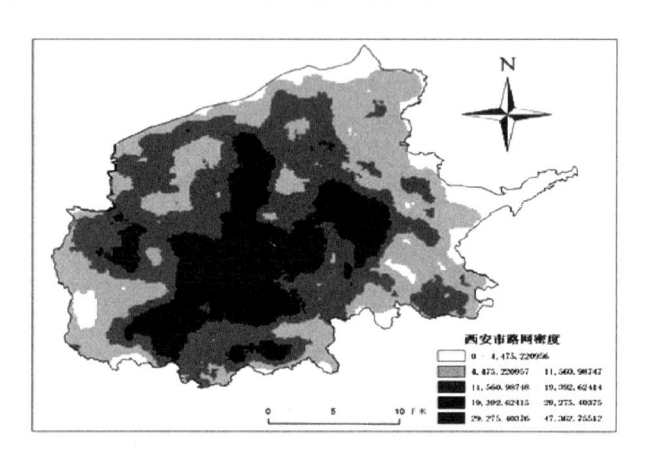

图9-4 西安市道路交通网络密度分析图

(四)人口因素

随着城市生活节奏的加快,时间因素成为大众娱乐行为目的地选择的优先考虑因素。为了节约时间,居民通常选择的文化消费都会靠近工作或居住的区域。因此人口的分布特点在空间上影响着文化街区的空间聚集特点,它是文化街区长久保存下去的关键因素,也是文化街区建立时必须考虑的重要前提。本章引入人口地理集中度这一概念来衡量影响文化街区建立的人口因素。

地理集中度是表明某项活动在地域上集中程度的指标,一般应用地理集中指数来表征。人口地理集中度用来衡量区域中人口的空间分布情况,即单位面积上所占的人口比例。计算公式为:

第九章 西安市文化街区发展与空间格局

$$R = \frac{P_i \sum P_i}{ter_i \sum ter_i} \qquad (9-2)$$

式中：R 表示某年段 i 地区人口地理集中指数；P_i，ter_i 分别表示 i 地区的人口和国土面积；$\sum$ 是计算某种属性在大区域的累计。

将研究区域中的 59 个街道的人口数据输入 ArcGIS9.3，获得西安市人口地理集中度分级图（2014年）（图 9-5），可以得出以下结论：按照计算得出的人口地理集中度指数，根据 5 个等级划分 59 个街道，指数越大，人口的地理集聚程度就越高。其中最高的为第五级，即西安市人口集聚程度最大的街道一共有 7 个，分别是北关、解放门、中山门、柏树林、东关南街、文艺路和长乐中路。处于第四级的街道共有 9 个，包括小寨、北院门、西一路和长乐西路等。而人口集聚程度中等的第三级包含街道 15 个，自强路、纺织城、大雁塔、南院门和桃园路等。第二级和第一级所包含的街道中人口的集聚程度较低，分别由 11 个和 17 个街道构成，其中包括大明宫、鱼化寨、六村堡、斗门和灞桥等。西安市人口地理集中度基本上按照等级结构呈现圈层特征。

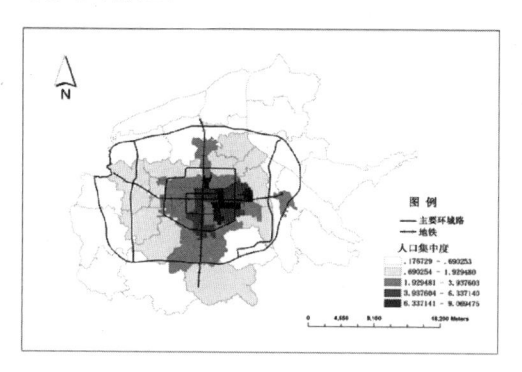

图 9-5　西安市人口地理集中度分级图(2014 年)

由图 9-5 可以看出，西安市人口分布特点有着从中心到外围逐渐递减的规律。同时根据西安市主要文化街区的分布来看，文化街区也基本呈现出以城墙区域内为中心，向外围递减的规律。碑林区、莲湖、雁塔区距市中心较近，街区数量较多；而未央区、灞桥区因处在主城区外围区域,人口分布较少,街区数量也较少。从街道尺度上看,本章中所研究的西安市主要文化街区——城墙南门历史文化街区、三学街历史文化街区、书院门旅游文化街区、七贤庄历史文化街区、德福巷休闲街区、北院门回坊文化风情街区、大唐西市商旅文化街区、大华·1935文化创意街区等主要文化街区,包括第五级的柏树林街道,第四级的北院门街道和西一路街道,第三级的南院门街道以及西关街道,皆位于人口地理集中程度较高的区域;仅有个别街区处于人口地理集中度较低的地区,例如面积较大的灞桥街道和开发较晚的曲江街道。

第十章 西安市文化街区空间组织结构

根据第九章中对西安市文化街区的分类,本章选取了北院门历史文化街区、书院门旅游文化街区、大唐西市商旅文化街区以及大华·1935创意文化街区四个文化街区分别作为历史文化街区、特色商业文化街区、综合型现代城市文化街区和创意文化街区的典型代表,运用空间句法中整合度、选择度、连接值等指标来研究各文化街区的空间组织结构。这四个典型街区各自具有自身的文化底蕴和特色,能够较好地体现出西安市各类文化街区的发展现状和问题,具有较高的研究价值。

第一节 历史文化街区——北院门历史文化街区

一、街区概述

北院门历史文化街区位于西安市莲湖区,具体位置在鼓楼北侧,南起西大街,北至西华门大街,面积约为0.08平方千米。清代,与此街南口相连的竹笆市以西,有被称为南院的陕甘总督部衙门,而位于此街北口的巡抚部院衙门相应地被称为北院,因此得名。

北院门历史文化街区是回坊文化风情街的核心部分。街区内部以明清时期建筑风格为主,并在此基础上对一些年代久远、危漏房屋予以更新重建,增加和完善现代化市政生活服务设施,改善环境质量,调整使用功能。街区内部有大量的回民聚居,建筑形式上有别具民族特色的牌坊、清真大寺以及明清时期的官属与宅邸等。业态构成主要以餐饮业为主,辅有书画、瓷器、工艺品的零售与批发。

图 10-1 北院门历史文化街区位置及其范围示意图

二、街区空间组织特征分析

(一)内部交通组织

内部交通组织是街区空间内部流动性、集聚性等多方面的综合体现,是合理安排人流线路、组织人群活动的空间基础。本章引入了空间句法中局部整合度和局部选择度两个概念来表征文化街区内部交通组织特征。

局部整合度是空间句法中的一个句法变量,是在限定范围内,研究较小尺度下的空间构成关系。主要是用来衡量区域中的步行可达性,即在步行尺度下区域内某地段到达的难易程度。在研究区域的局部整合度时,研究半径一般设定为 R=3,指的是每条街道轴线到半径为 3 的区域范围内的其他所有街道轴线的平均线性拓扑步数的倒数,街道的局部整

第十章 西安市文化街区空间组织结构

合度越高就表明到此街区的步数越少,也就说明此街道空间在步行尺度上较容易被到达,即步行可达性越高。

局部选择度是空间句法中用来描述研究单元在步行尺度下被经过的次数的计量方法,指的是在步行出行拓扑距离(如500m,1000m等)以内的任一空间单元作为系统内任意两个空间单元之间最短拓扑路径的必经之路而被经过的次数,它考察的是空间单元在空间系统中作为出行的最短路径所具备的优势。在研究文化街区的局部选择度时,数值较高的街道轴线就表示此街道的人流量较大,经过性较高。

运用局部整合度和局部选择度,描述步行尺度下街区内部的可达性和经过性。数值在前10%的轴线显示为红色。即在步行尺度下,这些轴线代表区域中可达性和经过性较高的街道,在街区交通组织中占有重要地位。

本章采用Depthmap + Beta 1.0软件对北院门历史文化街区的局部整合度和局部选择度进行分析,得到图10-2和图10-3。

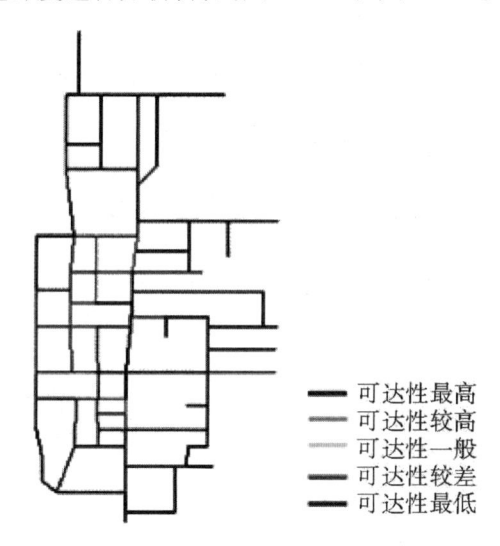

图10-2 北院门历史文化街区局部整合度

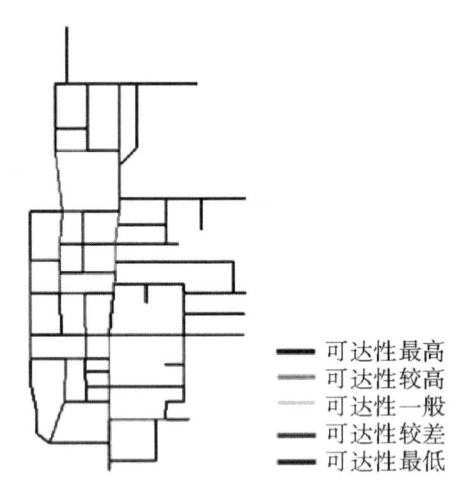

图 10 - 3　北院门历史文化街区局部选择度

从图 10 - 2 和图 10 - 3 中可以看出,北院门历史文化街区在步行尺度上,街区内部道路结构较为简单,道路轴线可达性和经过性最高的区域集中在街区的中部地区,且以中部地区为核心向外整合度逐渐降低。

（二）空间形态特征

街区的空间形态特征主要是指街区的大致形状、立体结构以及街区整体结构的紧凑性和整体性。为更好地研究街区的空间形态特征,探索不同类别街区的形态差异,本章引入空间句法中连接值的概念来描述文化街区的空间形态特征。连接值是指研究区域内任意街道轴线与其周围街道轴线相交的次数,它从两个方面反映了街区的空间形态特征。首先,对于整个街区来说,街道轴线连接值的平均值较高,则意味着街区中各部分分布比较紧凑。其次,针对单个的街道轴线连接值而言,若其数值较大,则街道的可达性较高,对整个街区而言就能有效提升街区空间的整体性,起到良好的空间整合作用。反之,若连接值较大的街道轴线,可达性较低,就会加大空间深度,对空间整体性带来不利影响。

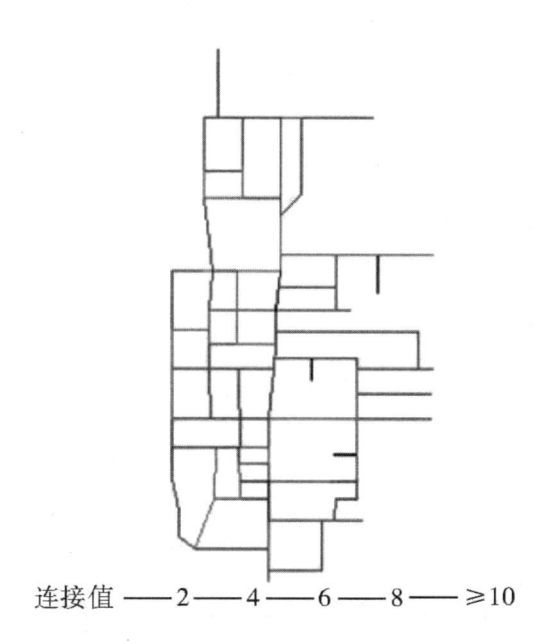

第十章　西安市文化街区空间组织结构

连接值 ——2 ——4 ——6 ——8 ——≥10

图10-4　北院门历史文化街区街道轴线连接值

从图10-4可知,北院门历史文化街区的形状大致呈矩形,为平面结构。平均连接值较高,为5.8,即街区内的每条街道轴线平均有5.8条街道轴线与之相交。从单个街道轴线的连接值来看,街区内较高连接值的街道轴线基本上都能与可达性高的街道对应,说明街区的空间整体性较好,没有连接值较大而可达性较低的街道轴线。

(三)业态布局特征

北院门历史文化街区的业态种类多样,回民饮食、土特产、食品店、工艺品在北院门历史街区商铺中所占比例较大(图10-5),可以达到68.8%的比例。同时还由旅游品、服装、杂货等业态构成,街区内部还有都城隍庙、五台云居寺以及现有的11座清真寺等旅游景点供参观者游览,是中国道教文化、佛教文化和伊斯兰教文化的典型代表。在此基础上,作为回民的聚居地,街区也具备了居住性质,现在仍保持着"围寺而居、依坊而商,前店后宅"的居住特点,街区内有高家大院、安守信宅等众多传统民居。通过分析可知,北院门历史文化街区内的商铺布局多集中在可达性和经过性较好的街道轴线上。

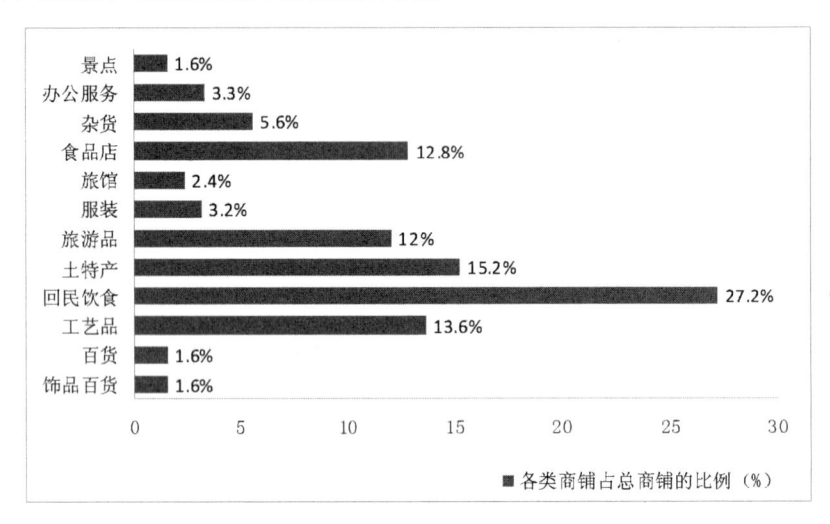

类别	比例
景点	1.6%
办公服务	3.3%
杂货	5.6%
食品店	12.8%
旅馆	2.4%
服装	3.2%
旅游品	12%
土特产	15.2%
回民饮食	27.2%
工艺品	13.6%
百货	1.6%
饰品百货	1.6%

图 10-5 北院门历史文化街区业态构成图

(四)总结

根据前面对北院门历史文化街区空间组织要素的分析可总结出其空间组织要素的基本特点:在区位方面,街区地理位置较为优越,位于城市中心位置,钟楼北侧且邻近城市主干道——西大街;在交通组织方面,街区内部以步行为主,干路在步行尺度上的可达性和经过性高;在空间形态方面,整体形状呈矩形,平面结构、空间形态较紧凑;在业态布局方面,北院门街区的业态种类以餐饮和文艺品销售为主,偏生活化,同时具备旅游功能和居住性质,商铺多分布在街道的主要轴线上。

由此可知,西安市历史文化街区空间组织在区位上,周边拥有较高的可达性轴线,可提供区域到达的便利性。街区中最主要的步行街道恰好是其空间性能最优的主要街道,对整个街区空间来说,有较好的连接性和引导性。在业态的布局方面,与步行可达性相关,均匀布局。在业态的构成上,由于居住区和商业区混合,因此趋于多样化、生活化,能够满足群众基本生活需求。

第十章 西安市文化街区空间组织结构

第二节 特色商业文化街区——书院门旅游文化街区

一、街区概述

书院门旅游文化街区位于西安市碑林区,西安城墙内南侧,西起城墙永宁门,经三学街和安居巷,东至柏树林大街,面积大致为 0.034 平方千米,是著名的书画文化一条街(如图 10-6)。

书院门旅游文化街区的业态功能以古董玩物、书画贩卖、篆刻、玉器旅游纪念批发以及零售为主,有大型画廊、拍卖店、专业书画交易所等。在业态构成上,书画贩卖零售占主要比例,笔墨纸砚系列文具零售次之,配以少量的餐饮、住宿门店。此外,西安市的书画名家在大吉巷西侧的传统四合院设有工作室。该街区是一条具有典型明清建筑风格的仿古文化商业街,街区改造采用的主要模式是陕西典型的民居形式,住宅的空间组织模式主要以街巷和低层合院为主,而沿街铺面则以下店上宅模式为主。

图 10-6 书院门旅游文化街区的位置及范围示意图

二、书院门旅游文化街区空间组织特征分析

本节主要研究书院门旅游文化街区的空间组织要素特征,运用空间句法的分析手段,对其空间组织的交通组织、空间形态和产业业态构成进行研究。

(一)交通组织特征

运用上文中提到的局部整合度和局部选择度两个衡量指标,分析书院门旅游文化街区内部的可达性和经过性,结果如图10-7和图10-8所示。

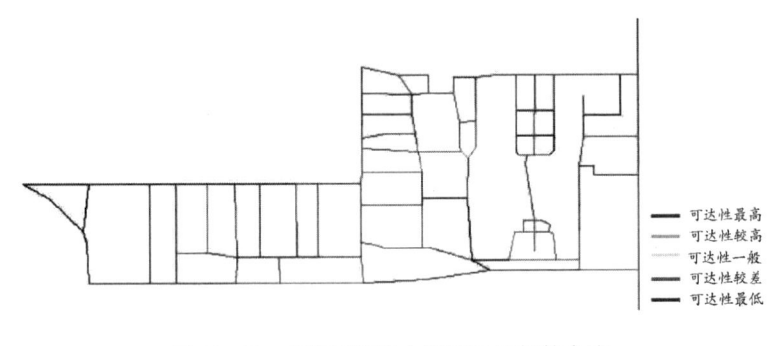

图10-7 书院门旅游文化街区局部整合度

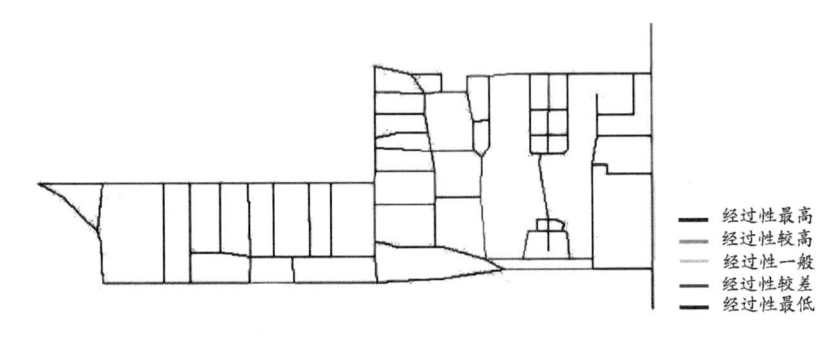

图10-8 书院门旅游文化街区局部选择度

书院门旅游文化街区从步行尺度的视角上看,街区内部道路结构较为复杂,道路曲折且长短不一。街区内局部整合度较高的街道轴线是由

第十章 西安市文化街区空间组织结构

干路和支路共同构成的呈现鱼骨状的步行系统。由图10-7和图10-8可以看出,书院门旅游文化街区中街道的可达性和经过性都较高,大多街道两者的值都处于较高水平,这说明书院门街区的交通组织结构很适合商业活动的展开,步行方式在街区内部较为适宜。

(二)空间形态特征

运用空间句法中连接值的衡量指标对书院门旅游文化街区的街道轴线进行分析,得到图10-9。

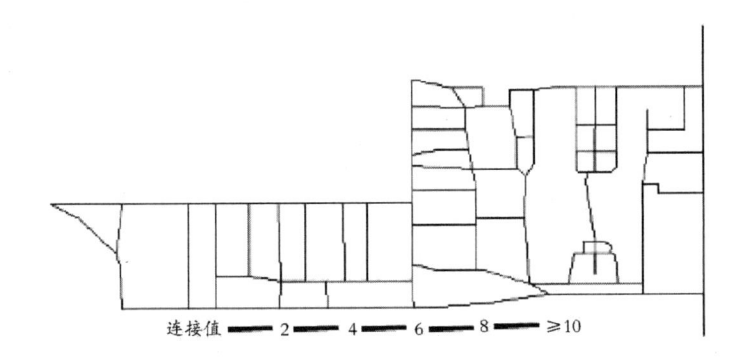

图10-9 书院门旅游文化街区街道轴线连接值

书院门旅游文化街区呈大致规则的几何图形,平面结构,轴线连接值较高,为3.5,说明街区内的空间分布相对紧凑,空间整体性较好,不存在连接值较大而可达性较低的街道轴线。

(三)业态布局特征

书院门旅游文化街区用地性质和业态种类较为单一,主要以笔墨纸砚以及书画艺术品的批发和零售为主,餐饮和娱乐功能数量较少且分散布置,街区内部具备独有的参观展览的业态功能,能够满足游客对书画艺术品鉴赏的游览需求,同时,街区内部还有传统的居民院落分布。从图10-10书院门旅游文化街区业态构成图中可以看出,装裱收购字画、工艺品零售批发、毛笔宣纸三类业态是书院门街区的主要业态构成。经过分析可知,书院门旅游文化街区主要的商铺多分布在可达性、经过性较高的街道主要轴线位置,支路上也有商铺分布但其区位不利于人群的流动。

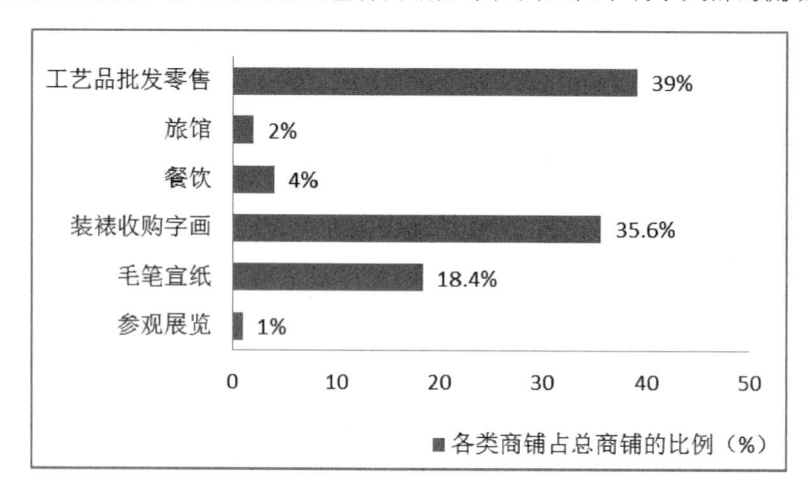

类别	比例
工艺品批发零售	39%
旅馆	2%
餐饮	4%
装裱收购字画	35.6%
毛笔宣纸	18.4%
参观展览	1%

图10-10 书院门旅游文化街区业态构成图

(四)总结

根据前面对书院门旅游文化街区空间组织要素的分析可总结出其空间组织要素的基本特点:在区位方面,街区地理位置较为优越,位于城市中心,邻近城市主干道——南大街,在步行尺度上有较好的可达性;在交通组织方面,街区内部人车混行,街区内外车行交通的贯通性不好,街区内部适宜步行;在空间形态方面,为规则几何形,平面结构,空间形态较紧凑,连接值最高的街道轴线比例最高,延伸分布的区域广泛,与可达性好的街道网骨架重合度也较高,鱼骨形状的街道骨架空间性能很好;在业态布局方面,书院门街区的用地性质和业态种类较为单一,主要的商铺布局均匀,布局在主要街道轴线的商铺经营状况较好,布局在次级街道轴线的经营状况较差,同时具备参观展览功能。

由此可知,西安市城市特色商业文化街区的空间组织特征。即街区拥有较好地地理区位,空间的可达性和经过性较高;街区整体空间形态紧凑,与外界有较好的连通性,而从街区内部空间看,多呈现以路网格局主导的干支差异模式。街区内部的骨架式道路结构使其空间性能优越,各个街道之间的连接度较好,也促进了街区的整体性。此类组织模式也决定了街区内交通组织的主要类型,因其商业背景的原因,所以街区内人车混行,其中步行可达性较高。由于街区内主要街道轴线空间性能较好,可达性和经过性水平较高,因此主要商铺布局在沿线,且经营状况较好;而与主要街道轴线垂直的街道空间性能稍差,对布局在沿线的街区商铺经营状况也有一定的影响。因为此类街区主要是由于文化相关产业的集聚而形成的,所以其中的业态构成以文化相关产品的批发零售为主,其他业态如餐饮、住宿等则较少。

第三节 综合型现代城市文化街区——大唐西市商旅文化街区

一、街区概述

大唐西市商旅文化街区位于西安市莲湖区明城墙西南方向,街区南北向长1031米,东西向宽927米,面积0.96平方千米,相当于大唐西市旧面积的三分之一。地处西安市老城区与高新技术产业开发区的交界区域,交通条件优越,距离西安市中心3千米(如图10-11)。

大唐西市商旅文化街区的业态功能多样,共有八大模块:金市超五星酒店及文化演艺中心、古玩艺术品交易中心、文博展示接待中心、中华美食街区、休闲娱乐时尚街区、现代大型购物中心、旅游纪念品交易中心、丝路文化体验街区。功能区划上划分为特色步行街、现代商业区、休闲娱乐区、宾馆、办公区等五大功能区域。街区内新唐氏建筑与现代建筑融合,建筑物普遍为2—3层,地下有2层,最下层为现代化停车场。街道的宽度为5—10米,为不破坏西市的历史风情,设计商贾街市,延续古代"一庙七坊,空中景区,三面围合,背高面低,大唐西市,九宫格局"的理念,因其功能的不同划分为九坊,商业区和文化产业及相关产业区分布其中。大唐西市文化商旅街区独具匠心的功能分区,旨在延续旧时盛唐西市百家争鸣的业态构成。

图10-11 大唐西市商旅文化街区的位置及范围示意图

二、大唐西市商旅文化街区空间组织特征分析

本节主要研究大唐西市商旅文化街区的空间组织要素特征,运用空间句法的分析手段,对其空间组织的交通组织、空间形态和产业业态构成进行研究。

(一)交通组织特征

运用空间句法中局部整合度和局部选择度两个衡量指标,对大唐西市商旅文化街区进行空间分析,得到图10-12和图10-13。

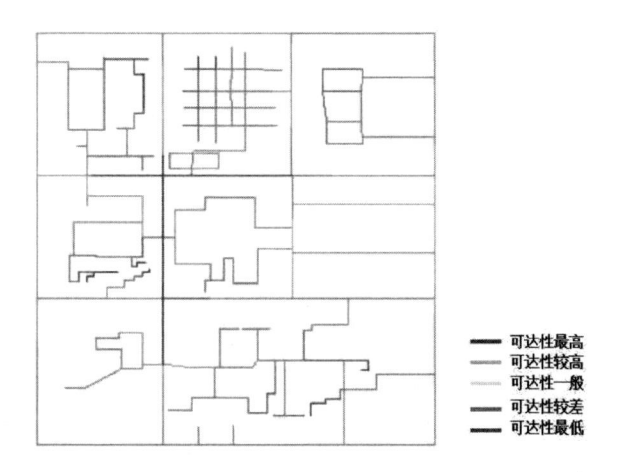

图 10 – 12　大唐西市商旅文化街区局部整合度

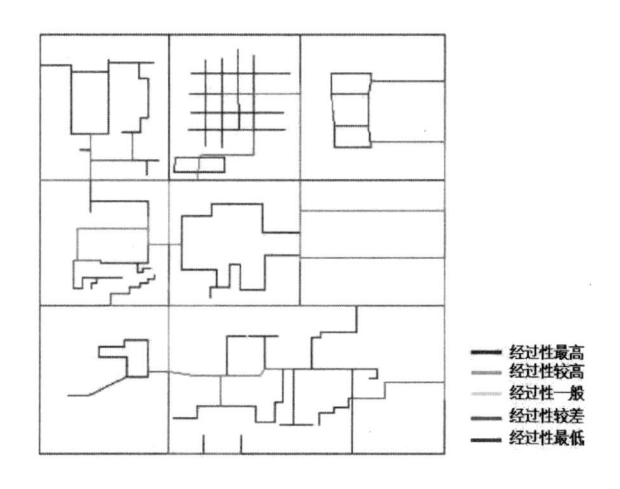

图 10 – 13　大唐西市商旅文化街区局部选择度

大唐西市商旅文化街区具备典型的城市步行街区的特色,步行街道轴线密集,分布于整个街区。纵向上为多层结构,由于底层是停车空间,因此车行交通多在街区外围和底层。在步行尺度上,街区的局部整合度较高(图10 – 12),说明街区内部区域较适宜步行到达,方便人群的流通。此街区的局部选择度没有处在较高水平(图10 – 13),因为大唐西市商旅文化街区的九宫格结构较为特殊,街区内部的轴线较为简单,便于参与者的休闲娱乐活动。

(二) 空间形态特征

运用空间句法中连接值的指标对大唐西市商旅文化街区内部的街道轴线进行分析,得到图 10-14。

图 10-14　大唐西市商旅文化街区街道轴线连接值

大唐西市商旅文化街区在空间形态上为九宫格构造,立体结构,街区轴线连接值较低,仅为 2.79,空间整体上不够紧凑,主要是由于街区空间结构较为简单,轴线数量较少造成的。

(三) 业态布局特征

大唐西市商旅文化街区分为特色步行街、现代商业区、休闲娱乐区、宾馆、办公区五大功能区域,在布局上体现了业态的立体布局结构,规划建造时已经确定了各分区的主力业态形式,分层差异使得不同层次的业态构成也不同,街区外部空间多为零散分布商铺,而街区内部空间中商铺多集聚分布。在空间分布上,主力业态和街区零售业态主要布局在可达性较好的道路沿线,餐饮和娱乐类功能多位于街区内部。从图 10-15 大唐西市商旅文化街区业态构成图可知,古玩杂项、珠宝首饰、服饰、餐饮四类是西市街区的主要业态构成,与此同时,还具备美容美发、皮包鞋具、儿童教育、数码电器、礼品家居等现代服务行业,具备很强的时代氛围和商业气息,与其他街区存在明显的业态差别。

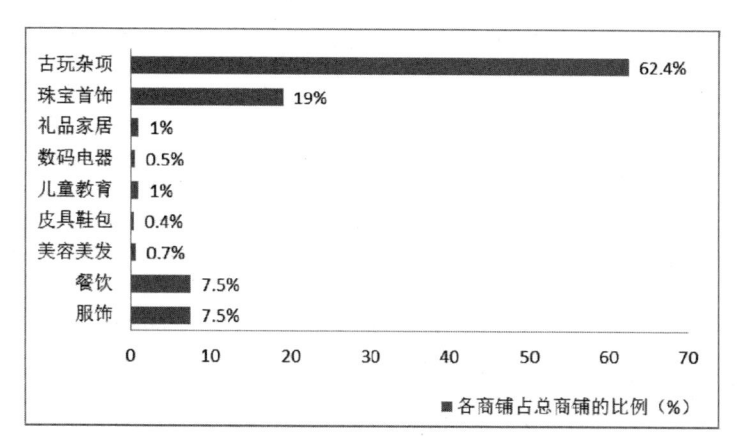

图 10-15　大唐西市商旅文化街区业态构成图

（四）总结

根据前面对大唐西市商旅文化街区空间组织要素的分析可总结出其空间组织要素的基本特点：在区位方面，街区地理位置较为优越，距市中心较近，邻近城市主干道——二环南路、丰庆路，在步行尺度上具备较好地可达性；在交通组织方面，街区内主要以步行为主，因其文化、购物场所架设在城市街道之上，车行交通集中在底层空间和街区外围，有典型的现代购物中心的模式；在空间形态方面，西市街区的街道连接值较低，这主要是因为西市街区的道路结构相对简单，而连接值最高的街道轴线对应可达性最好的街道骨架，因此这些方格网的街道骨架空间性能极优；在业态布局方面，西市街区的用地性质较为混杂，主力业态和街区零售业态主要布局在可达性最好的主要骨架道路沿线，其中主力商铺多位于商业街区最主要的街道轴线，餐饮和娱乐类功能多位于街区内部，业态种类较为复杂多样。

由此可知，西安市综合型现代文化街区的空间组织特征。即街区拥有较好的地理区位，空间的可达性和经过性较高。街区空间的整体性较好，与外界有着良好的连通性。在街区的结构上不再满足于单层结构，而是建构于街区空间之上。街区呈现功能主导的立体分层模式。街区外部空间以框架道路为骨架，有良好的空间性能。因为综合型现代文化街区兼具文化展示、休闲购物、文化相关附属品的零售批发等多种功能,街区空间结构特征也具有现代城市购物中心的特色,所以业态构成复杂。分层的结构也使得在业态构成上有所不同,街区外部空间业态分布较为分散且规模较小,同类业态未能形成集聚态势,而街区内部空间的业态构成更加多样化,并且同类业态多集中存在。

第四节 文化创意街区——大华·1935

一、街区概述

大华·1935文化创意街区位于西安市新城区,西邻大明宫国家遗址公园,距西安城墙约600米,建筑面积约0.087平方千米,是文化创意街区的典型代表。街区前身是长安大华纱厂,是在承袭近代工业文明遗存的基础上,集合现代城市的综合功能打造的大型综合文化中心。

大华·1935文化创意街区的业态功能以文化展示、艺术品展览、小剧场为主,配以现代餐饮、购物以及高品质酒店。区内分布有文化艺术中心、工业遗产博物馆、小剧场集群、购物街区等,设计结构合理,多分布在可达性和经过性较高的街道轴线。同时,街区内的设计最大限度地将原有建筑风格和现代城市功能相结合,形成别具特色的建筑风貌(如图10-16)。

图10-16 大华·1935文化创意街区的位置及范围示意图

二、大华·1935文化创意街区空间组织特征分析

(一)交通组织特征

根据空间句法局部整合度和局部选择度的衡量指标,对大华·1935创意文化街区内部的可达性和经过性进行分析,得到图10-17和图10-18。

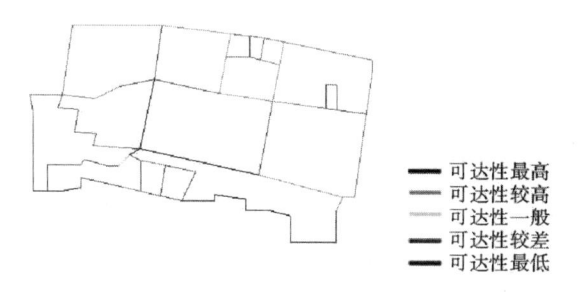

图10-17　大华·1935创意文化街区局部整合度

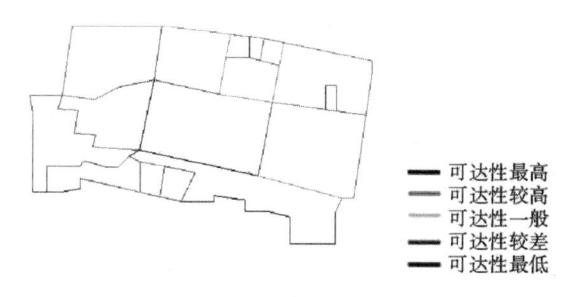

图10-18　大华·1935创意文化街局部选择度

由于是在原厂房基础上改建,所以大华·1935创意文化街区在步行尺度上,依托原本的道路格局,街区道路结构较为简单,为格网式分布,整体可达性较好,其中,主街道上的可达性相对较高,适宜参与者步行参观。在局部选择度上,经过性没有处在较高的水平上,经过性较高的街道与可达性较高的街道重合,主要分布在街区中部,而周边地区的经过性则较低,主要是由于在原来厂房的基础上改建而造成的街道轴线简单。

(二)空间形态特征

运用空间句法中连接值的指标对大华·1935创意文化街区内部的

街道轴线进行分析,得到图 10-19。

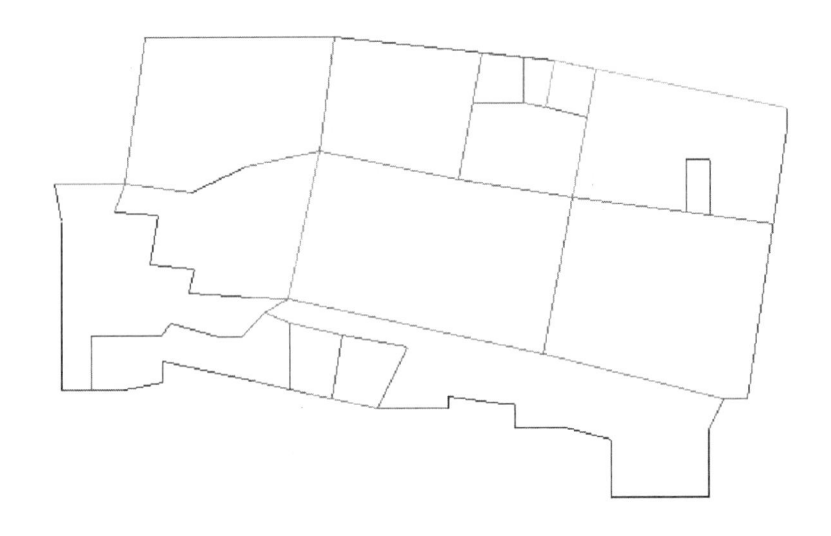

图 10-19 大华·1935 创意文化街区街道轴线连接值

大华·1935 创意文化街区的空间形态大致呈规则几何形,平面结构,街区轴线连接值为 3.3,平均连接值较高。连接值较高的街道与经过性较高的街道大致相符。说明街区空间分布相对紧凑,空间整体性较好。

(三)业态布局特征

大华·1935 创意文化街区的定位为涵盖文化艺术中心、工业遗产博物馆、小剧场集群、购物街区等城市生活多种功能、多样文化、多元消费的文化商业中心。业态构成主要以文化展示、艺术品展览为主,同时作为现代文化中心,街区内还配有体验式工坊,以及酒店、餐饮、休闲娱乐等配套设施。商铺主要布局在可达性较好的道路沿线,餐饮和娱乐类功能多位于街区内部。

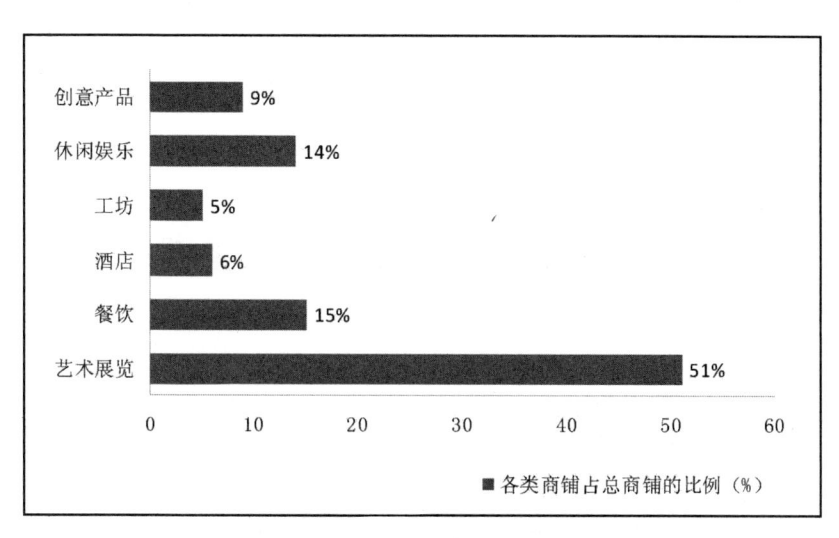

第十章　西安市文化街区空间组织结构

图 10-20　大华·1935 创意文化街区街区业态构成图

类别	比例
创意产品	9%
休闲娱乐	14%
工坊	5%
酒店	6%
餐饮	15%
艺术展览	51%

■各类商铺占总商铺的比例（%）

（四）总结

根据前面对大华·1935 文化创意街区空间组织要素的分析可总结出其空间组织要素的基本特点：在区位方面，街区地理位置较为优越，西临大明宫遗址公园，邻近城市可达性较高的主干道——太华道，在车行和步行尺度上皆有较好的可达性；在交通组织方面，大华·1935 文化创意街区主要以步行为主，街区内部可达性和经过性高，街区内外车行尺度的贯通性不好；在空间形态方面，街道的轴线连接值较高，道路结构相对简单，而且连接值最高的街道对应可达性最好的街道骨架，因此具备较好的空间结构；在业态布局方面，街区业态构成主要以文化展示为主，配有现代的服务产业以及体验式工坊等独特产业类别，商铺多布局在可达性较好的道路沿线，餐饮、娱乐休闲等主要分布在街区内部。

由此可知，创意文化街区的空间组织特征。即街区拥有较好的地理区位，空间的可达性和经过性较高。街区整体空间形态紧凑，内部空间多成网格状，空间性能优越，各个街道间的连接度较好。街区产业业态以文化展示为主，同时具备现代服务功能。

第十一章 丝绸之路新起点的重塑战略

唐代以后,西安再未作为我国都城,其地域文化也由国都优势文化逐渐沦为一般地方文化。但是,当代西安文化作为中华民族悠久历史传统中一种富有地方特色和代表性的地域文化,仍在国内多种地域文化的竞争中积极、迅速地向前拓展,周秦汉唐文化雄风仍眷恋着这片热土。

第一节 重视历史传承

一、文化的根植性

(一)西安市深厚的历史文化积淀

西安,自古为帝王都,先后有西周、秦、西汉、唐等13个王朝在此建都,是我国建都时间最长的古城,是中华民族重要的文明发源地之一,以及古丝绸之路的起点。丰镐都城,秦咸阳宫、兵马俑,汉未央宫、长乐宫,隋大兴城,唐大明宫、大小雁塔、兴庆宫等古迹遗址都见证了古长安灿烂的文明历程。西安是学习中国历史、了解华夏文明的圣地,西安以其端庄凝重的城市风貌和深邃博大的文化底蕴成为万众向往的历史殿堂。

(二)西安市文化资源的培育和保护

对于一个民族而言,文化是精神之根;对于一座城市而言,文化是活力和灵魂。厚重的历史文化资源是西安市的无形资产,更是西安市独有的文化优势。培育创意文化产业、开发古城文化资源、发挥历史文化名城优势,当是西安重塑国际化大都市进程中的重要战略举措。西安应当科学合理地开发利用文化资源潜力,做好都城遗址、河湖水系、城市历史格局和文化街区等文化要素的保护、开发工作;加快文化资源及文化资源保护产业化,加大文化创新,加速壮大文化产业集群;努力推进文化交流,扩大文化消费,提升西安文化软实力,增强区域文化竞争力。

二、文化的继承性

(一)传统文化的继承

文化的发展、创新与转型离不开对优秀文化遗产的继承和保护,离不开优秀传统文化传承体系的建设。传统文化中许多原创性的资源要素,如医药、建筑、特技、习俗、饮食、诗词歌赋等都是中国民族文化的宝贵资源,我们要积极地给予保护和继承。对于优秀传统文化而言,继承就是保护,要加大物质与非物质文化遗产的传承保护与开发力度,广泛开展优秀传统文化教育普及活动,增强民众继承传统文化的积极性。

(二)西安市文化继承战略

西安市文化继承战略的关键是处理好文化传承和文化创新的关系,这将是西安文化发展战略的核心动力。文化的传承需要继承,也需要推陈出新,一味地保守,最终只会被淘汰。时代在改变,人们的文化需求也在改变,文化要迎合当代人的文化需求,才会有更多的人愿意接受、愿意继承。而这些现在经过创新过的传统文化在不久的将来也会随着社会的发展又会被称为传统,被又一代人当作文化遗产珍藏。

三、文化的发展性

(一)文化在继承中发展

文化的发展是历史进程中的必然趋势,发展是文化的基本属性。随着人类社会的进步和时代的更新,文化也在不断朝着不同的方向发展演变。继承是发展的必要前提,发展是继承的必然要求,文化的继承和发展,是同一过程的两个方面。把握好文化继承和发展的关系,找准文化发展的方向,积极从改革开放和社会主义建设的实践中汲取养分,不断"推陈出新,革故鼎新",创造出既具有时代特点又具有民族特色的文化,才能实现文化的繁荣发展。

(二)西安市文化发展的创新

创新是时代发展的不竭动力,是文化永葆生机的基石。西安市文化发展当把握时代脉搏,遵循当代需求,借助高新技术,将西安千百年来积淀下来的优秀传统文化发扬光大。赋予传统文化与时俱进的色彩,将传统文化中符合现代社会发展潮流和趋势的内容踵事增华,对存在糟粕的内容进行删改。另外,文化生产发展方式也要与时俱进,用科学的方式促进文化快速发展,释放文化生产力、文化创造力。

第二节　融入现代要素

一、文化要素的内容扩展

(一)西安市地域文化要素的类型

西安市地域文化要素类型主要包括生态文化、历史文化和现代文化三类。生态文化包括自然地形地貌、特色物种及特色自然要素等。历史文化按照文化形态一般可划分为物质性文化遗产和非物质性文化遗产。其中,西安市现存的物质性历史文化遗产主要类别包括古遗址、古墓葬、古建筑、石窟寺和古园林等。西安市现存非物质文化遗产主要类别包括地方文化艺术、地方民俗、地方手工艺、地方饮食、历史事件、历史地名、历史名人等。现代文化要素指中华人民共和国成立后快速兴起的现代工商业城市文化,包括科教、旅游、商贸等多种文化类型。

（二）西安市文化要素的扩充和延伸

重构本民族文化主体精神，使之成为与世界人类文明包容共生的文化，使之成为开放的、与时俱进的文化，应当是西安文化要素扩充的一个战略目标。西安文化发展要顺应世界性的需求变化，依托西安的人文、山水、科教、民俗资源条件，扩充旅游休闲文化产品体系；优化城市环境，在"国家森林城市"的基础上，营造生态文明、和谐共生、可持续发展的大都市生态文化环境；借助现代科技，打造"互联网+西安古都文化"，加快西安文化走向国际化。另外，文化要素的内容扩展还要有"拿来主义"的勇气，要以开放、理性的态度对待外来文化，准确研判、选择、吸收和容纳异文化的优秀因子，比如国外先进的科学技术、优越的管理制度、著名的文学艺术等。西安在为其悠久的历史文化和东方智慧感到骄傲的同时，应不断吸收外来文化丰富自己，保持文化的多样性和差异性，进而丰富西安的文化生态。

二、文化要素的东西融合

（一）西安市文化要素形成过程

西安的地域文化同其他地域文化的形成一样，自然赋存条件、传统文化遗传性、历史上占主导地位的生产生活方式、重要的社会文化变迁过程等，都对西安市文化要素的形成产生着或强或弱的影响，是构成现代文化的结构要素。西安和其他城市的不同之处，主要在于它有着十分厚重的历史积淀和比较复杂的现代文明影响。

丰、镐二京的建立，开创了西安长期作为中国古代政治、经济、文化中心的历史格局；周、秦、汉、唐封建宗法制及儒家正统文化的长期统治，促使了西安千年古都文脉的形成；北方游牧民族及其"胡文化"对西安现代文化形成也产生了深远影响；近代民主主义革命时期形成的革命文化，计划经济时代的管理观念及企业文化，直到现代流行的科教、商贸、旅游文化等都对西安市文化要素的形成产生着持久影响。

(二)西安市文化要素发展方向

文化是一种历史的延续,也是一个民族的精魂。在世界文化快速发展的今天,首先应该做到的是正视传统文化的文化地位,5000年的历史文明绝对不能废弃。西安文化要素发展的目标应该是成为中华文明展示和文化传承、传播的战略高地,依托西安的城墙、古迹遗址、历史街区打造具有历史场所感和文化精华集大成性质的"东方博物馆之城"。另外,对于外来文化而言,要秉持乐观包容、求同存异的发展态度,不断吸收外来优秀文化以丰富自己,保持文化多样性和差异性,促进中西方文化交流与传播,不断增强本土文化的生命力。总之,吸纳外来文明成果与保护本土历史文化、维系民族特色二者不可偏颇,它们是地区文化、民族文化乃至人类文明健康持续发展的核心动力。

三、文化要素的升华

(一)西安市文化要素向现代转变

在现代化过程中,一方面,西安市文化要素向现代转变,必须要立足传统,借鉴世界经验,构建具有中国特色的现代文化。西安应将积淀深厚、灿烂瑰丽的汉唐文化与中国特色社会主义的文化有机结合起来,围绕汉唐文化,打造西安城市的品牌和特色。比如实施皇家遗址修复工程,加快生态文化和文化旅游产品开发,传承民俗文化资源,大力发展"非遗"文化产业,打造世界级文化旅游目的地等,将引以为豪的历史文化资源转换成现实生产力。另一方面,传统文化有着丰富的内涵,也有糟粕,要使传统文化的精华在现代社会中发挥积极作用,不仅要批判地继承,更需要进行创造性地转变。比如以现代科技激活历史文化产业,打造古都创意文化产业品牌,加快影视传媒、新闻出版、数字动漫等创意文化产业的发展步伐。

(二)西安市文化要素与国际接轨

国际上不同地域的文化存在着很大差异,中国传统文化以其鲜明的人文传统、天人合一的追求区别于西方现代文化执着的科学精神、征服自然的强烈欲望和商业意识。但是,中西文化同样不乏相通的见识和追求。人的生存与发展、生活与幸福是国学和西学共同秉有的主题,人性完善、社会进步是国学和西学永恒的追求。因此积极吸纳西学的优秀成果,实现中国传统文化与西方现代文化的融合是必要的,它是传统文化扬长避短、焕发新生机的重要途径。西安市文化发展应积极响应国际文化发展趋势,以乐观包容、求同存异的态度接纳并吸收国际优秀文化,以平等互惠、合作共赢的合作理念打造西安文化在世界文化中的一席之地。

第三节 确立功能定位

一、历史之城

西安作为世界四大古都之一、首批国家历史文化名城,拥有1100多年的建都史,3100多年未间断的城市发展史,是中国历史上建都朝代最多、建都时间最长、影响力最大的都城。西安曾是封建盛世全国的政治、经济、文化中心,通往中亚和欧洲古丝绸之路的起点。目前,西安市境内有国家级重点文物保护单位52处,省级43处,各类博物馆、纪念馆100余座,古遗址、陵墓4000多处,出土文物12万余件,被誉为中国古代社会的"天然历史博物馆"。西安最大的特色在于它的历史文化地位,西安的战略性资源是它的历史文化资源,西安的历史功能定位首先应该是中国千年古都、世界历史名城。

二、文化之城

建设文化之都、传承中华文化,是西安进一步完成中国近代以来争取国家自主、实现经济自强、寻求文化自立的历史使命。积淀厚重的汉唐文化是西安独有的文化优势,依托丰富的文化资源和旅游资源,西安市将自身资源优势同城市建设紧紧结合,西安曲江新区、西安高新产业技术开发区、西安经济技术开发区、浐灞生态区、城墙景区、临潼和秦岭北麓文化旅游带等7个文化产业板块已初具规模;培育了以广播影视业、文化娱乐业、新闻出版业、文化旅游业、文物及文化保护业、广告业为发展重点的"六大行业";规划实施了西安城墙景区工程、大唐不夜城项目、大明宫国家遗址公园等12个重大项目,建立了相对健全的立体化文化产业格局。丝绸之路经济带的提出、打造西安丝绸之路新起点文化产业高地,进一步明确了西安国际化大都市文化建设的方向。据此,西安市文化功能定位应为东方文化之都,中国优秀传统文化的根源地、精神家园、国际文化交流中心、国际一流旅游目的地。

三、经济之城

首先,西安地处我国两大经济区域的结合部,是西北地区最大的中心城市,具有承东启西、贯通南北的区位优势。其次,西安综合科技优势位居全国大城市前列,是我国重要的高等教育、科研、国防科技工业、高新技术产业基地。再次,西安近年来注重旅游资源开发,古城文化艺术资源同市场得到有机的结合,使得西安的历史文化优势转化为经济优势。最后,西安市是丝绸之路的起点,应当大力开拓国际市场,主动融入丝绸之路经济带建设中,积极落实"内陆型改革开放新高地"的战略定位。所以,西安市经济功能定位应为区域金融中心、贸易中心、制造业中心,以及高端服务业中心。

第四节 注重承东启西

一、集聚与扩散

文化集聚的本质体现为各种文化要素跨区域流动、集中与积累过程。

经过古丝绸之路上贸易文化交流、封建帝国改朝换代、近代革命战争、现代工商业的发展等多种文化长期的碰撞,西安这片土地集聚了丰厚的历史文化、灿烂的革命文化、特色鲜明的民俗文化和较强实力的现代文化优势,这些都为文化产业的发展奠定了良好的基础。西安要努力扩大文化聚合力,协调好集聚与扩散的双重趋势,不断增强集聚经济效益。

文化扩散是一种空间的相互作用,是一地向另一地施加影响的过程。古长安繁荣的帝国文化通过商品贸易、人员往来、宗教传播、战争等多种渠道在国际上得以广泛传播,今天的西安同样在不断地向世界传播着自己独特的城市文化。随着现代通信工程、交通工程的发展,文化扩散的速度也在不断加快,西安应该紧追时代步伐,转变文化传播方式,扩大文化辐射半径,努力成为丝绸之路经济带上文化传播的引领者。

二、节点与枢纽

(一)打造丝绸之路经济带文化节点

汉唐时期长安因丝绸之路而伟大,丝绸之路因汉唐长安而不朽。建设丝绸之路经济带的宏伟目标,为西安这座千年古都实现复兴开启了新的发展机遇。西安作为丝绸之路上的节点城市,要大力传承历史文化,建设文化新起点,积极发挥其丝绸之路经济带文化建设的枢纽作用;依托其重要的地理位置和历史文化底蕴,进一步增强西安在国内外的影响力与区域竞争力,从而开展并深化与丝绸之路沿线国家与地区在商贸、旅游、文化等领域全方位的交流与合作,加强与中亚国家的交流和联系,进一步促进与引领西部地区丝绸之路经济带经济与文化建设向"广领域、深层次、永续化"发展;紧紧抓住丝绸之路经济带建设战略机遇,努力建设好"丝绸之路新起点",将其打造为西安市全新的文化品牌。

(二)发挥西安市"承东启西、连接内外"的枢纽作用

西安地处我国中西部两大经济区域的结合部,是连接东西、贯通南北的枢纽和中心。在全国区域经济布局上,西安作为连接丝绸之路国家的

陇海兰新铁路沿线最大的西部中心城市,具有承东启西、连接南北的重要战略地位。西安应充分发挥区位优势,以厚重的历史文化为依托,以丰富的文化资源为载体,树立足够的文化自信,增强文化掌控力,以自己独特的文化品格,构建具有特色的国际文化枢纽城市;以经济合作为基础,以人文交流为重要支撑,以开放包容的合作理念,打造西安丝绸之路新起点文化产业高地,促进区域经济、文化整体发展。

三、汇聚与交融

西安是古丝绸之路的起点,在古代中外经济文化交往中具有重要的中心枢纽地位,汉唐两代尤为突出。汉唐时期,往来长安的西域使者、商人、传教者络绎不绝,成千上万的西域侨民聚居这里,西域的服饰饮食、宗教饮食、风俗习惯等都对长安人的生活和文化产生了深远的影响,并逐渐为长安人所接纳。

在全球一体化与"一带一路"倡议背景下,西安定位于丝绸之路经济带的新起点,势必将承担起更高的文化使命。丝绸之路经济带不仅是一个地理区域,而且还是一个跨文化融合系统,因而在经济体制、政治制度、文化理念、价值观念和传统习俗等方面存在很大的差别,由此产生的跨文化冲突将成为重建丝绸之路面临的主要障碍。西安新起点的定位,应致力于打破各成员国之间的文化隔阂,互相尊重文化多样性,深化丝绸之路沿线国家及城市之间的文化合作,使各成员国的特色文化在丝绸之路经济带上汇聚交融。

参考文献

[1] 长泽和俊.丝绸之路史研究[M].钟美珠,译.天津:天津古籍出版社,1990.

[2] 林梅村.丝绸之路考古十五讲[M].北京:北京大学出版社,2006.

[3] 卞洪登.丝绸之路考[M].北京:中国经济出版社,2007.

[4] 蓝勇.中国历史地理学[M].北京:高等教育出版社,2002.

[5] 张燕.古都西安·长安与丝绸之路[M].西安:西安出版社,2010.

[6] 郑育林,王锋钧.东方古都西安研究[M].西安:陕西人民出版社,2013.

[7] 考古研究所西安,半坡工作队.西安半坡遗址第二次发掘的主要收获[J].考古通讯,1956,(2):23-30.

[8] 西安半坡博物馆,临潼县文化馆.1972年春临潼姜寨遗址发掘简报[J].考古,1973,(3):134-145.

[9] 秦小丽.试论客省庄文化的分期[J].考古,1995(3):238-255.

[10] 刘生良.长安文化的发端及其影响[J].长安大学学报(社会科学版),2009,11(3):1-4.

[11] 澹台卓尔.历史的底气:中国制造的万国来朝[M].北京:中国国际广播出版社,2008.

[12] 胡戟,石云涛.丝绸之路与西市[M].西安:陕西师范大学出版社,2009.

[13] 薛东前,石宁,段志勇,等.文化交流、传播与扩散的通道——以中国丝绸之路为例[J].西北大学学报(自然科学版),2013,43(5):781-786.

[14] 邹逸麟.中国历史人文地理[M].北京:科学出版社,2001.

[15] 王明德.从黄河时代到运河时代:中国古都变迁研究[M].成都:巴蜀书社,2008.

[16] 李益彬.从古都变迁的轨迹看中国古都发展的时代特征——评《黄河时代到运河时代:中国古都变迁研究》[J].传承,2010,(10):96-97.

[17] 赵鉴光.西安文化六千年——西安地域历史文化发展纵横谈[M].西安:陕西旅游出版社,2004.

[18] 冀朝鼎.中国历史上的基本经济区[M].朱诗鳌,译.北京:商务印书馆,2014.

[19] 程民生.中国北方经济史:以经济重心的转移为主线[M].北京:人民出版社,2004.

[20] 王保国.中原文化与中国文化的形成[M].上海:上海古籍出版社,2008.

[21] 张铭洽,刘文瑞.长安史话[M].西安:陕西旅游出版社,2001.

[22] 西安市地方志办公室.西安市志·第3卷.经济(上)[M].西安:西安出版社,2003.

[23] 西部网.西安在西部大开发中取得成效 踏上新起点[EB/OL].(2009-12-14)[2017-3-20].http://www.cnwest.com/content/2009-12/04/content_2622473.htm.

[24] 西安网."十二五回眸,西安更精彩"五年奋斗 五年发展 西安迎来新跨越[EB/OL].(2015-10-29)[2017-3-20].http://news.xiancity.cn/readnews.php?id=254642.

[25] 梁慧歆.西安:"一带一路"战略框架下的发展路径[J].环球市

场信息导报,2015,(27):11.

[26] 西安市发展和改革委员会. 西安市"一带一路"建设2016年行动计划[EB/OL]. (2015-12-16)[2017-3-20]. http://www.xadrc.gov.cn/websac/cat/1899071.html.

[27] 西安市发展和改革委员会. 西安市国民经济和社会发展第十三个五年规划纲要[EB/OL]. (2016-5-16)[2017-3-20]. http://www.xadrc.gov.cn/websac/cat/2052477.html.

[28] 霍克海默,阿道尔诺. 启蒙辩证法:哲学断片[M]. 渠敬东,曹卫东,译. 上海:上海人民出版社,2006.

[29] 国家统计局设管司. 文化及相关产业分类(2012)[EB/OL]. (2012-7-31)[2016-9-2] http://www.stats.gov.cn/tjsj/tjbz/201207/t20120731_8672.html.

[30] 周尚意,姜苗苗,吴莉萍. 北京城区文化产业空间分布特征分析[J]. 北京师范大学学报(社会科学版),2006,(6):127-133.

[31] CHAPAIN CA, COMUNIAN R. Enabling and Inhibiting the Creative Economy: The Role of the Local and Regional Dimensions in England[J]. Regional Studies, 2010,44(6):717-734.

[32] COMUNIAN R, CHAPAIN C, CLIFTON N. Location, location, location: exploring the complex relationship between creative industries and place[J]. Creative Industries Journal,2010,3(1):5-10.

[33] SCOTT A J. The Cultural Economy of Cities[J]. International Journal of Urban & Regional Research,1997,21(2):323-339.

[34] SCOTT A J. Cultural-Products Industries and Urban Economic Development[J]. Urban Affairs Review,2004,39(4):461-490.

[35] HUTTON T. Reconstructed Production Landscapes in the Postmodern City: Applied Design and Creative Services in the Metropolitan Core[J]. Urban Geography,2000,21(4):285-317.

[36] HUTTON T. Spatiality,Built Form,and Creative Industry Development in the Inner City [J]. Environment & Planning,2006,38(10): 1819-1841.

[37] BASSETT K,GRIFFITHS R,SMITH I. Cultural industries,cultural clusters and the city:the example of natural history film-making in Bristol[J]. Geoforum,2002,33(2):165-177.

[38] MARKUSEN A,KING D. The Artistic Divided:The Arts' Hidden Con-tributions to Regional Development,Minneapolois,[D]. Saint Paul:University of Minnesota,2003.

[39] CURRID E. New York as a Global Creative Hub:A Competitive Analysis of Four Theories on World Cities[J]. Economic Development Quarterly,2006,20(4):330-350.

[40] RADU-DANIEL P,CRISTIAN B,CONSTANTIN D C,et al. Territorial Imbalances in the Distribution of Creative Industries in the North-Eastern Development Region [J]. Procedia - Social and Behavioral Sciences, 2014,122:179-183.

[41] DANIELA S,DANIEL P,RADU P,et al. Territorial Distribution of Creative Poles in Romania [J]. Procedia-Social and Behavioral Sciences, 2014,122:184-188.

[42] NETO A B F,PEROBELLI F S. Spatial analysis of cultural activities in the microregions of Minas Gerais[J]. Economia,2013,14(3-4): 139-157.

[43] 雷宏振,邵鹏,潘龙梅.我国文化产业集聚度测算及其分布特征研究——基于省际面板数据的分析[J].经济经纬,2012,(1):42-46.

[44] 周灵雁,褚劲风,李萍萍.上海创意产业空间集聚研究[J].现代城市研究,2006,(12):4-9.

[45] 褚劲风.上海创意产业空间集聚的影响因素分析[J].经济地

理,2009,29(1):102-107,129.

[46] 褚劲风.上海创意产业集聚的地缘空间研究[J].上海经济研究,2009,(5):92-98.

[47] 褚劲风.上海创意产业园区的空间分异研究[J].人文地理,2009,(2):23-28.

[48] 刘展展.深圳市文化产业空间布局及区位因素研究[J].特区经济,2009,(3):39-41.

[49] 汪毅,徐昀,朱喜钢.南京创意产业集聚区分布特征及空间效应研究[J].热带地理,2010,30(1):79-83,100.

[50] 张文霞,林宪生.大连市文化产业空间布局研究[J].云南地理环境研究,2010,22(6):45-50.

[51] 黄江,胡晓鸣.创意产业企业空间分布研究——以杭州市为例[J].经济地理,2011,31(11):1851-1856.

[52] 薛东前,刘虹,马蓓蓓.西安市文化产业空间分布特征[J].地理科学,2011,31(7):775-780.

[53] 周晓唯,朱琨.我国文化产业空间聚集现象及分布特征研究——基于省际面板数据的空间计量分析[J].东岳论丛,2013,34(7):126-132.

[54] 姚磊,张敏,汪飞.基于细分类型的南京市创意产业空间演化特征与差异[J].人文地理,2013,(5):42-48.

[55] 黄筱彧,朱艳,韦素琼.福州城市文化产业空间分布特征研究[J].亚热带资源与环境学报,2014,9(4):68-77.

[56] 郑美丽.北京创意产业集聚区空间分布特征及发展模式研究[J].首都师范大学学报(自然科学版),2015,36(4):90-96.

[57] 薛东前,张志杰,郭晶,等.西安市文化产业集聚特征及机制分析[J].经济地理,2015,35(5):92-97.

[58] 薛东前,马蓓蓓,等.文化产业的时空集散——西安的案例

[M].北京:社会科学文献出版社,2015.

[59] 杨槿,陈雯,袁丰.苏州老城区文化产业空间格局演化及其机理分析[J].地理科学,2015,35(12):1551-1559.

[60] 罗蕾,田玲玲,罗静.武汉市中心城区创意产业企业空间分布特征[J].经济地理,2015,35(2):114-119.

[61] GIBSON C,MURPHY P,FREESTONE R. Employment and Socio-spatial Relations in Australia's Cultural Economy[J]. Australian Geographer. 2002,33(2):173-189.

[62] POWER D. "Cultural Industries" in Sweden:An Assessment of their Place in the Swedish Economy[J]. Economic Geography. 2002,78(2):103-127.

[63] 钱紫华,闫小培,王爱民.城市文化产业集聚体:深圳大芬油画[J].热带地理,2006,26(3):269-274.

[64] 李艳燕.河南省文化产业现状的统计分析[J].江苏商论,2011(11):146-149.

[65] 王大伟.辽宁省文化产业集聚及其影响因素研究[D].大连:辽宁师范大学,2010.

[66] 罗娟.西安市创意产业及其集聚发展发展研究[D].西安:西安科技大学,2010.

[67] 梁君,陈显军.广西文化产业集聚度实证研究[J].广西社会科学,2012,(5):43-46.

[68] 孙元元.文化产业集聚动力机制研究——以大连市为例[D].大连:辽宁师范大学,2012.

[69] 袁海.文化产业集聚的形成及效应研究[D].西安:陕西师范大学,2012.

[70] 石宁.西安市文化产业集聚的多重效应研究[D].西安:陕西师范大学,2013.

[71] 赵星.我国文化产业集聚的动力机制研究[D].南京:南京师范大学,2014.

[72] 雷宏振,潘龙梅.中国文化产业空间集聚特征研究[J].东岳论丛,2011,32(8),114-117.

[73] 袁俊.中国文化产业空间集聚水平及其影响因素研究[J].技术经济与管理研究,2013,(11):102-107.

[74] 段志勇.西安市文化产集聚与扩散的时空演化研究[D].西安:陕西师范大学,2013.

[75] 李玲.基于多尺度的西安市文化产业集聚扩散研究[D].西安:陕西师范大学,2013.

[76] 沃尔特·艾萨德.区位与空间经济学——关于产业区位、市场区、土地利用、贸易和城市结构的一般理论[M].杨开忠,沈体雁,方森,等译.北京:北京大学出版社,2011.

[77] SACK R D. The Spatial Separatist Theme in Geography[J]. Economic Geography,1974,50(1):1-19.

[78] 瑞斯托·劳拉詹南.金融地理学:金融家的视角[M].孟晓菲,樊绯,等译.北京:商务印书馆,2003.

[79] 彭薇,冯邦彦.经济学关于空间异质性的研究综述[J].华东经济管理,2013,27(3):155-160.

[80] ANSELIN L. Spatial Economitrics,Methods and Model[M]. Boston: Kluwer Academic,1988.

[81] LESAGE J P. The Theory and Practice of Spatial Economitrics[R]. Toledo:Department of Economics,University of Toledo,1999.

[82] LI H,REYNOLDS J F. On definition and quantification of heterogeneity[J]. Oikos,1995,73(2),280-284.

[83] BRUSDON C,FOTHERINGHAM A S,CHARLTON M. Some Notes on Parametric Significance Tests for Geographically Weighted Regres-

sion[J]. Journal Regional Science,1999,39(3):497 - 524.

[84] BAUMONT C,ERTUR C,GALLO JL. A Spatial Econometric Analysis of Geographic Spillovers and Growth for European Regions. 1980 - 1995[R]. LATEC - Document de travail - Economie,2001.

[85] FINGLETON B,LOPEZ-BAZO E,Empirical Growth Models with Spatial Effects[J]. Papers in Regional Science,2006,85(2):177 - 198.

[86] BITTER C,MULLIGAN G F,DALL'ERBA S. Incorporating Spatial Variation in Housing Attribute Prices:A Comparison of Geographically Weighted Regression and the Spatial Expansion Method[J]. Journal of Geographical systems, 2007,9(1):7 - 27.

[87] PARDEDES D J C. A Methodology to Compute Regional Housing Price Index Using Matching Estimator Method[J]. The Annals of Regional Science,2011,46(1):139 - 157.

[88] KAREIVA P. Special Feature:The Final Frontier for Ecological Theory[J]. Ecology,1994,75:1.

[89] TURNER M C. Landscape Heterogeneity and Disturbance[M]. New York:Springer-Verlag,1987.

[90] KOLASA J,P ICKETT SYTA. Ecological Heterogeneity[M]. New York:Spring-Verlag,1991.

[91] 吴玉鸣. 中国区域研发、知识溢出与创新的空间计量经济研究[M]. 北京:人民出版社,2007.

[92] 马骊. 空间统计与空间计量经济方法在经济研究中的应用[J]. 统计与决策,2007,(19):29 - 31.

[93] 刘金山. 乘数效应与区域收敛[M]. 北京:经济科学出版社,2007.

[94] 周业安,章泉. 参数异质性、经济趋同与中国区域经济发展[J]. 经济研究,2008,(1):60 - 102.

[95] 梅志雄.基于半变异函数的住宅价格空间异质性分析——以东莞为例[J].东南师范大学学报(自然科学版),2008,(4):123-128.

[96] 陶云龙.城市住宅价格特征的空间异质性研究——对杭州的实证分析[D].杭州:浙江大学,2015.

[97] 丁川.考虑空间异质性的城市建成环境对交通出行的影响研究[D].哈尔滨:哈尔滨工业大学,2014.

[98] 邬建国.景观生态学——格局、过程、尺度与等级[M].北京:高等教育出版社,2000.

[99] PICKETT S T A,CADENASSO M L. Landscape Ecology: Spatial Heterogeneity in Ecological Systems [J]. Science,1995,269:331-334.

[100] DUTILLEUL P, LEGENDRE P. Spatial Heterogeneity Against Heteroscedasticiy: An Ecological Paradigm versus A Statistical Concepts [J]. Oikos,1993,66:152-171.

[101] 李小建.经济地理学研究中的尺度问题[J].经济地理,2005,25(4):433-436.

[102] SHEPPARD E,MCMASTER RYB. Scale and Geographic Inquiry: Nature,Society, and Method[M]. Oxford:Blackwell Publishing Ltd,2004.

[103] 刘云刚,王丰龙.尺度的人文地理内涵与尺度政治——基于1980年代以来英语圈人文地理学的尺度研究[J].人文地理,2011,(3):1-6.

[104] 邬建国.景观生态学——概念与理论[J].生态学杂志,2000,19(1):42-52.

[105] DAHL C A. Measuring Global Gasoline and Diesel Price and Income Elasticities [J]. Energy Policy,2012,41:2-13.

[106] RIDGES M GIS and Archaeological Site Location Modeling[J]. Journal of Regional Science,2006,4(2):51-84.

[107] 李月娇,杨小唤,王静.基于景观生态学的人口空间数据适宜

格网尺度研究——以山东省为例[J].地理与地理信息科学,2014,30(1):97-100.

[108] 吴启焰,吴小慧,Chen Guo,等.基于小尺度五普数据的南京旧城区社会空间分异研究[J].地理科学,2013,33(10):1196-1205.

[109] 张孝宇,赖宗裕,张安录.基于地块尺度的耕地非农化驱动力空间异质性研究——以武汉市为例[J].长江流域资源与环境,2015,24(6):994-1002.

[110] 邱炳文,王钦敏,陈崇成,等.福建省土地利用多尺度空间自相关分析[J].自然资源学报,2007,22(2):311-321.

[111] 王涛,陈海,白红英,等.退耕还林还草政策影响下米脂县银州镇土地利用变化研究[J].水土保持通报,2009,29(5):230-233,237,243.

[112] 吴桂平.不同尺度转换方式对土地利用格局模拟的影响效应研究[J].水土保持研究,2010,17(5):75-79.

[113] 成功.成都茶馆系统多级空间尺度分形结构与特征[D].石家庄:河北师范大学,2011.

[114] 向清华.不同空间尺度下的远洋渔业生产网络研究[D].上海:华东师范大学,2011.

[115] 田至美,李飞飞.会展旅游业的地理区位及其选择[J].商业研究,2009,(7):157-159.

[116] 王士君,浩飞龙,姜丽丽.长春市大型商业网点的区位特征及其影响因素[J].地理学报,2015,70(6):893-905.

[117] 管卫华.中国经济增长波动的多尺度分析及其预测[D].南京:南京师范大学,2005.

[118] 陈培阳,朱喜钢.基于不同尺度的中国区域经济差异[J].地理学报,2012,67(8):1085-1097.

[119] 王远飞,何洪林.空间数据分析方法[M].北京:科学出版

社,2007.

[120] 王法辉.基于 GIS 的数量方法与应用.[M].姜世国,滕骏华,译.北京:商务印书馆,2009.

[121] 汤国安,杨昕.ArcGIS 地理信息系统空间分析实验教程[M].北京:科学出版社,2006.

[122] 孟斌,张景秋,王劲峰.空间分析方法在房地产市场研究中的应用——以北京市为例[J].地理研究,2005,24(6):956-964.

[123] 湛东升,孟斌.基于社会属性的北京市居民居住与就业空间集聚特征[J].地理学报,2013,68(12):1607-1618.

[124] 朱迪茨.实用数据挖掘[M].袁方,等译.北京:电子工业出版社,2004.

[125] 闫庆武.空间数据方法在人口数据空间中的应用[M].南京:东南大学出版社,2011.

[126] ROSSI R E, MULLA D J, JOURNEL A G, et al. Geostatistical Tools for Modeling and Interpreting Ecological Spatial Dependence[J]. Ecological Monographs, 1992,62: 277-341.

[127] SHANNON C E, WEAVER W. The Mathematical Theory of Communication. [M]. Urbana-Champaign: University of Illinois Press,1949.

[128] 徐建华.现代地理学中的数学方法[M].北京:高等教育出版社,2001.

[129] 魏心镇,林亚真.国土规划的理论开拓——关于地域结构的研究[J].地理学报,1989,44(3):262-271.

[130] 杨万钟.经济地理学导论[M].上海:华东师范大学出版社,1994.

[131] 李小建.经济地理学[M].北京:高等教育出版社,2006.

[132] 陈烈.关于农业地域结构合理性分析[J].经济地理,1982,(4):273-277.

[133] 梁仁彩.论工业区的地域结构与地域类型[J].地理研究,1993,12(2):19-26.

[134] 梁仁彩.工业区的等级类型及其结构特征的探讨[J].地理学报,1989,(1):57-67.

[135] 赵荣等.人文地理学[M].北京:高等教育出版社,2006.

[136] 戴学珍.北京商业活动地域结构研究[J].商业时代,2004,(18):14-15.

[137] 许学强,周一星,宁越敏.城市地理学[M].北京:高等教育出版社,2009.

[138] 周茂非.北京文化创意产业功能区发展研究[M].北京:中国经济出版社,2014.

[139] 杨吾扬,杨齐.论城市的地域结构[J].地理研究,1986,5(1):1-11.

[140] 宁越敏.上海市区生产服务业及办公楼区位研究[J].城市规划,2000,(8):9-12,20.

[141] 郭晶.生命周期视角下西安市文化产业区域集聚类型与机制研究[D].西安:陕西师范大学,2013.

[142] 杨家伟,乔家君.河南省产业结构演进与机理探究[J].经济地理,2013,33(9):93-100.

[143] 陕西省统计局.西安市文化产业特色鲜明,总量快速增长[EB/OL].(2013-04-03)[2016-09-03]. http://www.shaanxitj.gov.cn/site/1/html/126/131/139/4906.htm.

[144] 国务院.国务院关于推进文化创意和设计服务与相关产业融合发展的若干意见[EB/OL].(2014-03-26)[2016-09-03]. http://www.gov.cn/zhengce/content/2014-03/14/content_8713.htm.

[145] RADU-DANIEL P,CRISTIAN B,CONSTANTIN D C,et al. Territorial Imbalances in the Distribution of Creative Industries in the North-East-

ern Development Region[J]. Procedia-Social and Behavioral Sciences,2014,122(8):179-183.

[146] 袁丰,魏也华,陈雯,等.无锡城市制造业企业区位调整与苏南模式重组[J].地理科学,2012,32(4):401-408.

[147] 张毛毛.西安市广告产业的时空格局与演化机理研究[D].西安:陕西师范大学,2011

[148] 赵群毅,谢从朴,王茂军,等.北京都市区生产者服务业地域结构[J].地理研究,2009,28(5):1401-1413.

[149] 周炳成.二十年来群众文化需求的变化特征及规律[J].实事求是,1999,(1):19-23.

[150] 刘蔚.文化产业集群的形成机理研究[D].广州:暨南大学.2007.

[151] 刘曙华.生产性服务业的区位模式及其动力机制研究[D].上海:华东师范大学,2007.

[152] 张景秋,陈叶龙.北京城市办公空间的行业分布及集聚特征[J].地理学报,2011,66(10):1299-1308.

[153] 刘吉发,丘红记,陈怀平.文化产业学[M].北京:经济管理出版社,2005.

[154] 顾江,昝胜锋.亚洲国家文化产业集群发展模式比较研究[J].南京社会科学,2009,(6):38-41.

[155] 袁海.中国省域文化产业集聚影响因素实证分析[J].经济经纬,2010,(3):65-67.

[156] 王婧.中国文化产业经济贡献的影响因素[J].统计与决策,2008,(3):111-114.

[157] 周惠来,申向东,付志新,等.河南省产业集聚区发展现状及对策研究[J].河南科技,2012,(5):14-15.

[158] 戴钰.湖南省文化产业集聚及其影响因素研究[J].经济地理,

2013,33(4):114-119.

[159] 陈汉欣.深圳文化创意产业的发展特点与集聚区浅析[J].经济地理,2009,29(5):757-764.

[160] 薛晴,何文婷.城市特色街区的时代特征及发展趋势分析[J].经济问题探索,2012,(3):47-52.

[161] 刘旭.城市特色街区建设与发展探析[J].红旗文稿,2008(4):21-23.

[162] 于冬波,黄祖群,王春晖.城市历史街区的动态保护规划研究——以中国一汽历史街区为例[J].城市发展研究,2011,18(5):79-83.

[163] 李冬,王泽烨.城市历史保护街区的多重价值分析——以哈尔滨花园街区为例[J].城市发展研究,2011,18(2):18-24.

[164] 曹迎春.保定古城中心历史街区动态保护初探[D].天津:天津大学,2007.

[165] 于红霞,栾晓辉.青岛历史文化街区价值评价与可持续发展对策研究[J].城市规划,2014,(3):65-69.

[166] 杨涛.历史文化街区的人文复兴与可持续保护——以抚州文昌里保护规划为例[J].上海城市规划,2015,(5):59-64.

[167] 周畅.传统历史文化街区的保护与可持续发展[J].建筑学报,2004,(11):5-6.

[168] 金光熙,韩玉鹤.历史文化街区改造的认识与实践——以盛京城古文化街为例[J].城市规划,1999,(9):37-40.

[169] 汪芳.用"活态博物馆"解读历史街区——以无锡古运河历史文化街区为例[J].建筑学报,2007,(12):82-85

[170] 桂晓峰,戈岳.关于历史文化街区保护资金问题的探讨[J].城市规划,2005,(7):79-83.

[171] 李乐乐,白建军,宋冰洁.西安市交通网络综合通达性研究

[J]. 人文地理,2014,(5):88-93.

[172] 范科红,李阳兵,冯永丽. 基于GIS的重庆市道路密度的空间分异[J]. 地理科学,2011,31(3):365-371.

[173] 中华人民共和国商务部. 商业街管理技术规范:SB/T 10517-2009[S]. 北京:中国标准出版社,2009.

[174] 戴志中,刘彦君,杨宇振,等. 国外步行商业街区[M]. 南京:东南大学出版社,2006.

[175] 李飞. 步行街商业革命[J]. 中国市场,1997,(6):30-32.

[176] 郑利军,周然,涂宗武. 步行商业街的空间序列及界面的研究[J]. 沈阳建筑工程学院学报(自然科学版).2003,(2):120-122.

[177] 洪增林. 街区经济研究[M]. 科学出版社,2013.

[178] 赵西君,何燕,宋金平,等. 城市专业化商业街空间分布特征及形成机理研究——以西安市为例[J]. 地域研究与开发,2008,27(1):42-46.

[179] 唐代剑,王琼英. 杭州特色商业街形成与扩张机理研究[J]. 经济地理,2013,33(6):84-90.

[180] 张歆梅. 城市商业街研究发展综述[J]. 商业研究,2007,(11):115-120.

[181] 吴俊. 城市商业特色街区的功能演化研究[J]. 江苏商论,2010(11):3-5.

[182] 吕祯婷,焦华富. 芜湖市城市游憩商业区的形成及其空间结构分析[J]. 世界地理研究,2010,(3):151-158.

[183] 陈志钢,保继刚. 典型旅游城市游憩商业区空间形态演变及影响机制——以广西阳朔县为例[J]. 地理研究,2012,(7):1339-1351.

[184] 郭湘闽,全水. 基于空间句法的喀什历史文化街区空间及其更新策略分析[J]. 建筑学报,2013,(10):8-13.

[185] 王成芳,孙一民. 基于GIS和空间句法的历史街区保护更新规

划方法研究——以江门市历史街区为例[J].热带地理,2012,32(2):154-159.

[186] 金凤君.空间组织与效率研究的经济地理学意义.世界地理研究,2007,16(4):55-59.

[187] 王兴中.中国城市生活空间结构研究[M].北京:科学出版社,2004.

[188] 苏静,陆林.城市文化街区功能演化研究[J].人文地理,2010,(2):70-73.

[189] 刘颂,王雪君.上海旅游文化街区的个性打造[J].上海城市规划,2006,(6):42-44

[190] GAUTSCHI D A. Specification of Patronage Models for retail center Choice[J]. Journal of Marketing Research,1981,18(2):162-174.

[191] HUFF D L. A Probability Analysis of Shopping Center Trade Areas[J]. Land Economics,1963,39(1):81-89.

[192] SIMKIN L P. Evaluating a Store Location[J]. International Journal of Retail and Distribution Management,1990,18(4):33-38.

[193] BURNS D J. Image Transference and Retail Site Selection[J]. International Journal of Retail & Distribution Management,1992,20(5):38-46.

[194] 丁永刚.西安构建"世界历史文化名城"的战略思考[J].理论导刊,2005,(7):51-54.

[195] 张沛,程芳欣,田涛.西安"泛博物馆"城市文化体系构建研究[J].规划师,2012,28(5):106-109.

[196] 张永军.重温"西安文化建设的十大构想"[J].西部大开发,2015,(6):51-55.

[197] 李骊明.关于西安历史文化名城保护的战略思考[J].人文地理,2002,(5):25-28.

[198] 张佑林,张晞.西安国际化大都市的战略定位:文化大都市[J].经济论坛,2011,(6):69-73.

[199] 李琪.中国与中亚创新合作模式、共建"丝绸之路经济带"的地缘战略意涵和实践[J].陕西师范大学学报(哲学社会科学版),2014,(4):5-15.

[200] 杨帆,田军,杨茜,等.西安文化产业可持续发展战略研究[J].现代装饰(理论),2015,(7):163-164.

[201] 田晖.协同学视角下的"丝绸之路经济带"跨文化融合研究[J].求索,2016,(5):94-99.

[202] 吴绒.丝绸之路经济带陕西段文化资源深度开发研究[J].丝绸之路,2014,(18):5-7.

文化集聚·文化产业·文化街区：重塑丝绸之路的新起点

附　图

图1　城墙南门历史文化街区图

图2　北院门回坊文化风情街

图3　书院门旅游文化街区

图4　金康路茶文化街

图5　大唐西市商旅文化街区

图6　大唐不夜城休闲街区

图7　大华·1935创意文化街区

图8　半坡国际艺术区

N